Der Außenseiter

Gou Tanabe

und andere Geschichten

Gou Tanabe

und andere Geschichten

D

Außenseiter

Inhalt

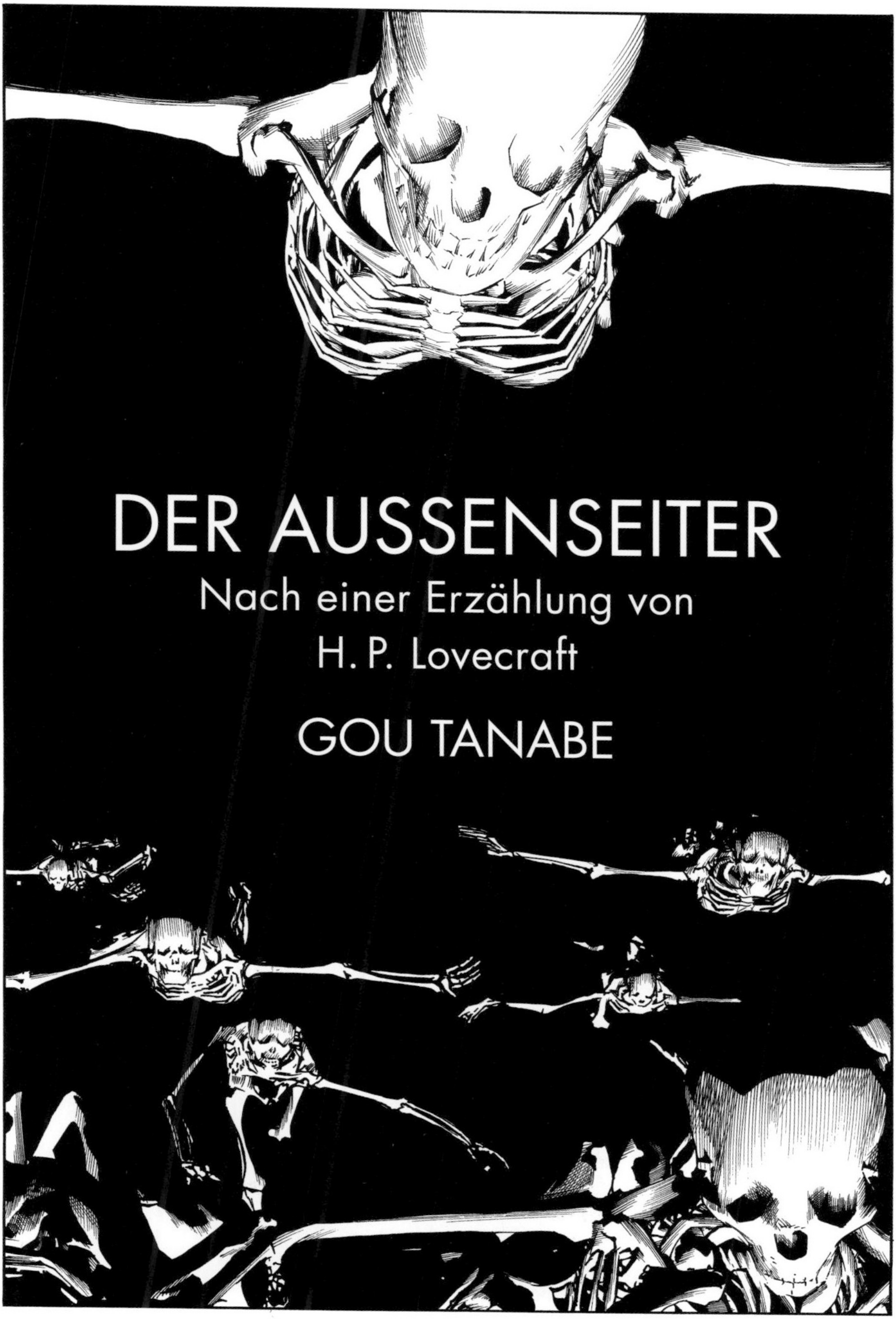

DER AUSSENSEITER

Nach einer Erzählung von
H. P. Lovecraft

GOU TANABE

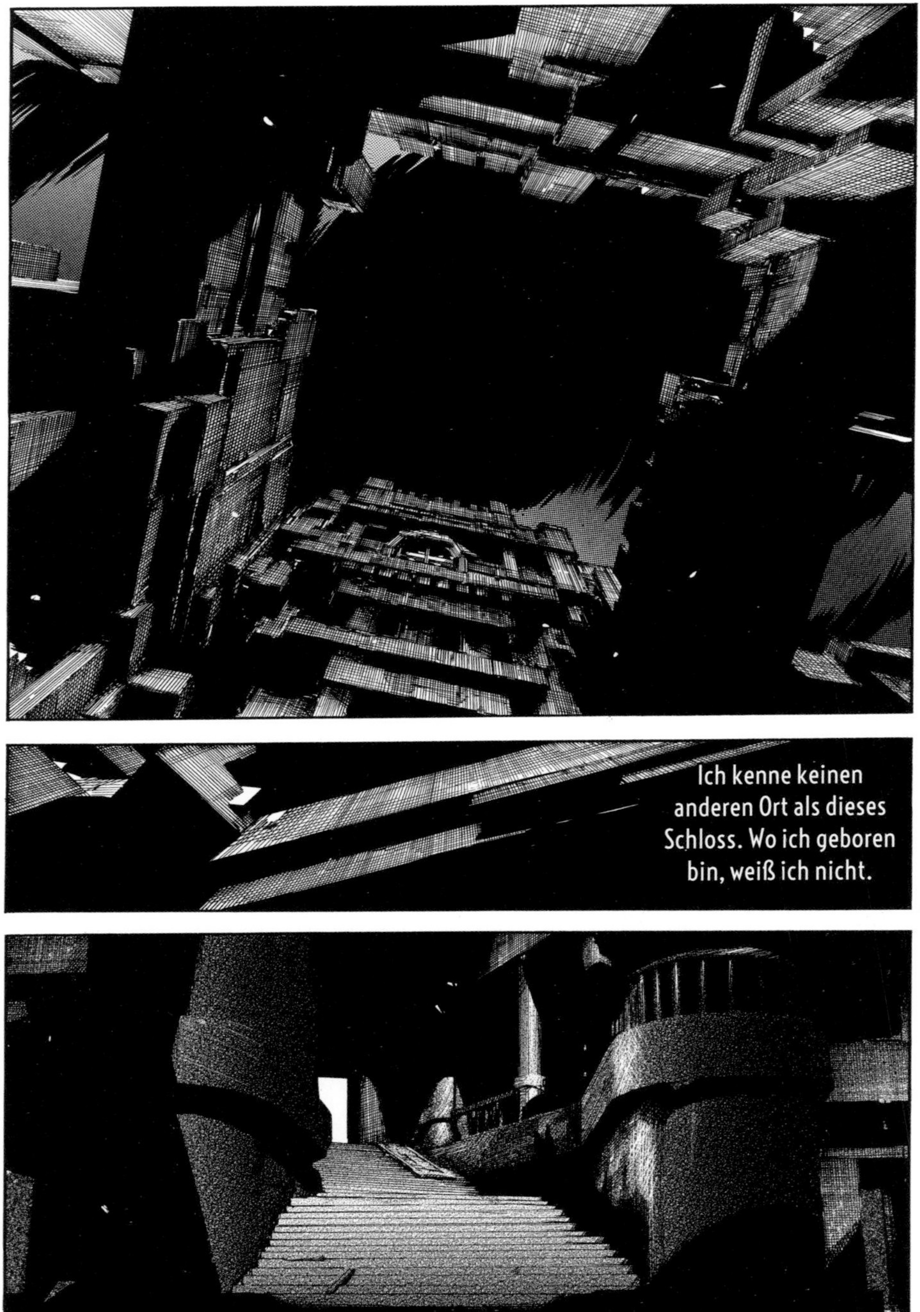
Ich kenne keinen anderen Ort als dieses Schloss. Wo ich geboren bin, weiß ich nicht.

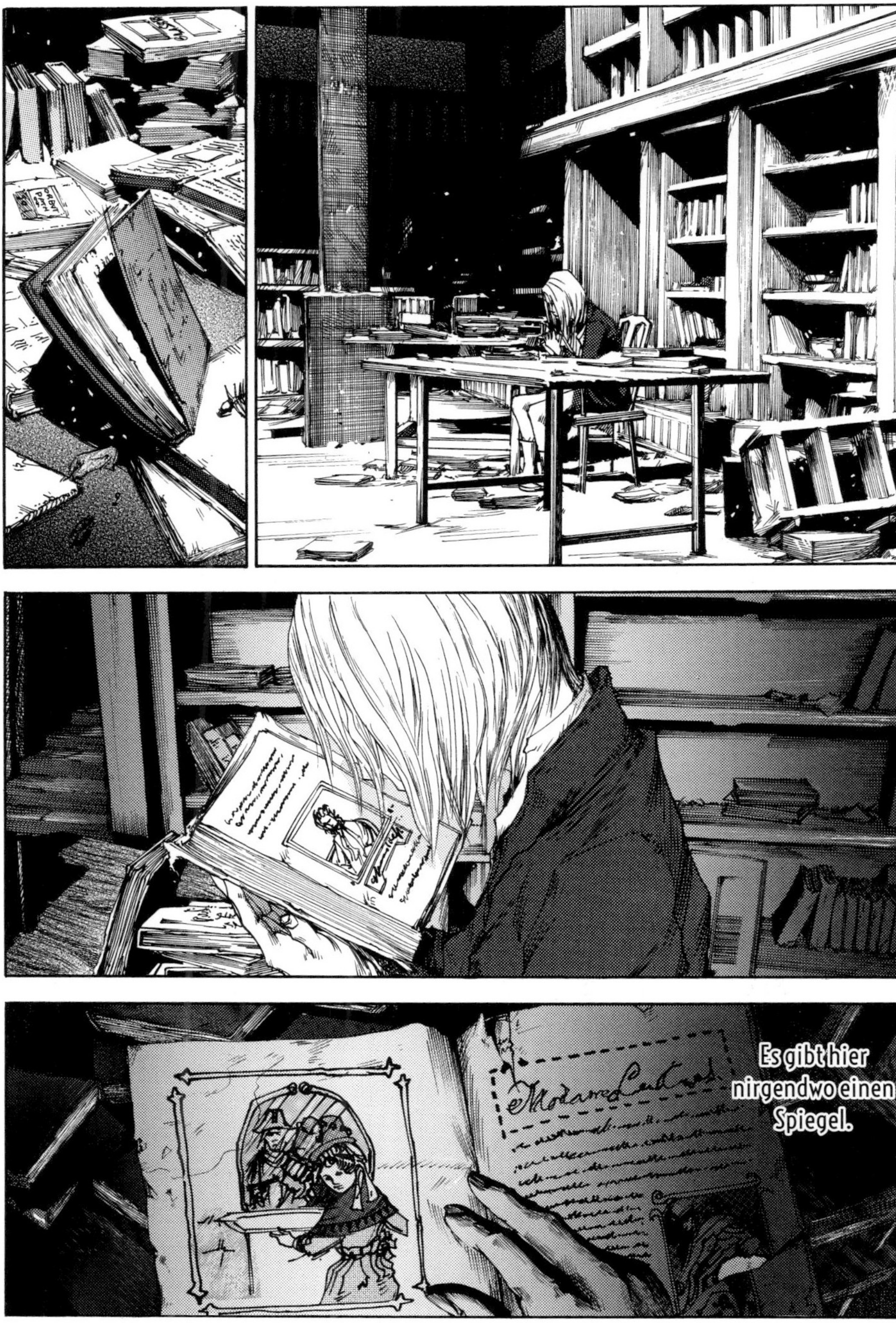
Es gibt hier nirgendwo einen Spiegel.

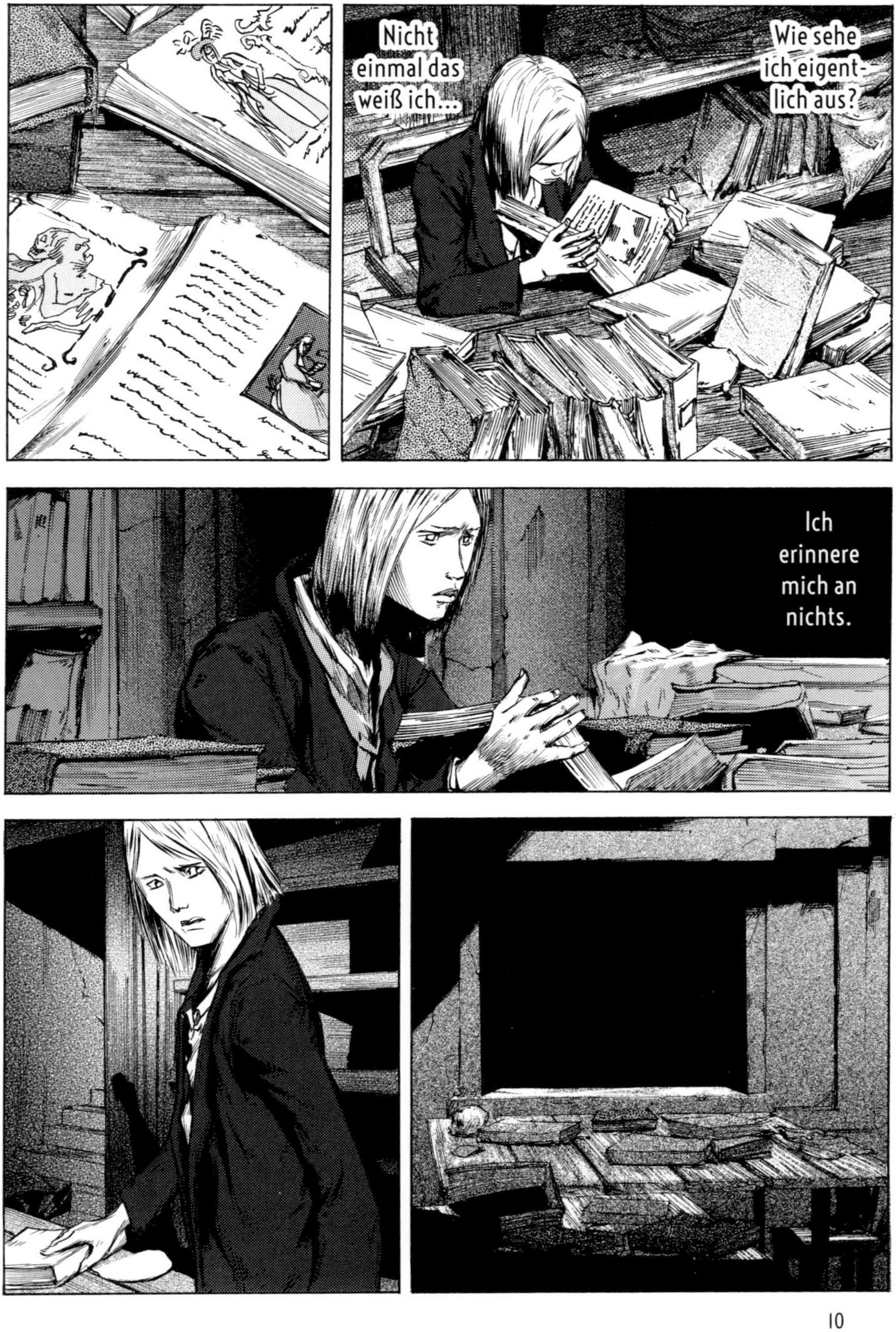
Wie sehe ich eigentlich aus?
Nicht einmal das weiß ich…
Ich erinnere mich an nichts.

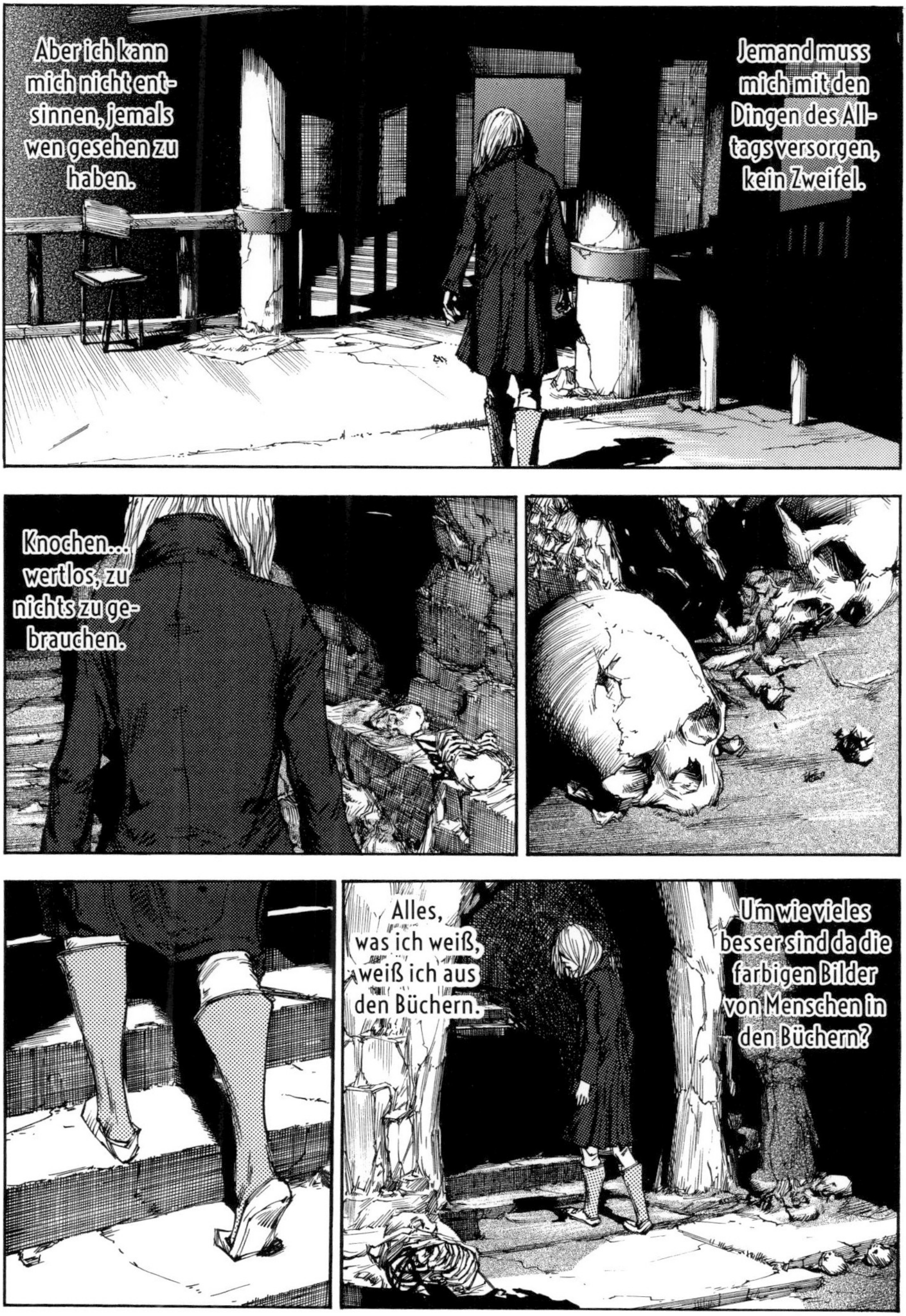
Jemand muss mich mit den Dingen des All-tags versorgen, kein Zweifel.
Aber ich kann mich nicht ent-sinnen, jemals wen gesehen zu haben.
Knochen... wertlos, zu nichts zu ge-brauchen.
Um wie vieles besser sind da die farbigen Bilder von Menschen in den Büchern?
Alles, was ich weiß, weiß ich aus den Büchern.

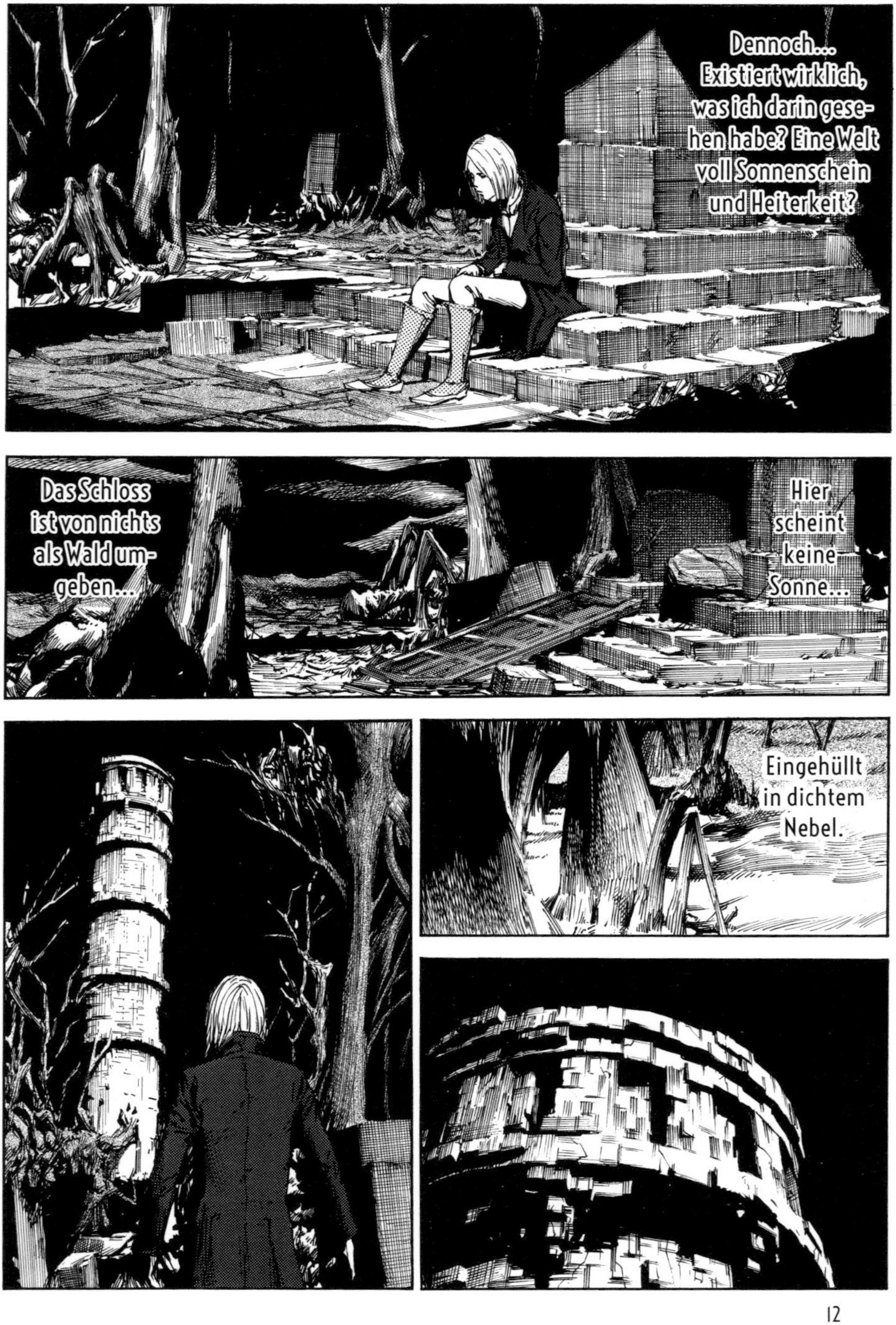
Dennoch... Existiert wirklich, was ich darin gesehen habe? Eine Welt voll Sonnenschein und Heiterkeit?
Hier scheint keine Sonne...
Das Schloss ist von nichts als Wald umgeben...
Eingehüllt in dichtem Nebel.

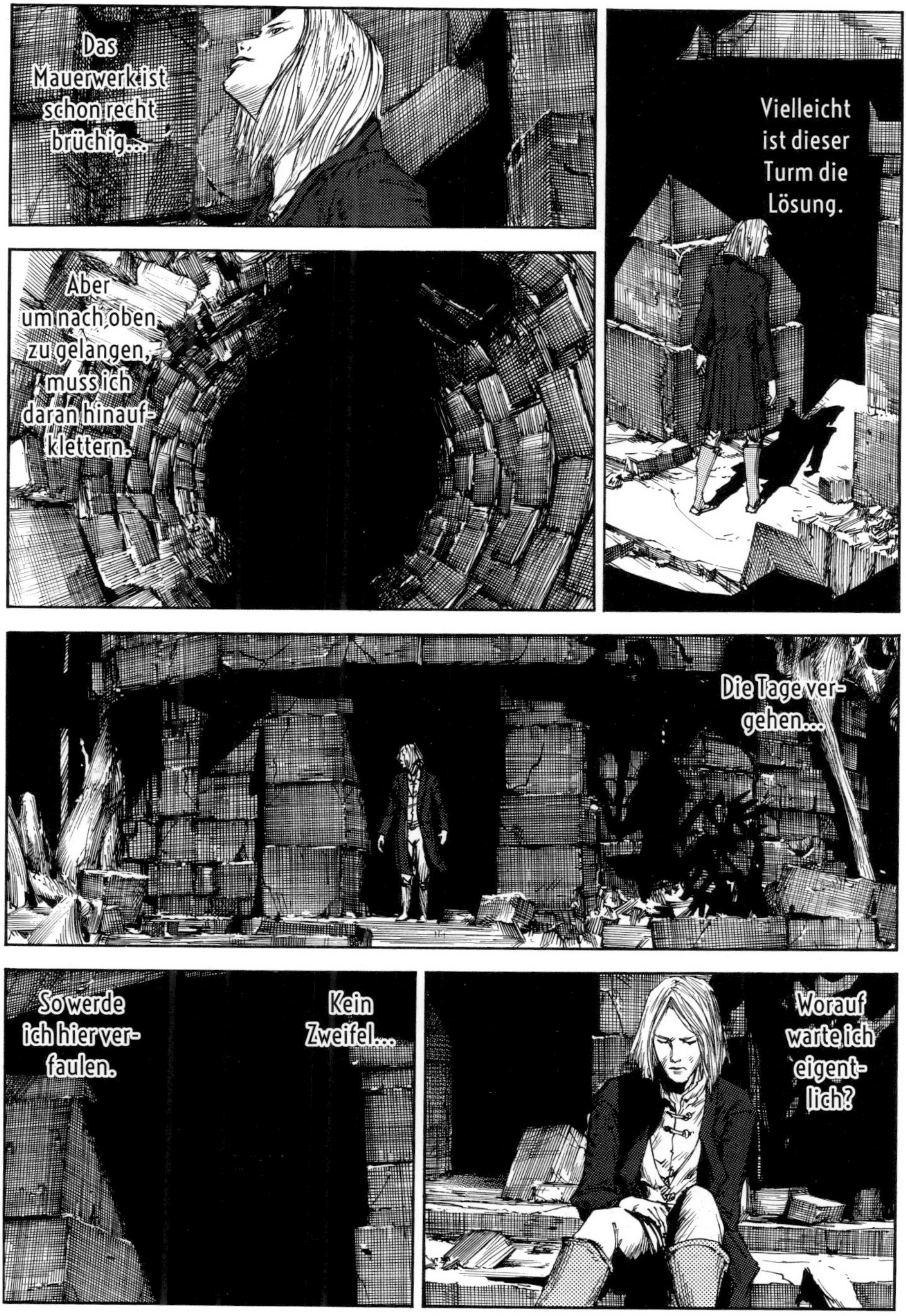
Das Mauerwerk ist schon recht brüchig...
Vielleicht ist dieser Turm die Lösung.
Aber um nach oben zu gelangen, muss ich daran hinauf-klettern.
Die Tage ver-gehen...
So werde ich hier ver-faulen.
Kein Zweifel...
Worauf warte ich eigent-lich?

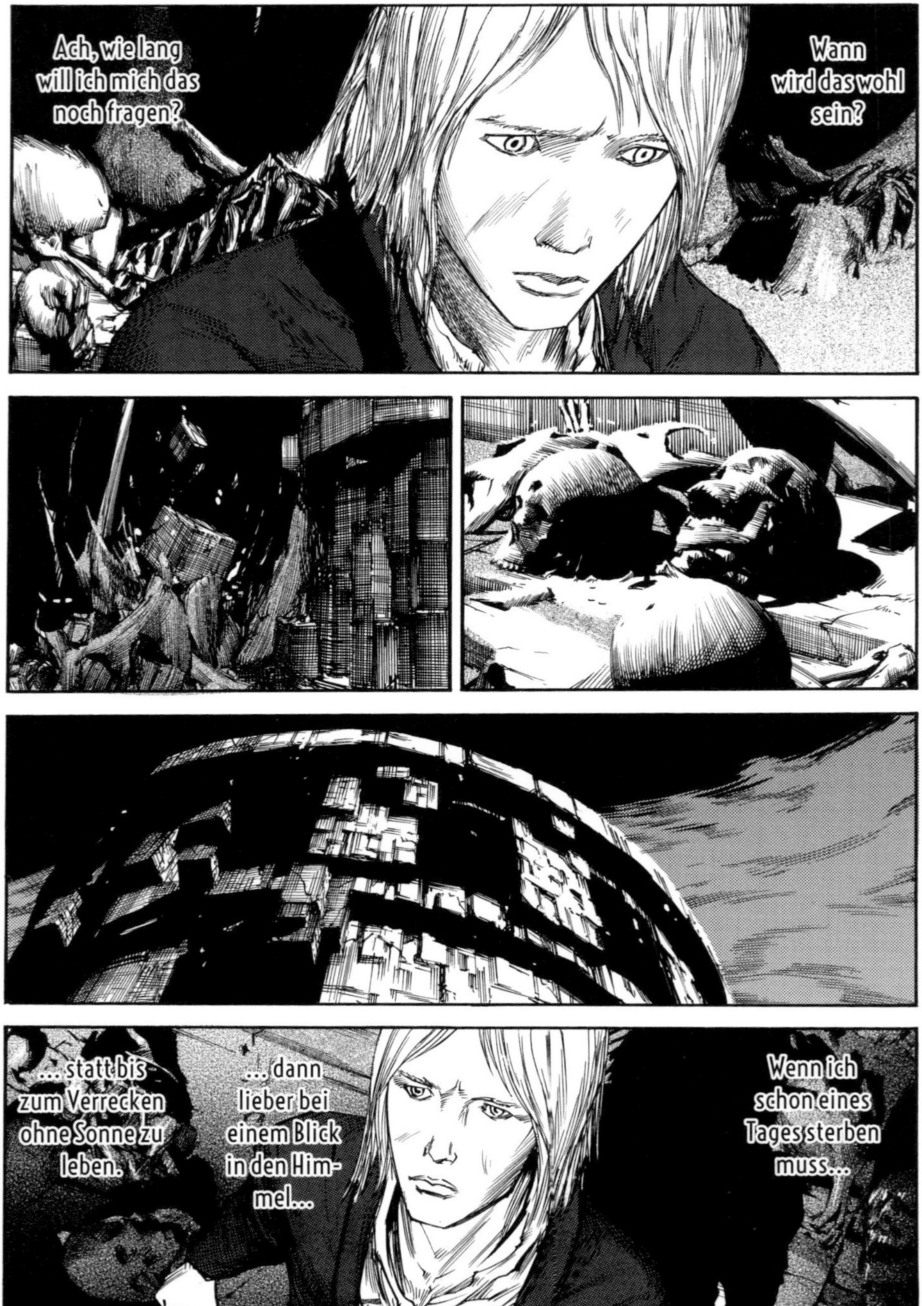
Wann wird das wohl sein?
Ach, wie lang will ich mich das noch fragen?
Wenn ich schon eines Tages sterben muss...
... dann lieber bei einem Blick in den Him-mel...
... statt bis zum Verrecken ohne Sonne zu leben.

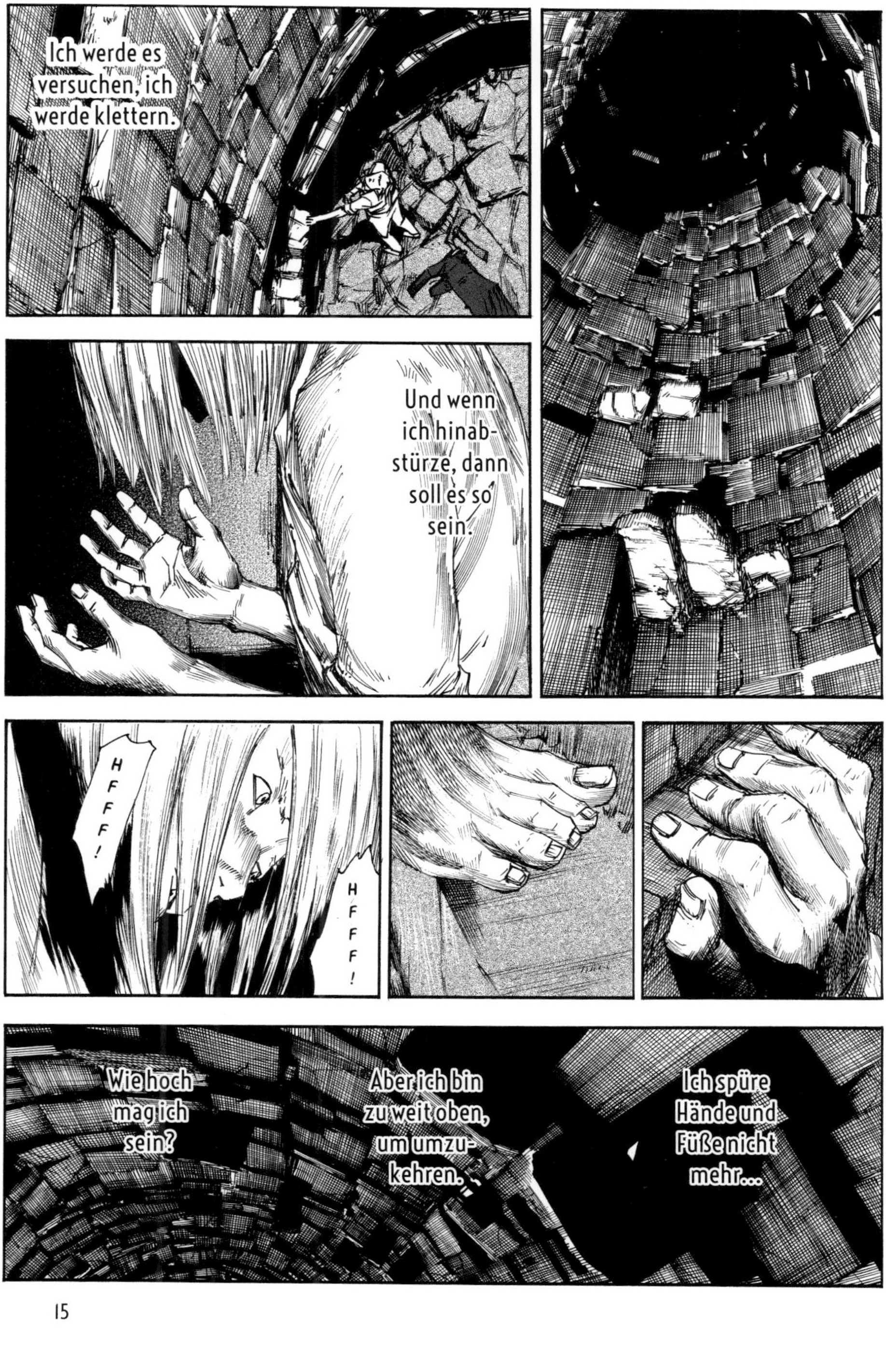
Ich werde es versuchen, ich werde klettern.
Und wenn ich hinab-stürze, dann soll es so sein.
HFFF!
HFFF!
Wie hoch mag ich sein?
Aber ich bin zu weit oben, um umzu-kehren.
Ich spüre Hände und Füße nicht mehr...

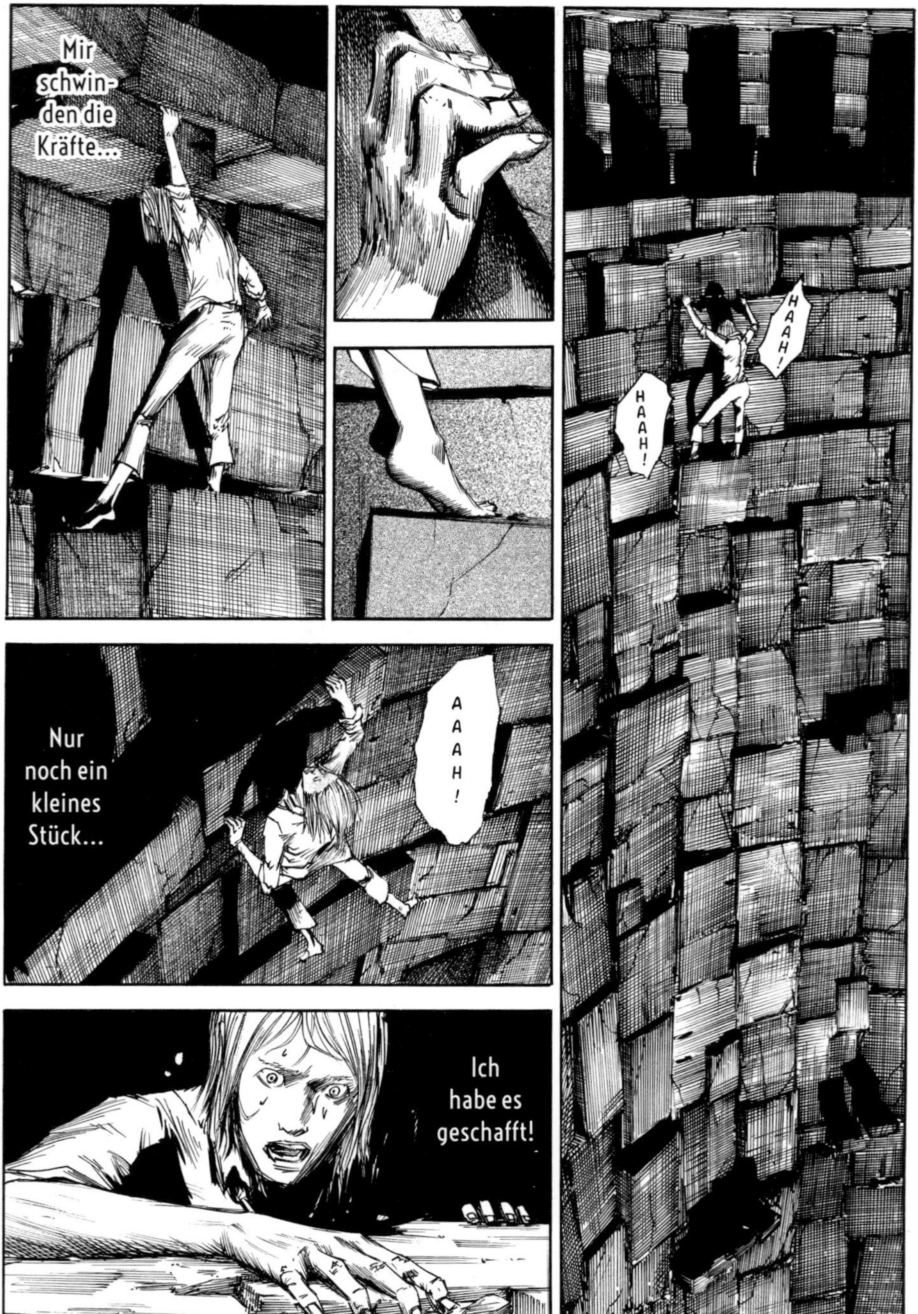
Mir schwinden die Kräfte...
HAAH!
HAAH!
AAAH!
Nur noch ein kleines Stück...
Ich habe es geschafft!

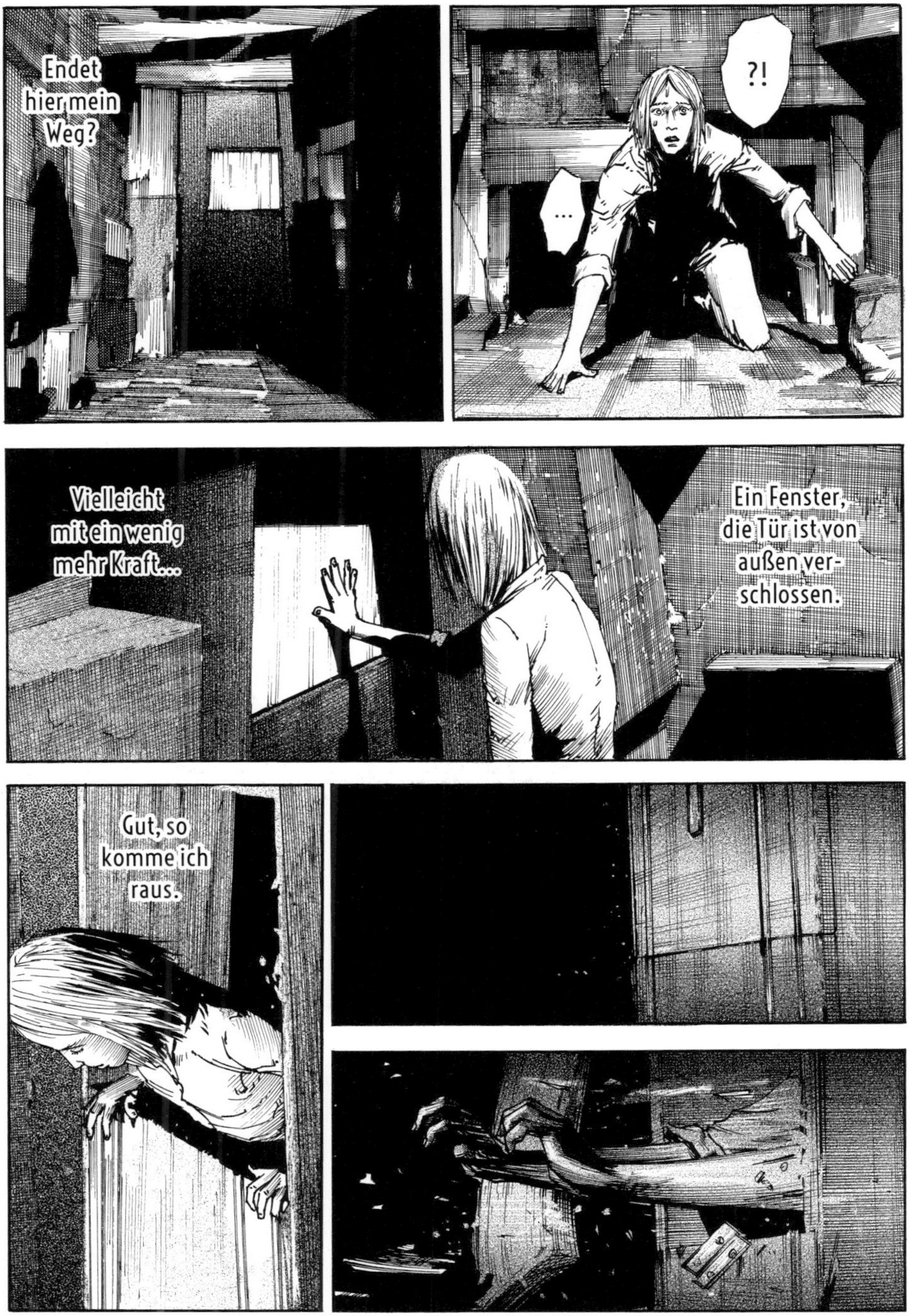
?!
...
Endet hier mein Weg?
Ein Fenster, die Tür ist von außen verschlossen.
Vielleicht mit ein wenig mehr Kraft...
Gut, so komme ich raus.

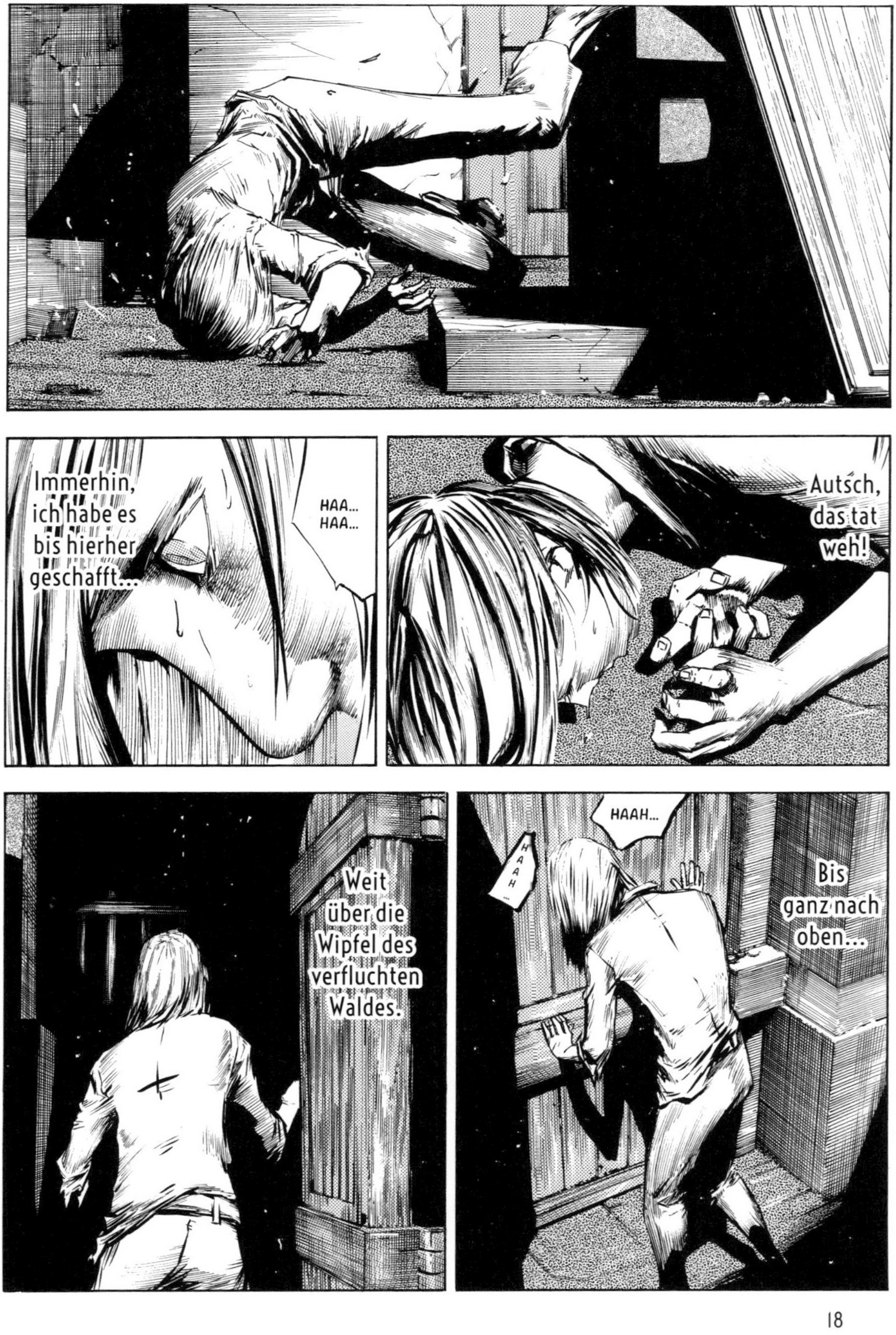
Autsch,
das tat
weh!
HAA...
HAA...
Immerhin,
ich habe es
bis hierher
geschafft...
Bis
ganz nach
oben...
HAAH...
HAAH...
Weit
über die
Wipfel des
verfluchten
Waldes.

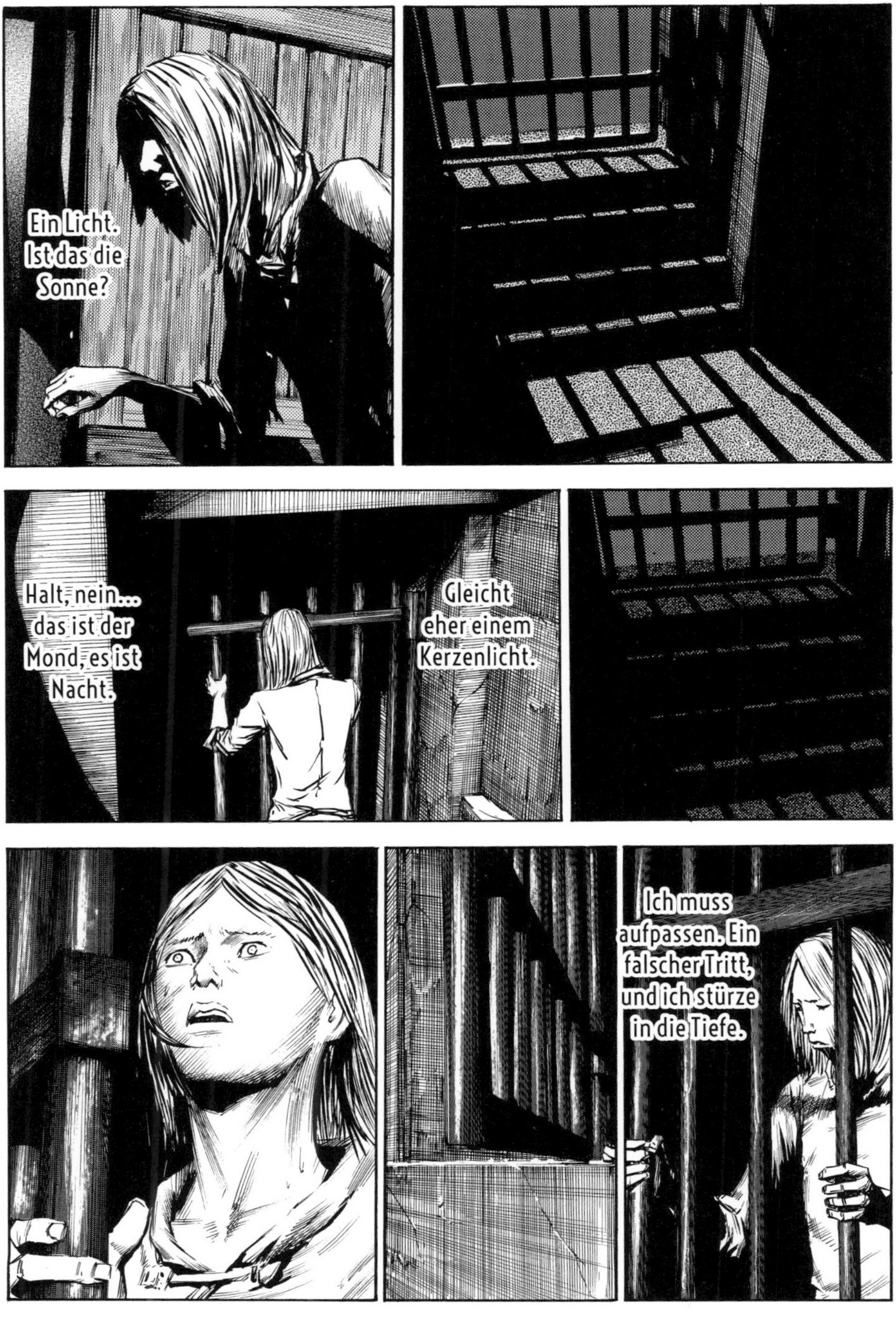
Ein Licht. Ist das die Sonne?
Halt, nein... das ist der Mond, es ist Nacht.
Gleicht eher einem Kerzenlicht.
Ich muss aufpassen. Ein falscher Tritt, und ich stürze in die Tiefe.

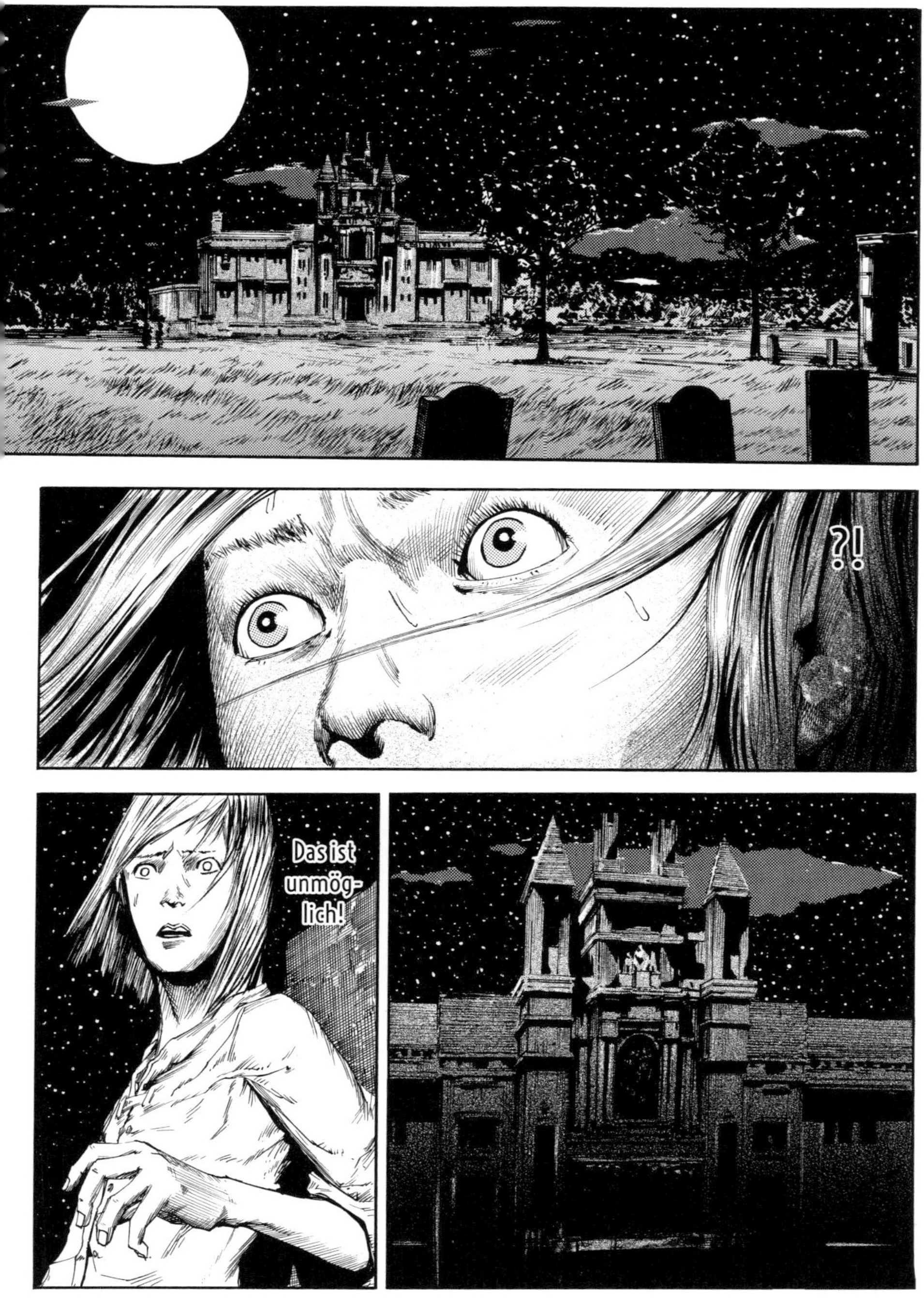
?!
Das ist unmög-lich!

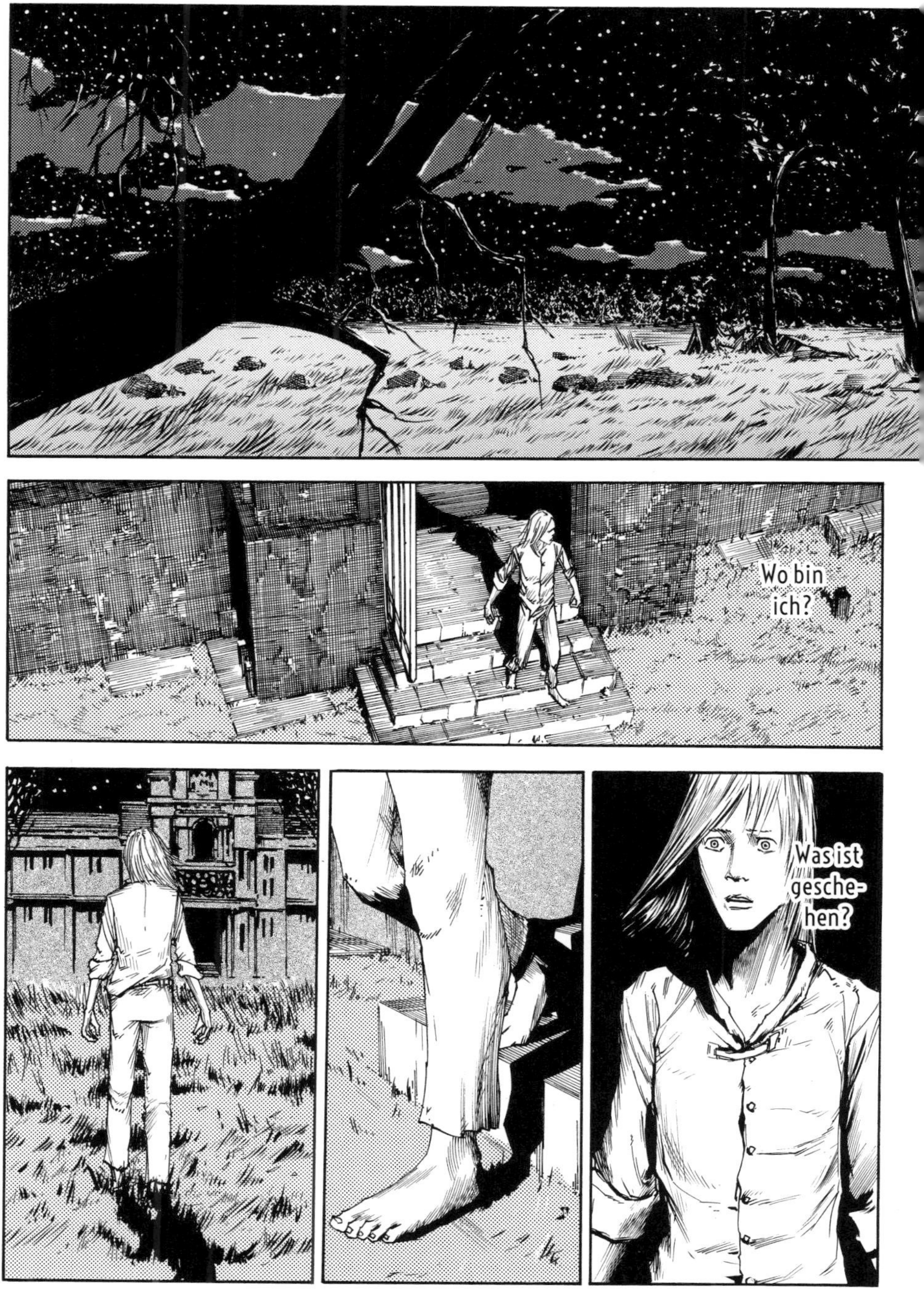
Wo bin ich?
Was ist gesche-hen?

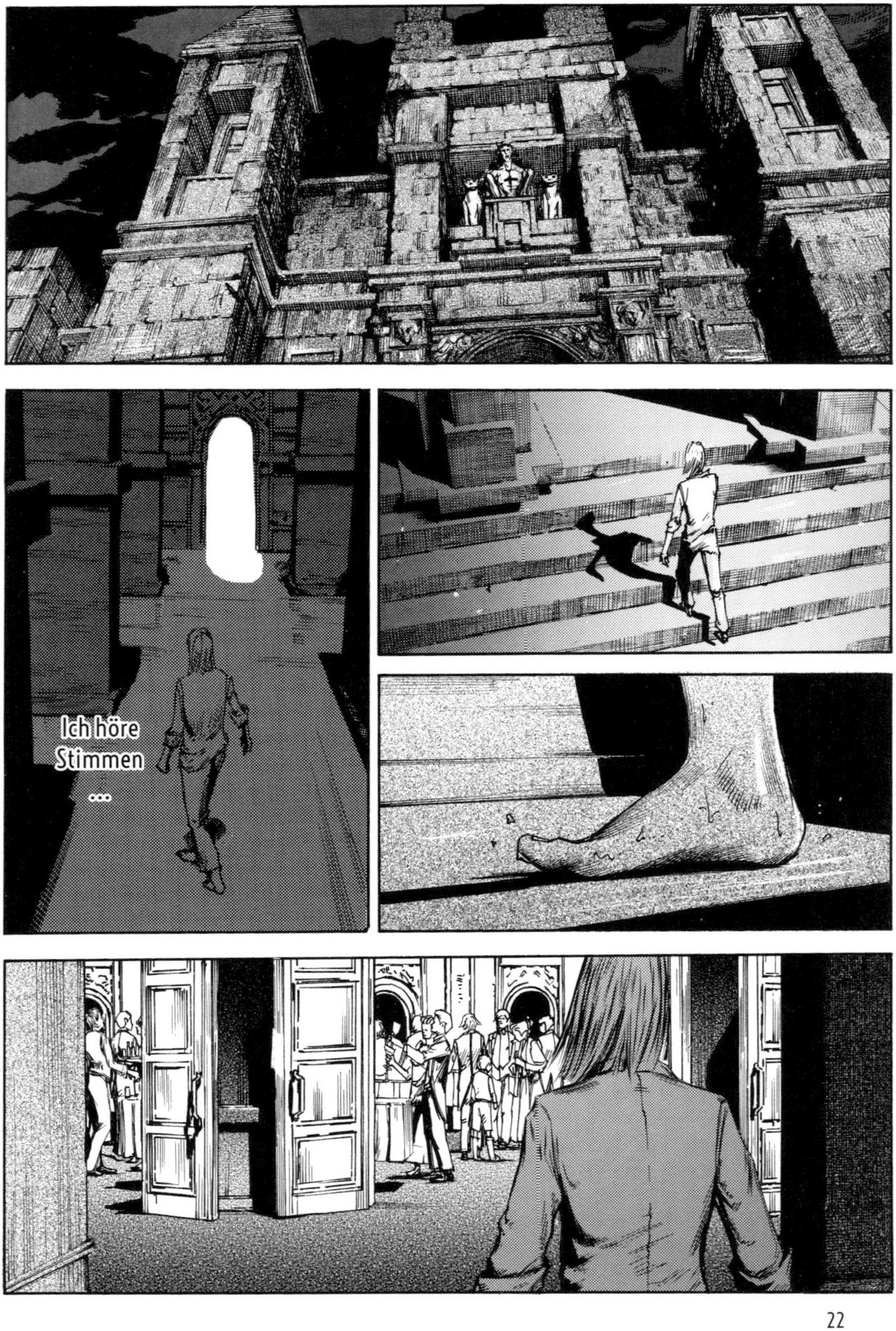
Ich höre Stimmen
...

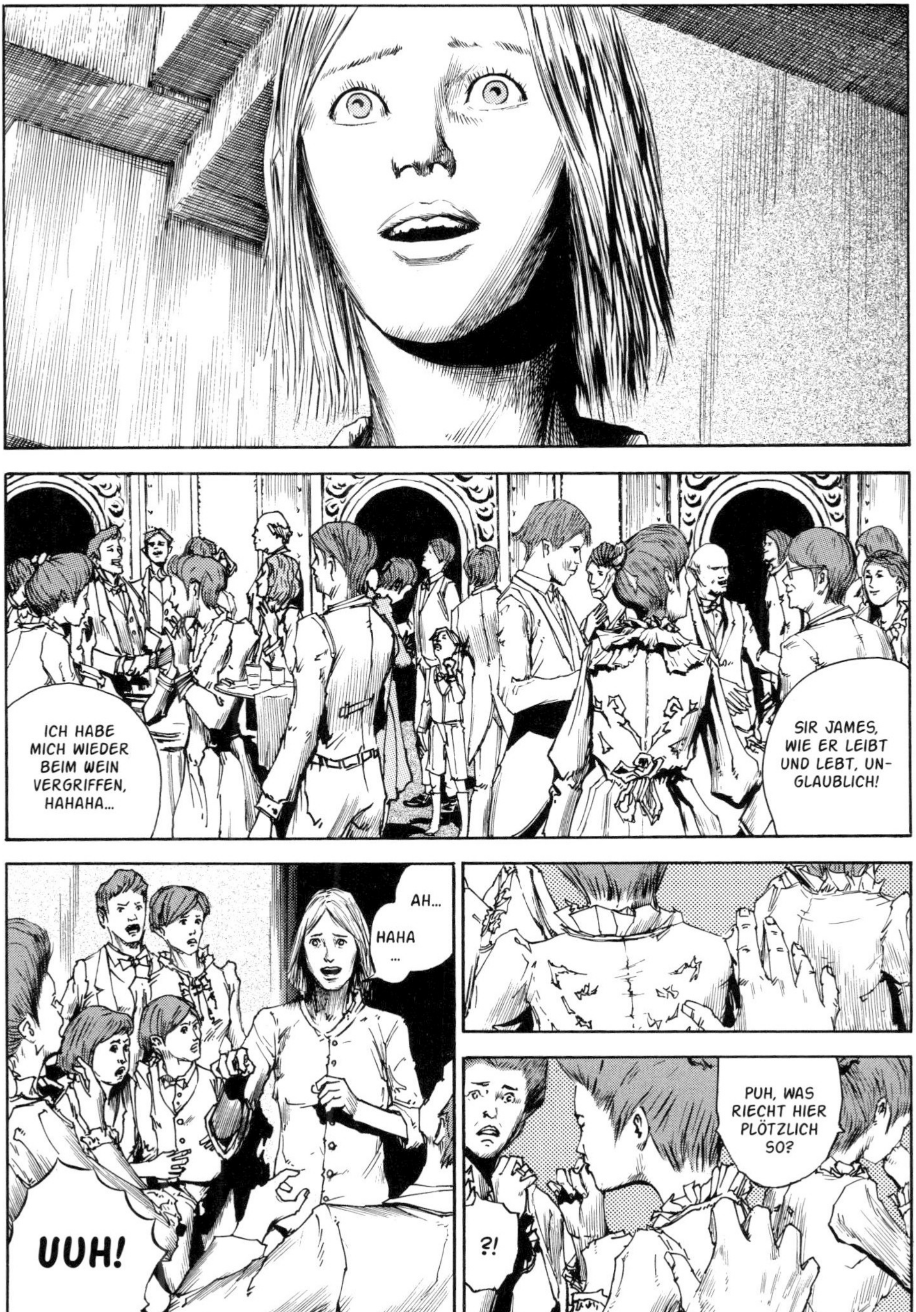

SIR JAMES, WIE ER LEIBT UND LEBT, UN-GLAUBLICH!
ICH HABE MICH WIEDER BEIM WEIN VERGRIFFEN, HAHAHA…
PUH, WAS RIECHT HIER PLÖTZLICH SO?
?!
AH… HAHA …
UUH!

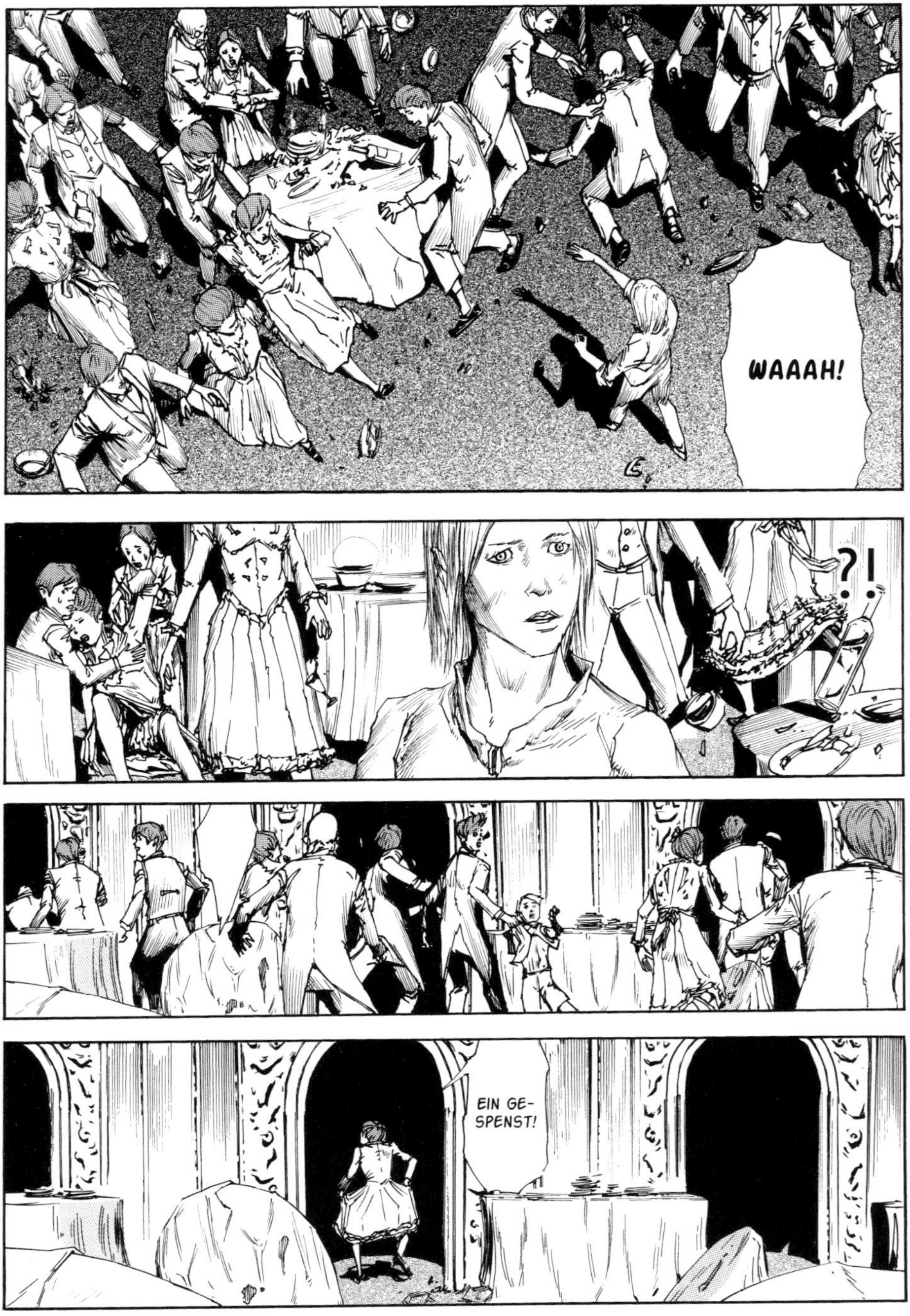
WAAAH!
?!
EIN GE-
SPENST!

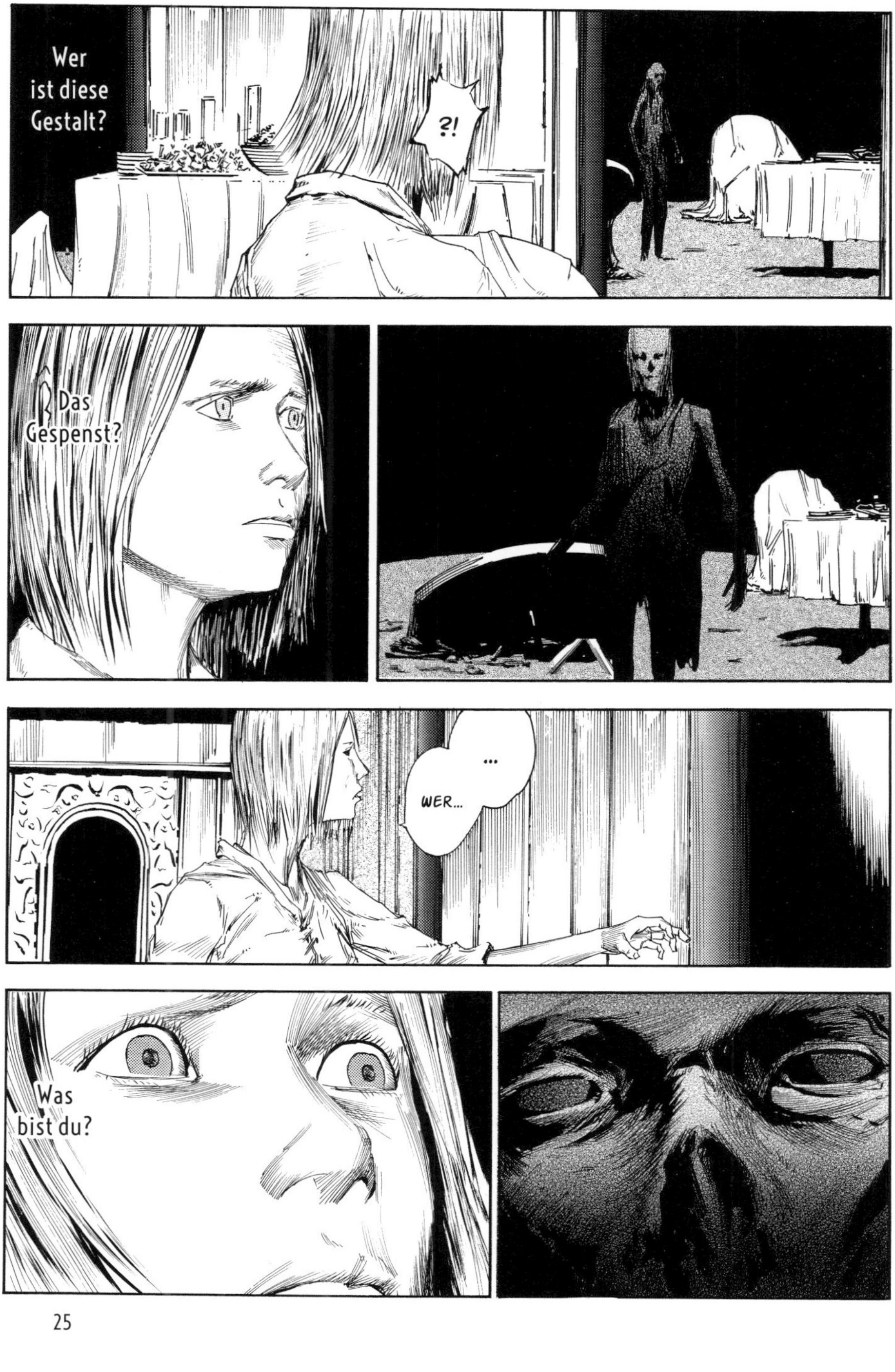
Wer ist diese Gestalt?
?!
Das Gespenst?
...
WER...
Was bist du?

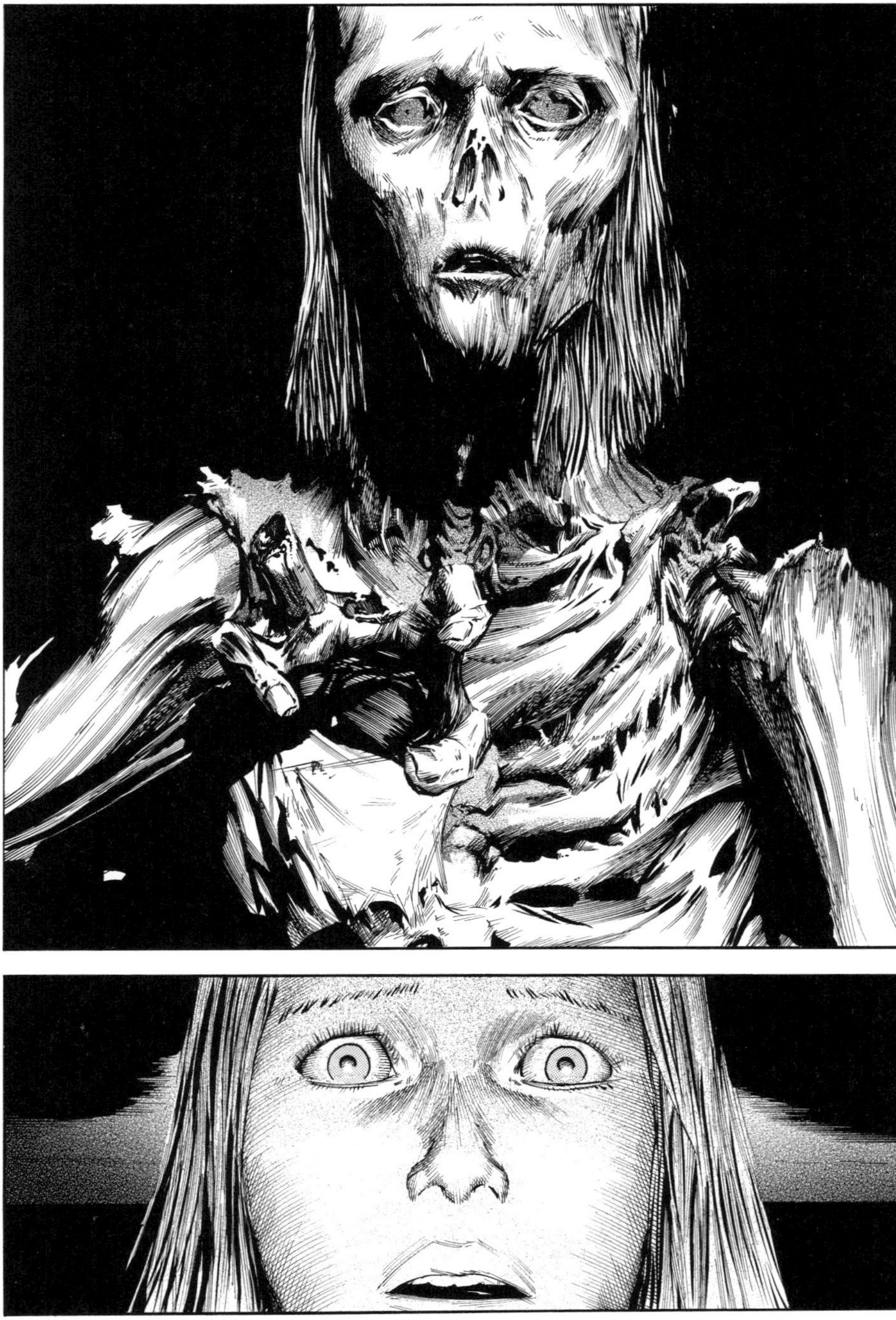

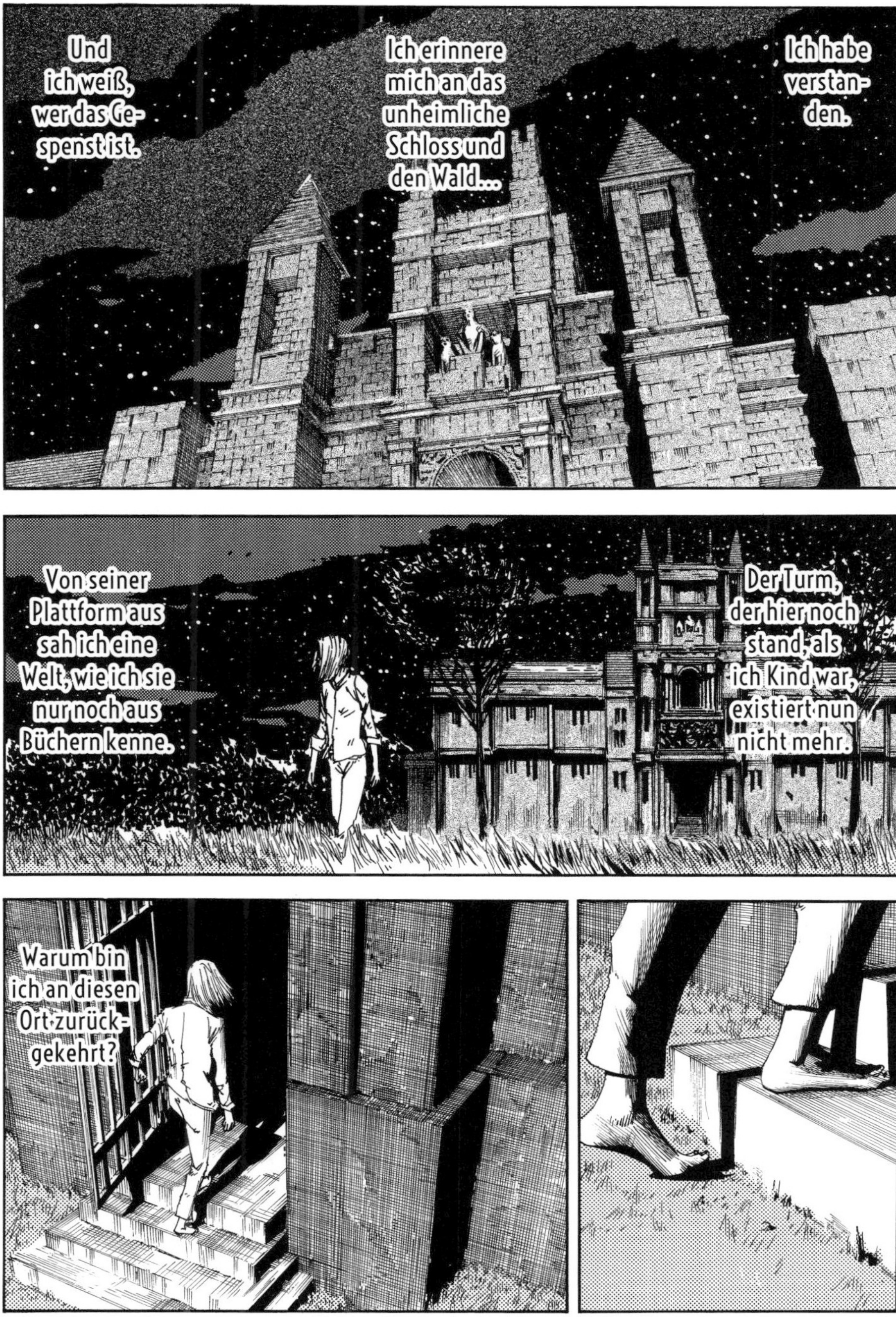
Ich habe verstanden.
Ich erinnere mich an das unheimliche Schloss und den Wald...
Und ich weiß, wer das Gespenst ist.
Der Turm, der hier noch stand, als ich Kind war, existiert nun nicht mehr.
Von seiner Plattform aus sah ich eine Welt, wie ich sie nur noch aus Büchern kenne.
Warum bin ich an diesen Ort zurückgekehrt?

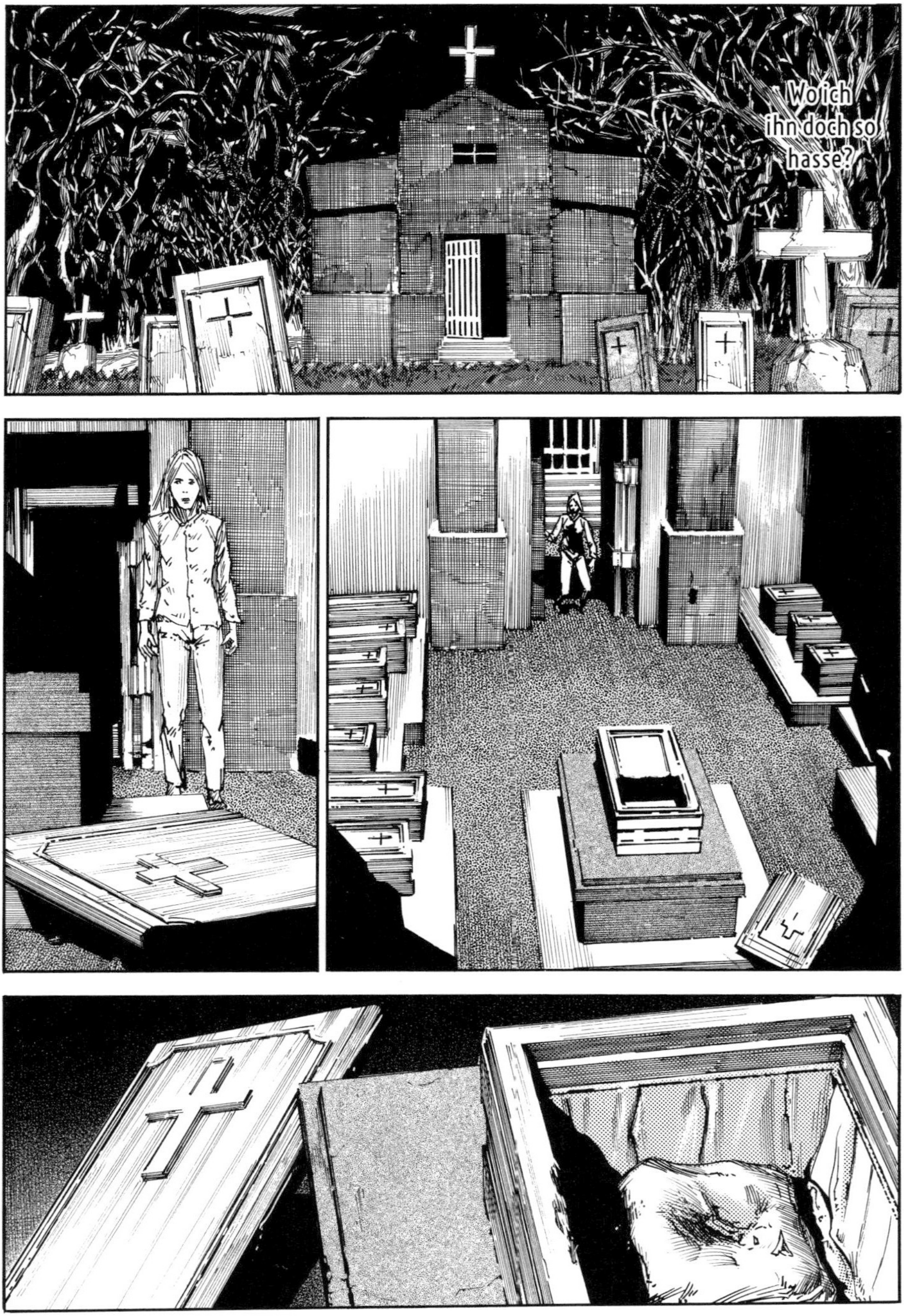
Wo ich ihn doch so hasse?

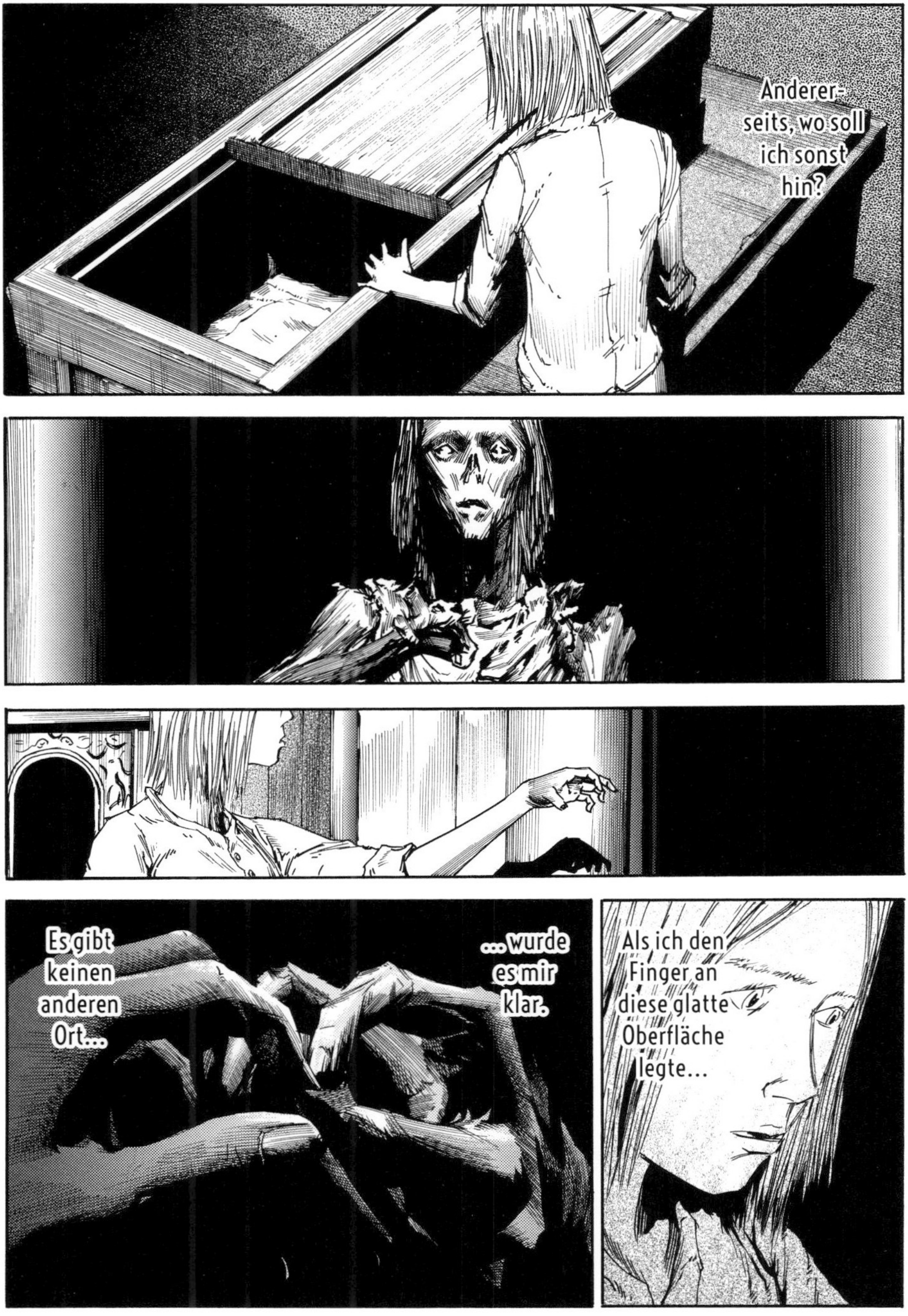
Anderer-
seits, wo soll
ich sonst
hin?
Es gibt
keinen
anderen
Ort...
... wurde
es mir
klar.
Als ich den
Finger an
diese glatte
Oberfläche
legte...

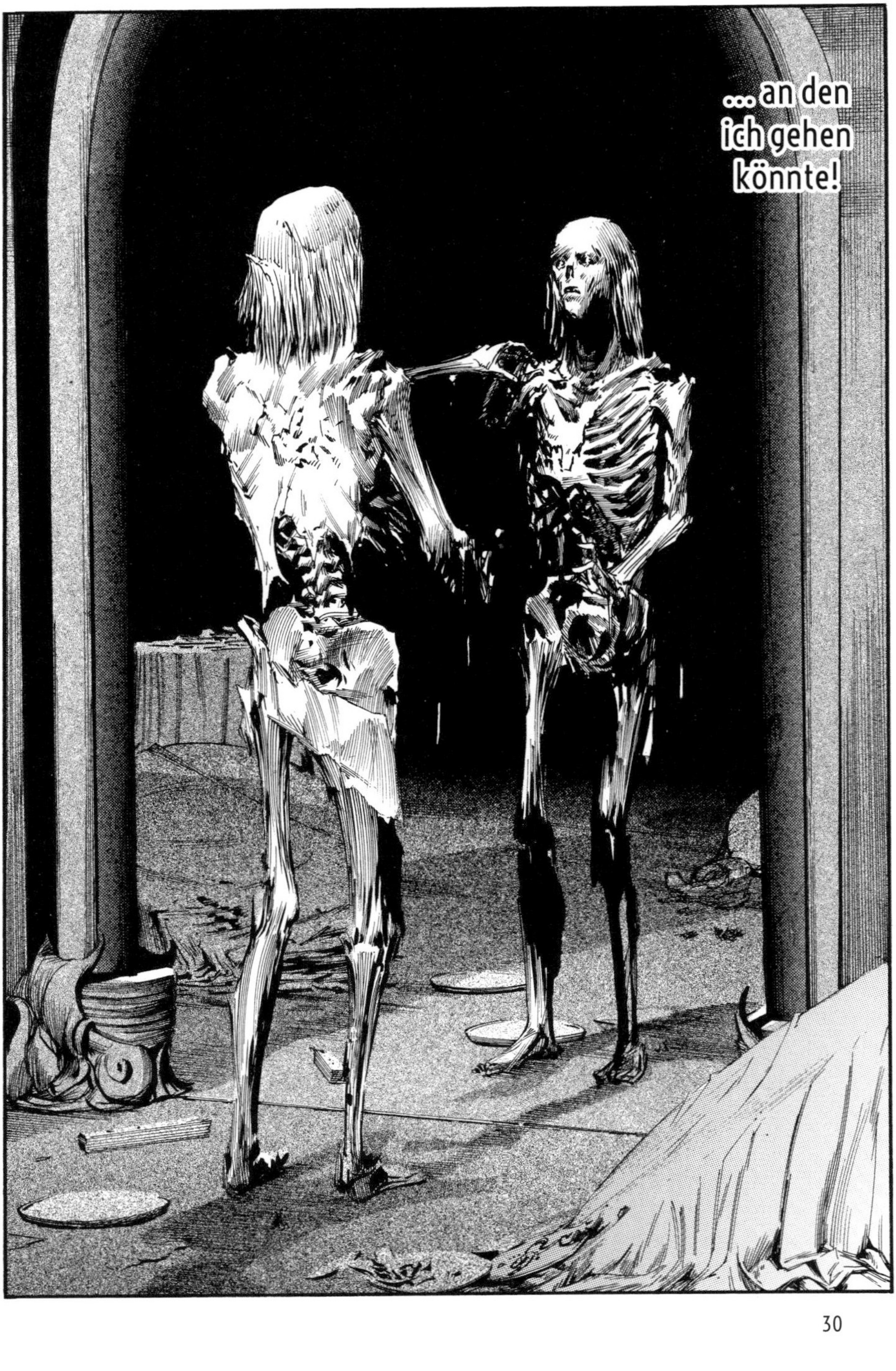
... an den
ich gehen
könnte!

Erstmals erschienen in: Gekkan Comic Beam, Ausgabe April 2004

Ich wollte eine Horrorstory zeichnen und las entsprechende Erzählungen, bis ich auf H.P. Lovecraft stieß. »Der Außenseiter« traf genau meine Vorstellung. Für die Zeichnungen benötigte ich inklusive diverser Anläufe vierzig Tage. Das Werk zählt bis heute zu meinen Favoriten. (Gou Tanabe, Mai 2007)

Howard Phillips Lovecraft (1890 - 1937)
US-amerikanischer Schriftsteller und Dichter. Veröffentlichte seine Werke hauptsächlich in billigen und reißerischen Zeitschriften (Pulp Magazines) wie »Weird Tales« und genoss zu Lebzeiten kaum literarische Wertschätzung. Lovecraft starb arm und einsam. Erst nach seinem Tod erlangte ein Großteil seiner Werke als »Cthulhu-Mythos« zusammengefasst eine begeisterte Leserschaft und übt bis heute weltweiten Einfluss auf das Mystery- und Horror-Genre in Film und Literatur aus.

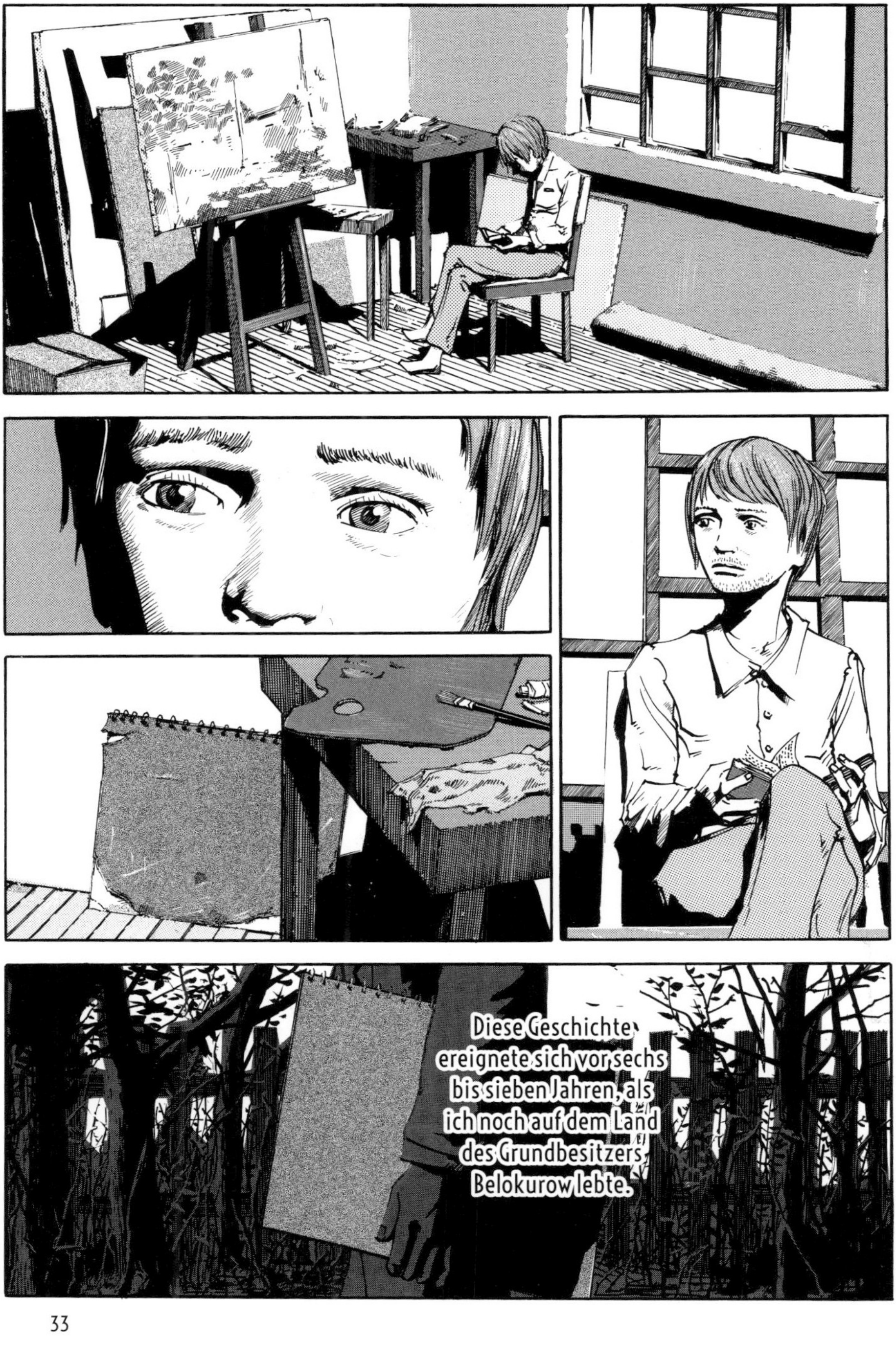
Diese Geschichte ereignete sich vor sechs bis sieben Jahren, als ich noch auf dem Land des Grundbesitzers Belokurow lebte.

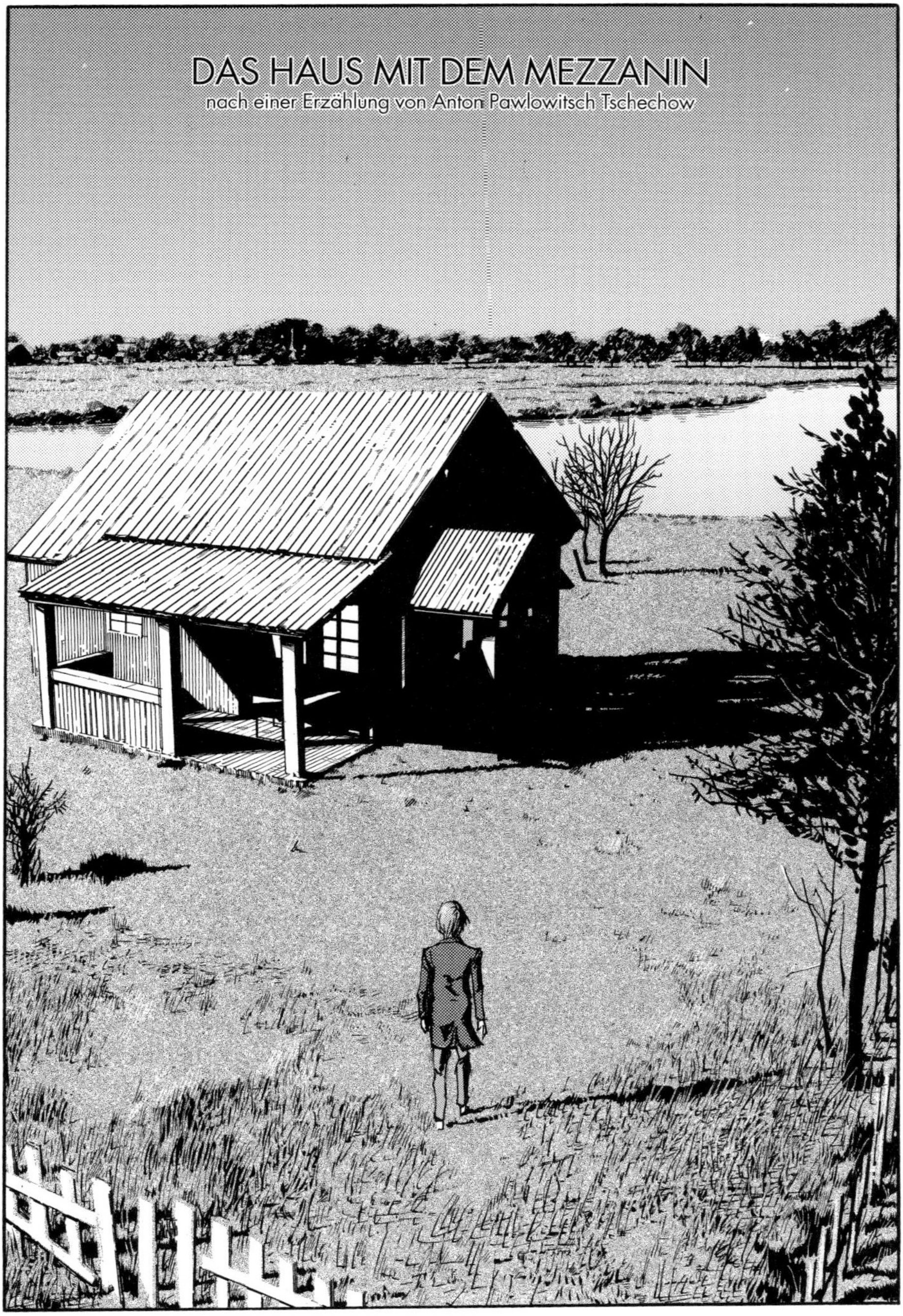
DAS HAUS MIT DEM MEZZANIN
nach einer Erzählung von Anton Pawlowitsch Tschechow

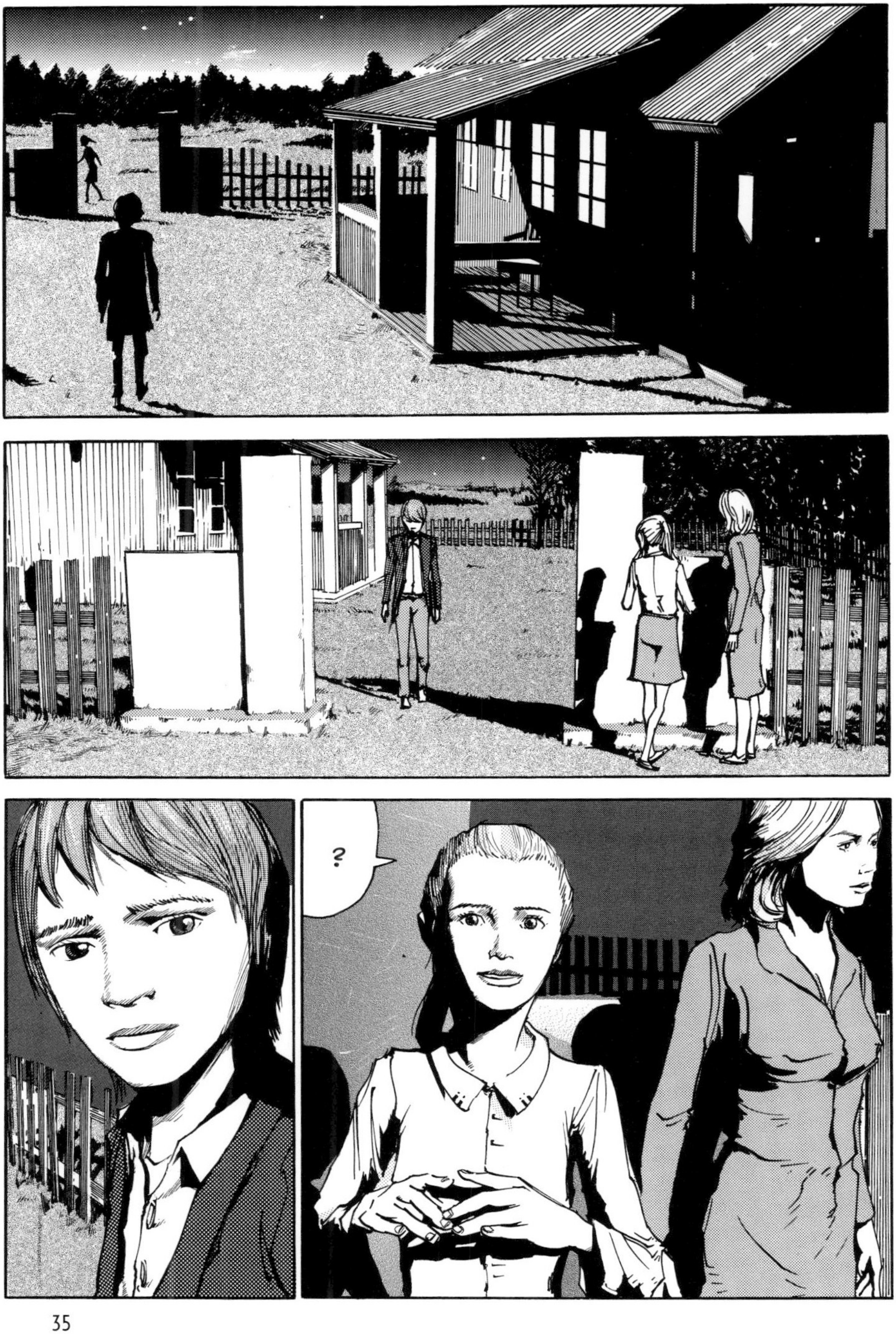

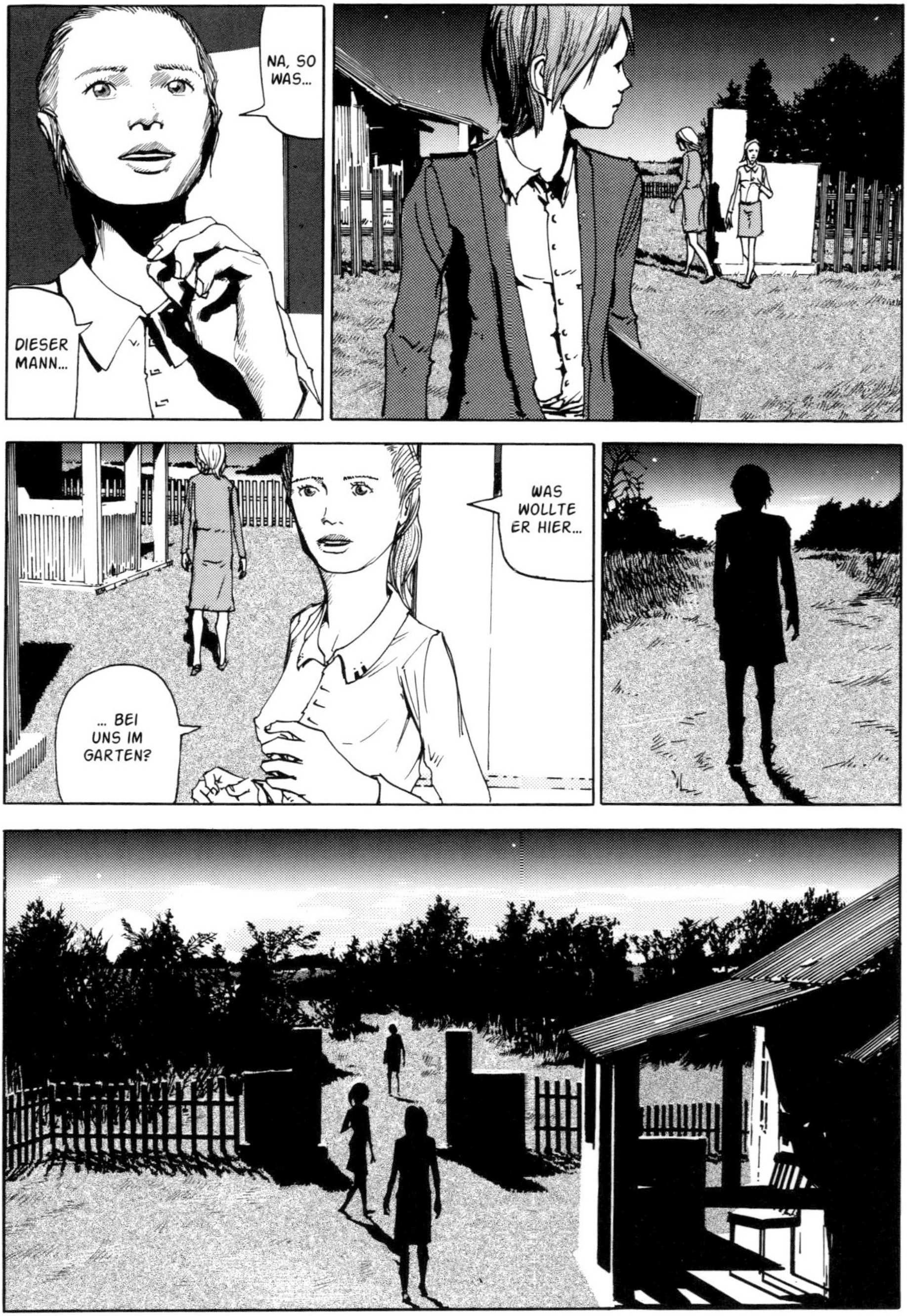
NA, SO WAS...
DIESER MANN...
WAS WOLLTE ER HIER...
... BEI UNS IM GARTEN?

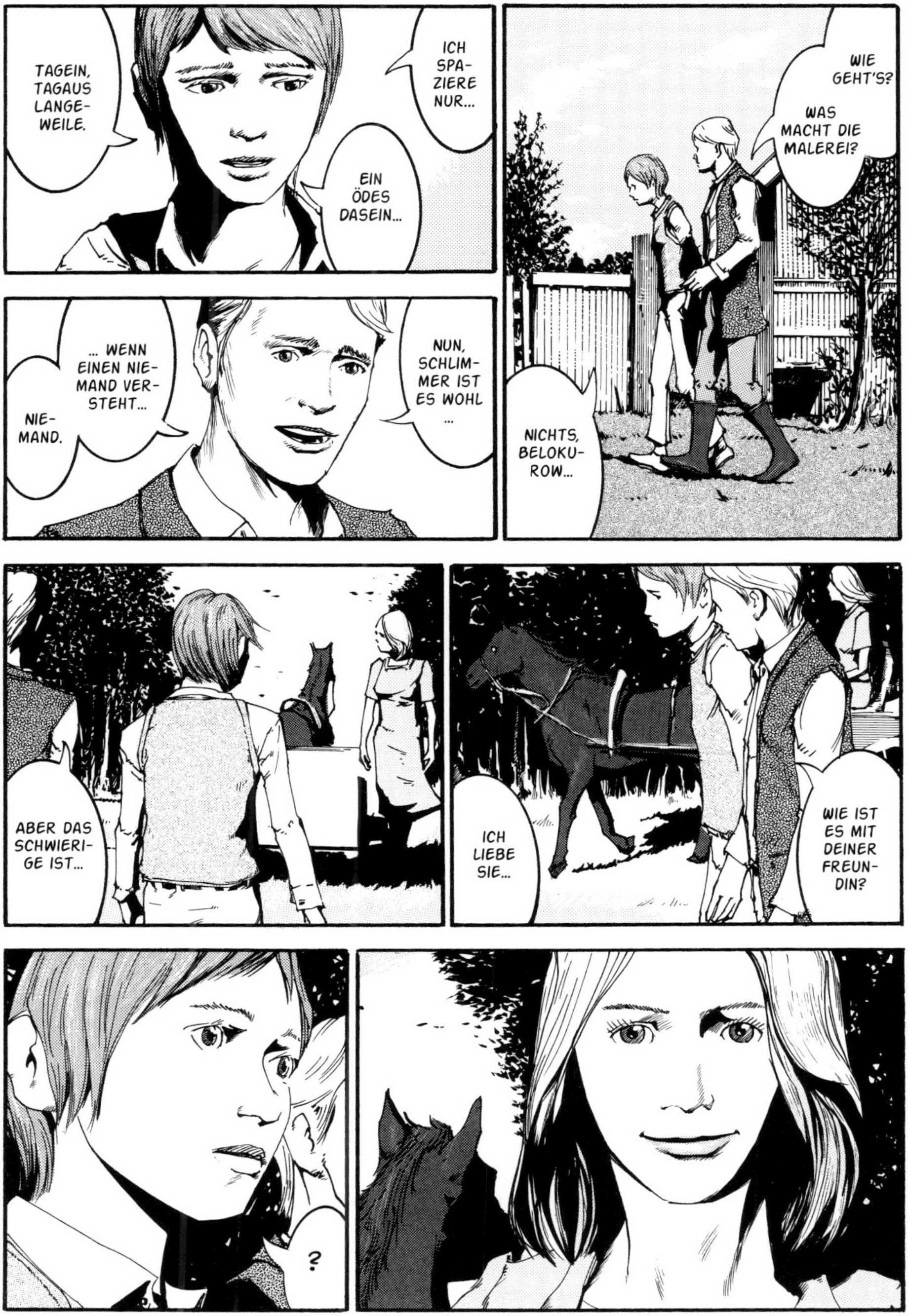
WIE GEHT'S?
WAS MACHT DIE MALEREI?
NICHTS, BELOKU-ROW...
ICH SPA-ZIERE NUR...
TAGEIN, TAGAUS LANGE-WEILE.
EIN ÖDES DASEIN...
NUN, SCHLIM-MER IST ES WOHL ...
... WENN EINEN NIE-MAND VER-STEHT...
NIE-MAND.
WIE IST ES MIT DEINER FREUN-DIN?
ICH LIEBE SIE...
ABER DAS SCHWIERI-GE IST...
?

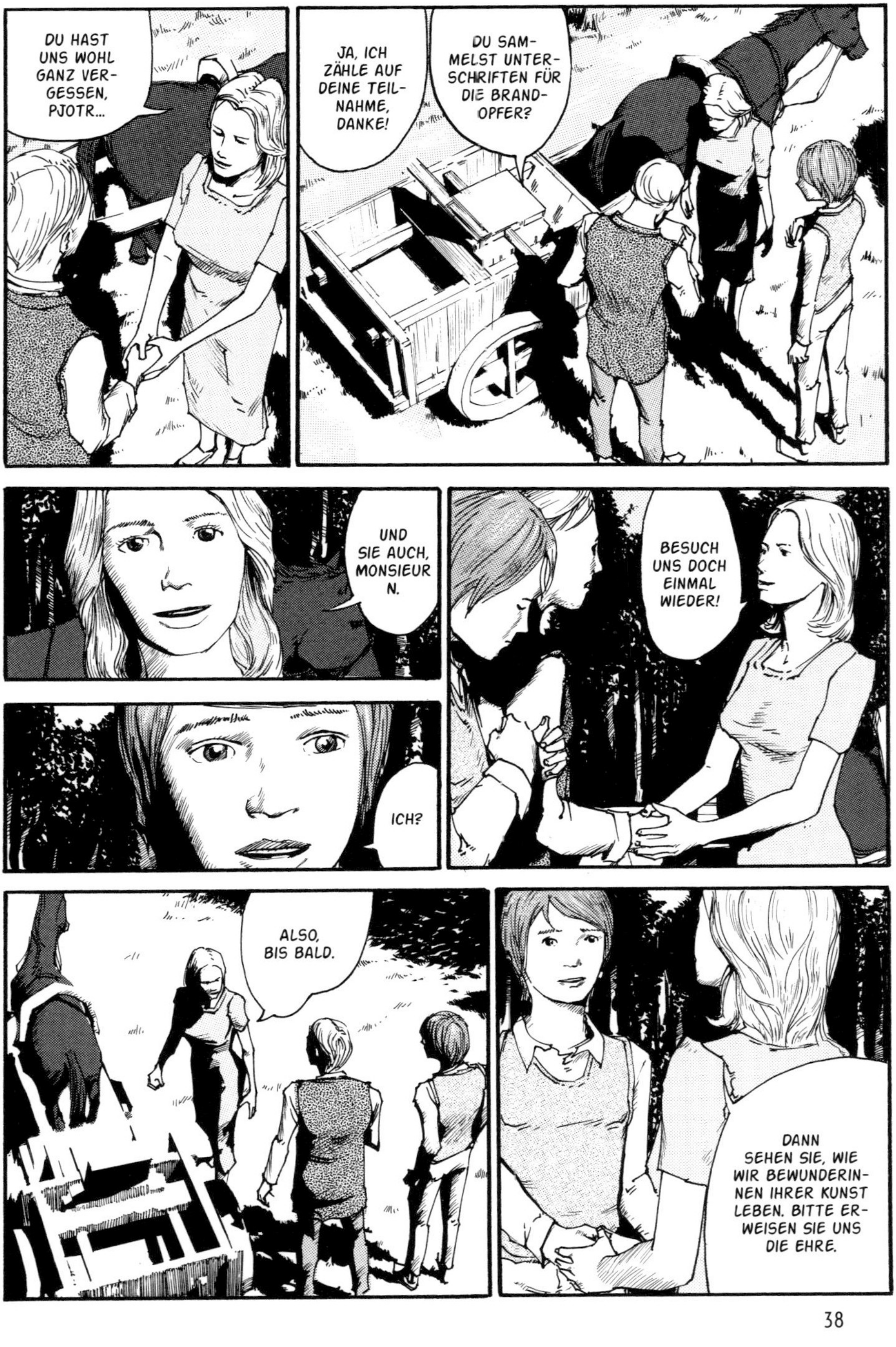
DU HAST UNS WOHL GANZ VERGESSEN, PJOTR...
DU SAMMELST UNTERSCHRIFTEN FÜR DIE BRANDOPFER?
JA, ICH ZÄHLE AUF DEINE TEILNAHME, DANKE!
UND SIE AUCH, MONSIEUR N.
ICH?
BESUCH UNS DOCH EINMAL WIEDER!
ALSO, BIS BALD.
DANN SEHEN SIE, WIE WIR BEWUNDERINNEN IHRER KUNST LEBEN. BITTE ERWEISEN SIE UNS DIE EHRE.

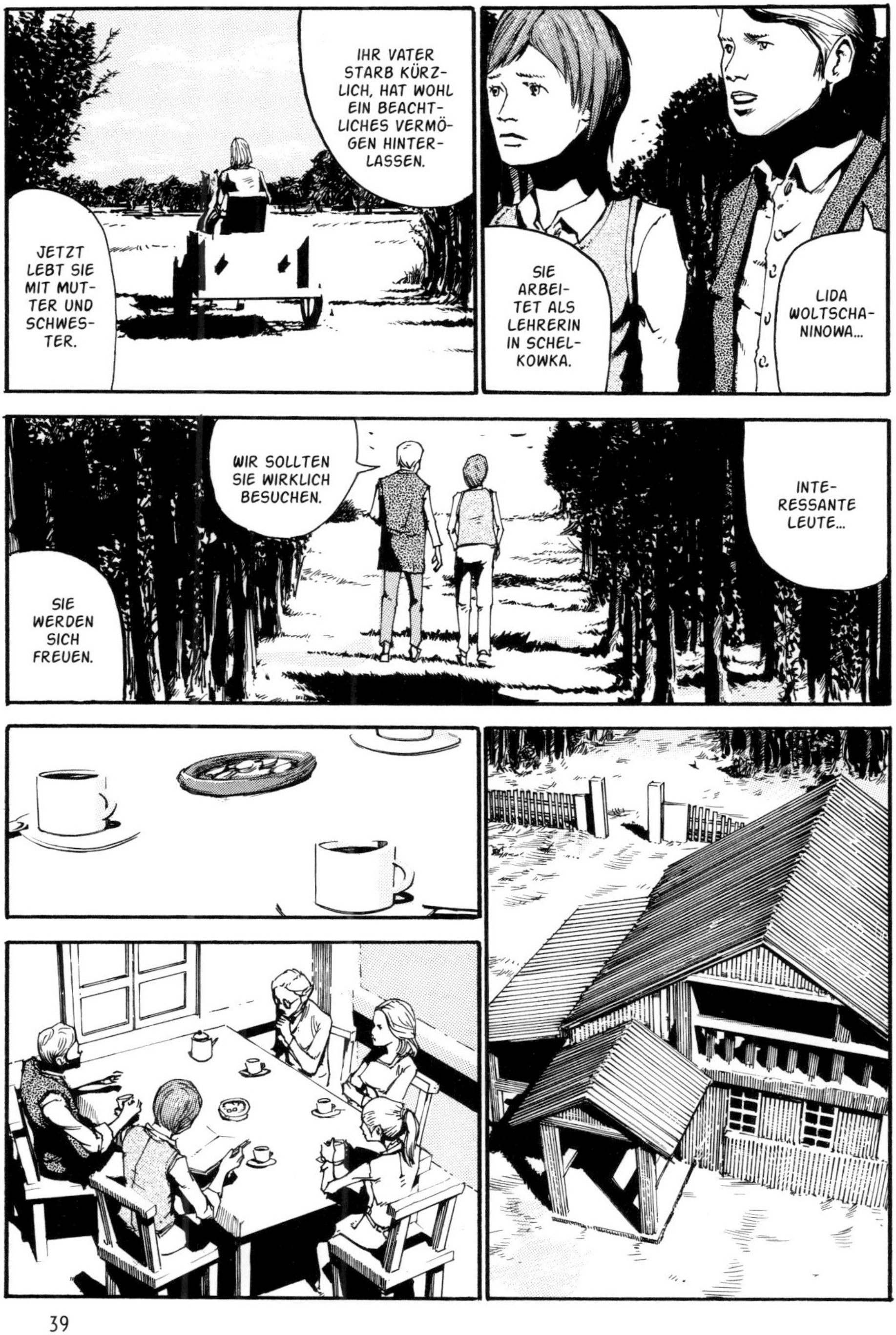
LIDA WOLTSCHANINOWA...
SIE ARBEITET ALS LEHRERIN IN SCHELKOWKA.
IHR VATER STARB KÜRZLICH, HAT WOHL EIN BEACHTLICHES VERMÖGEN HINTERLASSEN.
JETZT LEBT SIE MIT MUTTER UND SCHWESTER.
INTERESSANTE LEUTE...
WIR SOLLTEN SIE WIRKLICH BESUCHEN.
SIE WERDEN SICH FREUEN.

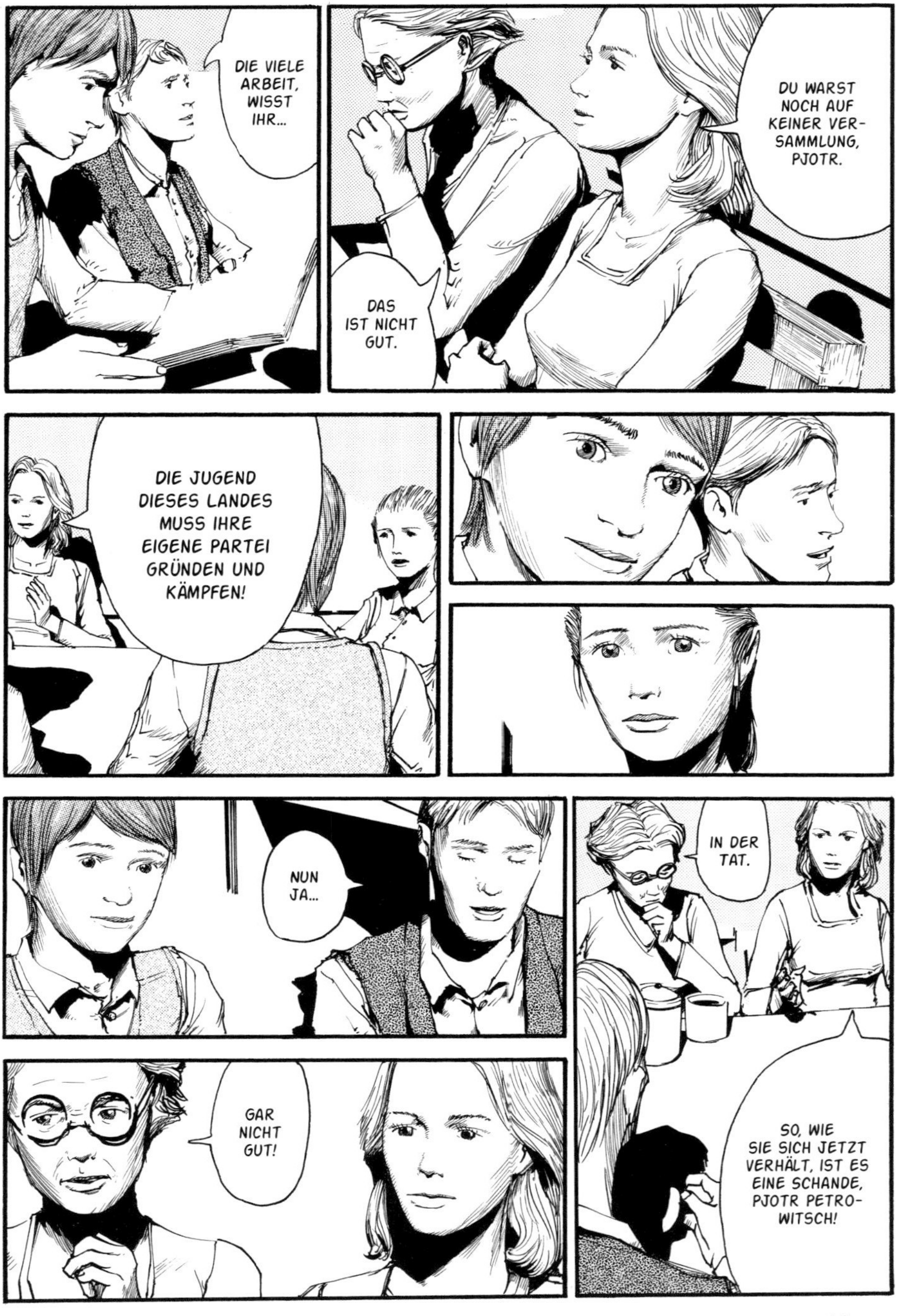
DIE VIELE ARBEIT, WISST IHR…
DU WARST NOCH AUF KEINER VERSAMMLUNG, PJOTR.
DAS IST NICHT GUT.
DIE JUGEND DIESES LANDES MUSS IHRE EIGENE PARTEI GRÜNDEN UND KÄMPFEN!
NUN JA…
GAR NICHT GUT!
IN DER TAT.
SO, WIE SIE SICH JETZT VERHÄLT, IST ES EINE SCHANDE, PJOTR PETROWITSCH!

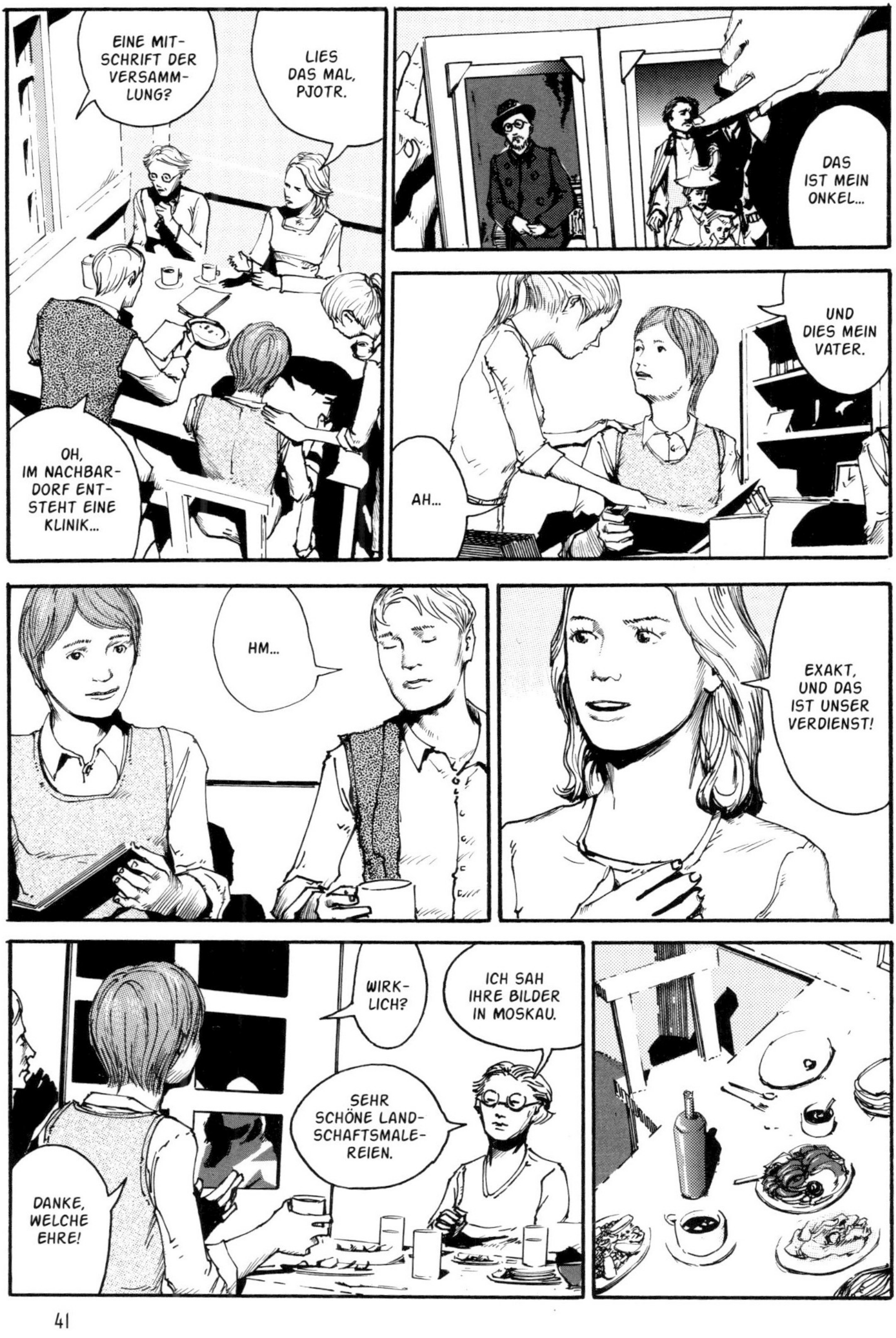
EINE MIT-SCHRIFT DER VERSAMM-LUNG?
LIES DAS MAL, PJOTR.
OH, IM NACHBAR-DORF ENT-STEHT EINE KLINIK...
DAS IST MEIN ONKEL...
UND DIES MEIN VATER.
AH...
HM...
EXAKT, UND DAS IST UNSER VERDIENST!
WIRK-LICH?
ICH SAH IHRE BILDER IN MOSKAU.
SEHR SCHÖNE LAND-SCHAFTSMALE-REIEN.
DANKE, WELCHE EHRE!

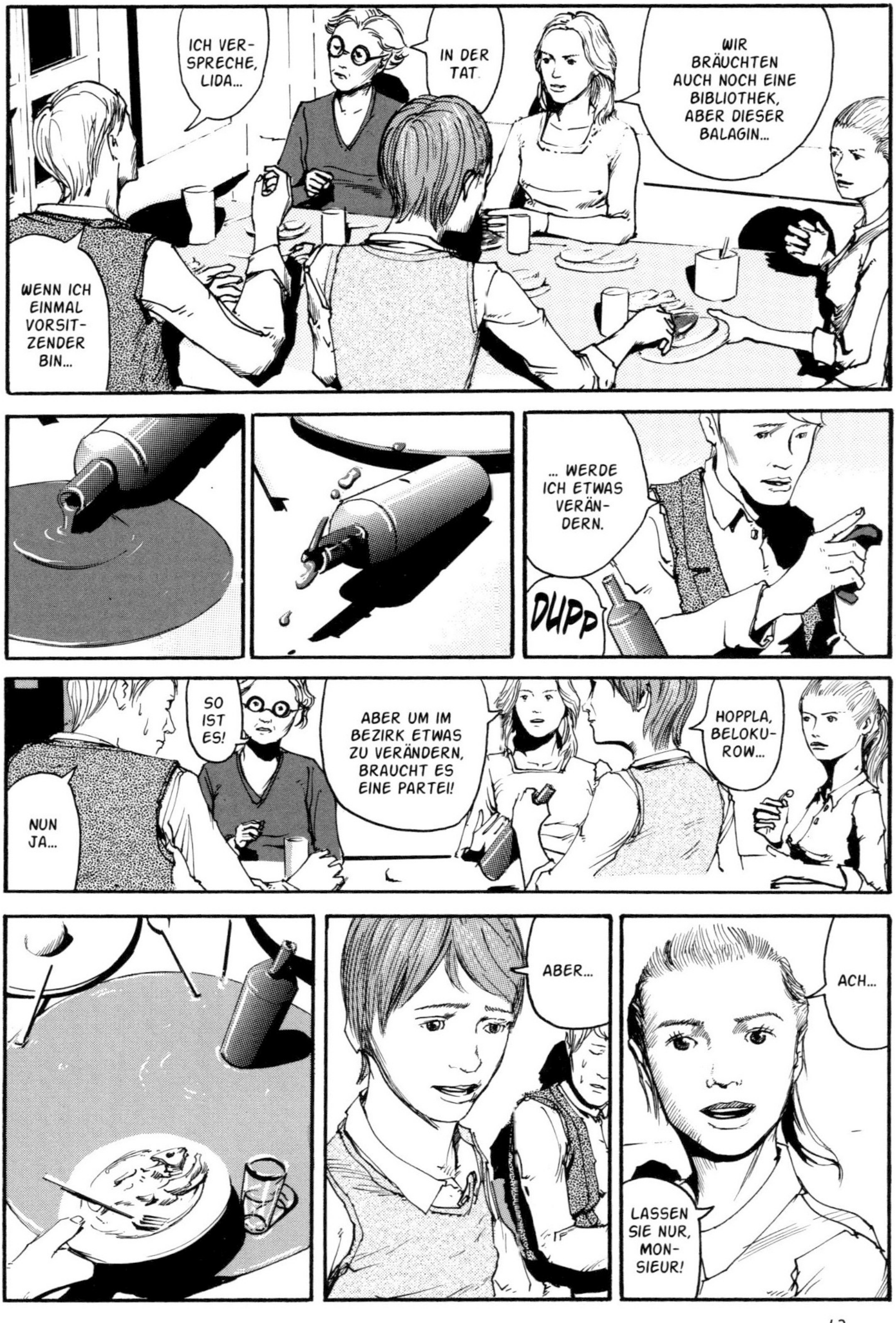
ICH VERSPRECHE, LIDA...
IN DER TAT.
WIR BRÄUCHTEN AUCH NOCH EINE BIBLIOTHEK, ABER DIESER BALAGIN...
WENN ICH EINMAL VORSITZENDER BIN...
... WERDE ICH ETWAS VERÄNDERN.
DUPP
SO IST ES!
ABER UM IM BEZIRK ETWAS ZU VERÄNDERN, BRAUCHT ES EINE PARTEI!
NUN JA...
HOPPLA, BELOKUROW...
ABER...
ACH...
LASSEN SIE NUR, MONSIEUR!

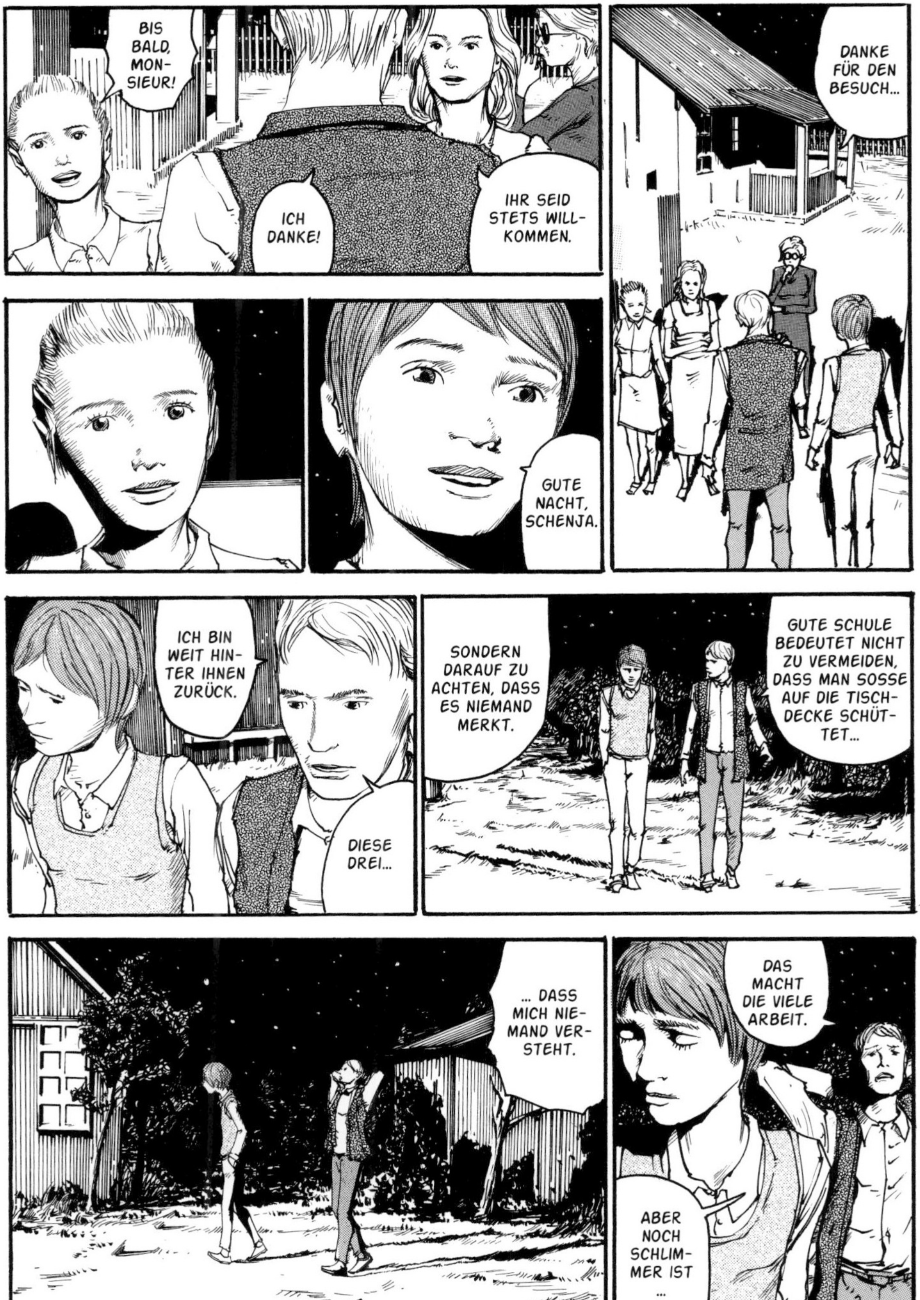
BIS BALD, MONSIEUR!
ICH DANKE!
IHR SEID STETS WILLKOMMEN.
DANKE FÜR DEN BESUCH...
GUTE NACHT, SCHENJA.
ICH BIN WEIT HINTER IHNEN ZURÜCK.
DIESE DREI...
GUTE SCHULE BEDEUTET NICHT ZU VERMEIDEN, DASS MAN SOSSE AUF DIE TISCHDECKE SCHÜTTET...
SONDERN DARAUF ZU ACHTEN, DASS ES NIEMAND MERKT.
DAS MACHT DIE VIELE ARBEIT.
ABER NOCH SCHLIMMER IST ...
... DASS MICH NIEMAND VERSTEHT.

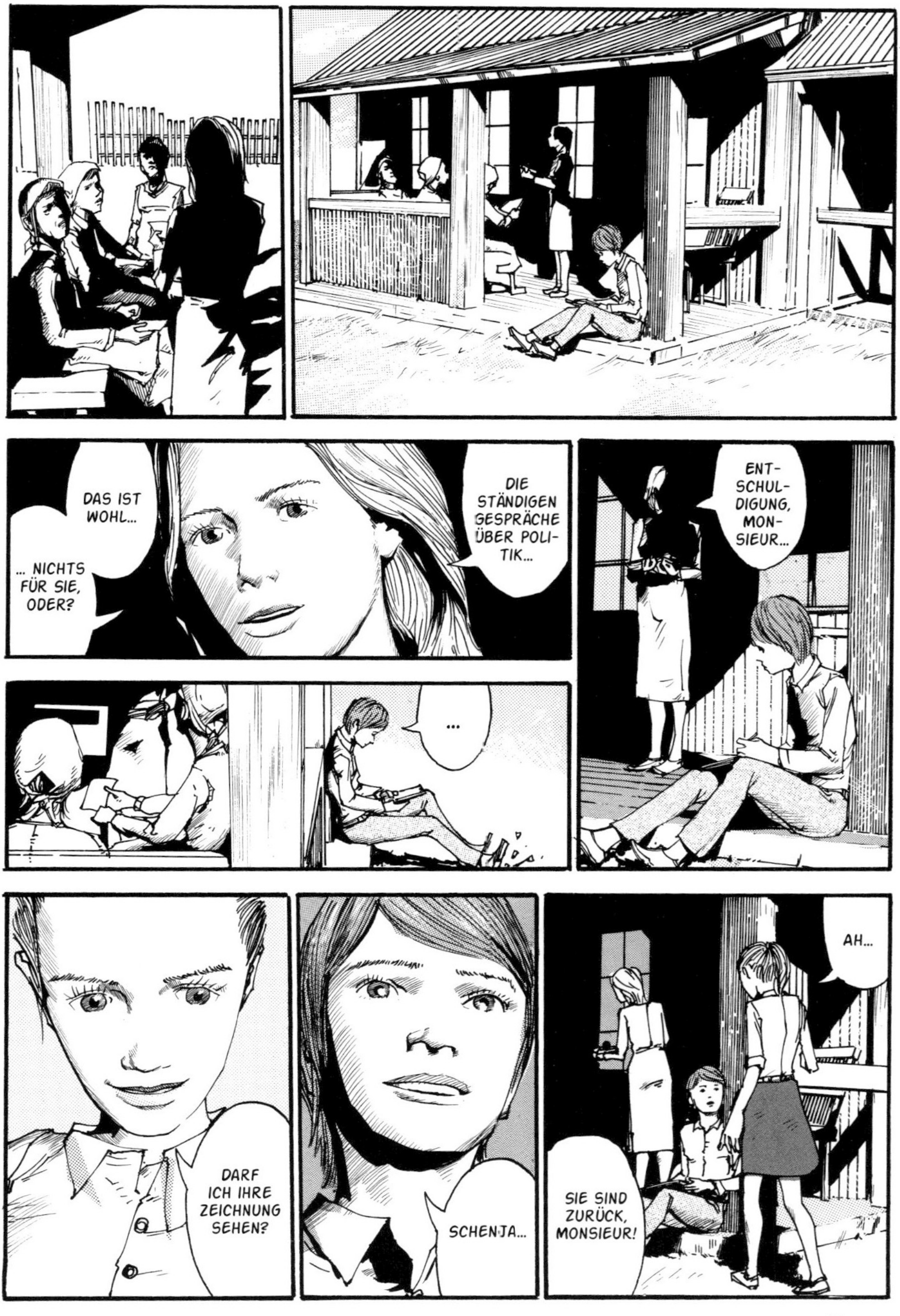
DAS IST WOHL...
... NICHTS FÜR SIE, ODER?
DIE STÄNDIGEN GESPRÄCHE ÜBER POLITIK...
ENT-SCHUL-DIGUNG, MON-SIEUR...
...
DARF ICH IHRE ZEICHNUNG SEHEN?
SCHENJA...
AH...
SIE SIND ZURÜCK, MONSIEUR!

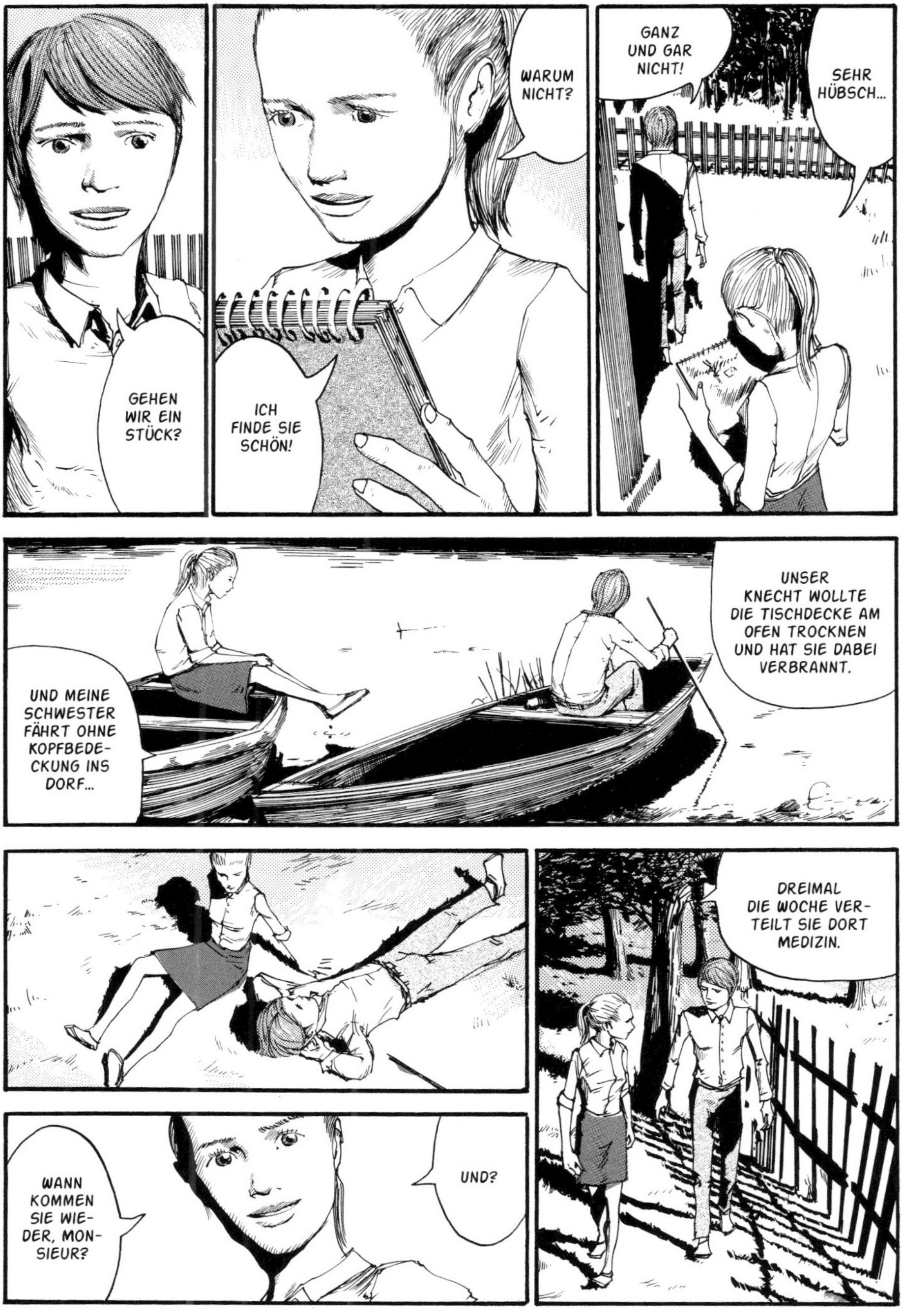
GEHEN WIR EIN STÜCK?
WARUM NICHT?
ICH FINDE SIE SCHÖN!
GANZ UND GAR NICHT!
SEHR HÜBSCH...
UNSER KNECHT WOLLTE DIE TISCHDECKE AM OFEN TROCKNEN UND HAT SIE DABEI VERBRANNT.
UND MEINE SCHWESTER FÄHRT OHNE KOPFBEDE-CKUNG INS DORF...
DREIMAL DIE WOCHE VER-TEILT SIE DORT MEDIZIN.
UND?
WANN KOMMEN SIE WIE-DER, MON-SIEUR?

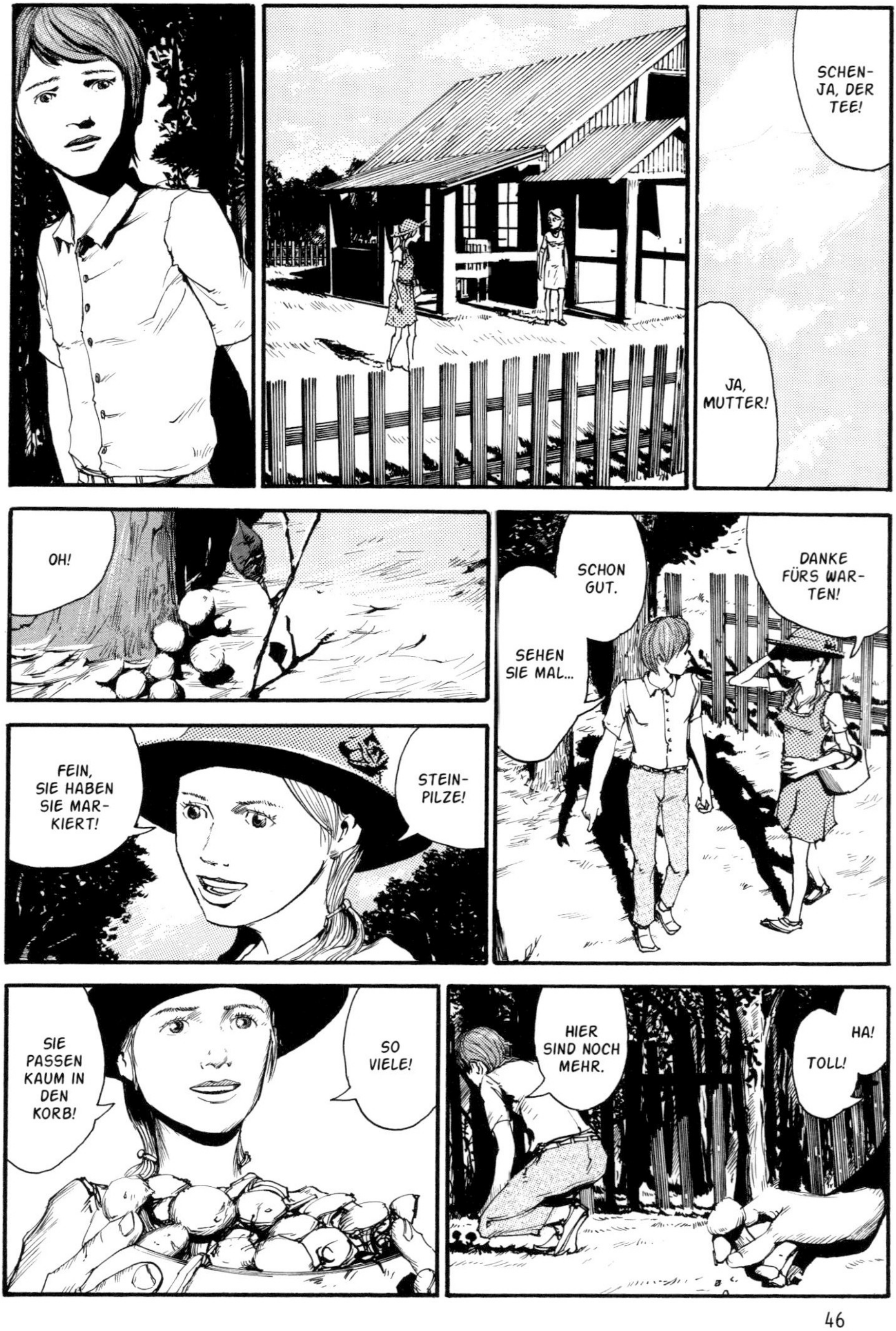
SCHENJA, DER TEE!
JA, MUTTER!
OH!
DANKE FÜRS WARTEN!
SCHON GUT.
SEHEN SIE MAL...
STEINPILZE!
FEIN, SIE HABEN SIE MARKIERT!
SO VIELE!
SIE PASSEN KAUM IN DEN KORB!
HA! TOLL!
HIER SIND NOCH MEHR.

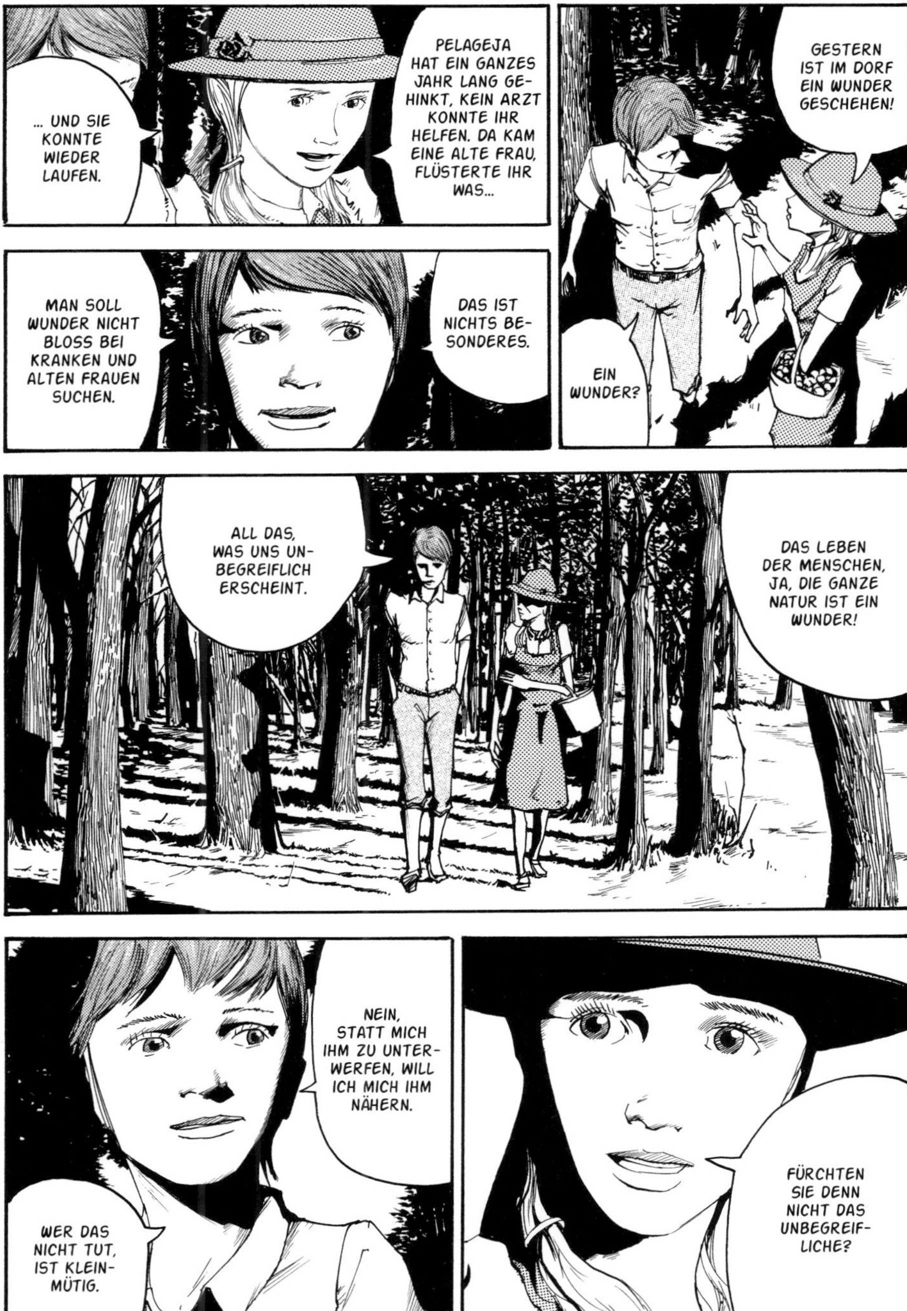
GESTERN IST IM DORF EIN WUNDER GESCHEHEN!
EIN WUNDER?
PELAGEJA HAT EIN GANZES JAHR LANG GEHINKT, KEIN ARZT KONNTE IHR HELFEN. DA KAM EINE ALTE FRAU, FLÜSTERTE IHR WAS...
... UND SIE KONNTE WIEDER LAUFEN.
DAS IST NICHTS BESONDERES.
MAN SOLL WUNDER NICHT BLOSS BEI KRANKEN UND ALTEN FRAUEN SUCHEN.
DAS LEBEN DER MENSCHEN, JA, DIE GANZE NATUR IST EIN WUNDER!
ALL DAS, WAS UNS UNBEGREIFLICH ERSCHEINT.
FÜRCHTEN SIE DENN NICHT DAS UNBEGREIFLICHE?
NEIN, STATT MICH IHM ZU UNTERWERFEN, WILL ICH MICH IHM NÄHERN.
WER DAS NICHT TUT, IST KLEINMÜTIG.

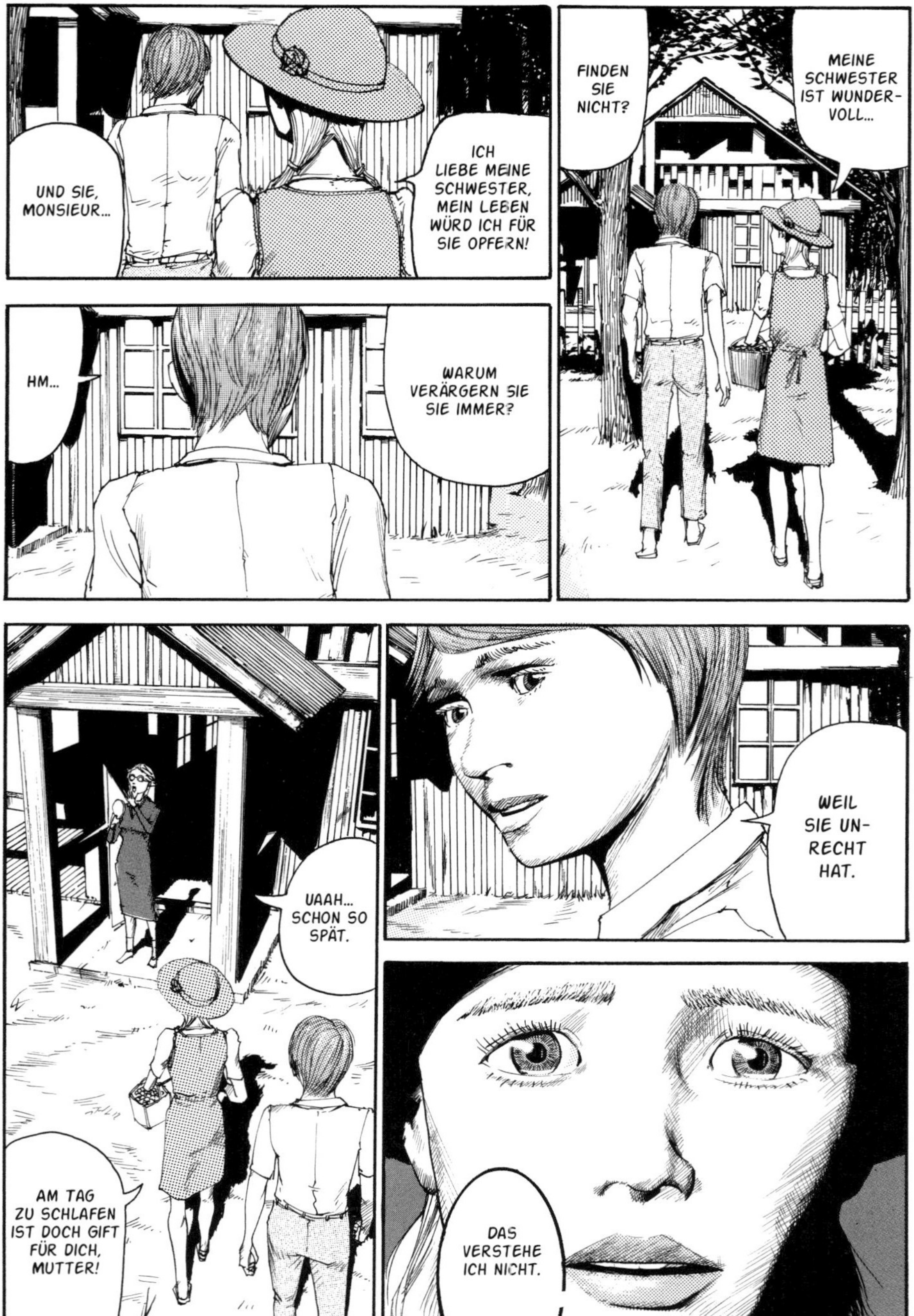
MEINE SCHWESTER IST WUNDERVOLL...
FINDEN SIE NICHT?
ICH LIEBE MEINE SCHWESTER, MEIN LEBEN WÜRD ICH FÜR SIE OPFERN!
UND SIE, MONSIEUR...
WARUM VERÄRGERN SIE SIE IMMER?
HM...
WEIL SIE UNRECHT HAT.
DAS VERSTEHE ICH NICHT.
UAAH... SCHON SO SPÄT.
AM TAG ZU SCHLAFEN IST DOCH GIFT FÜR DICH, MUTTER!

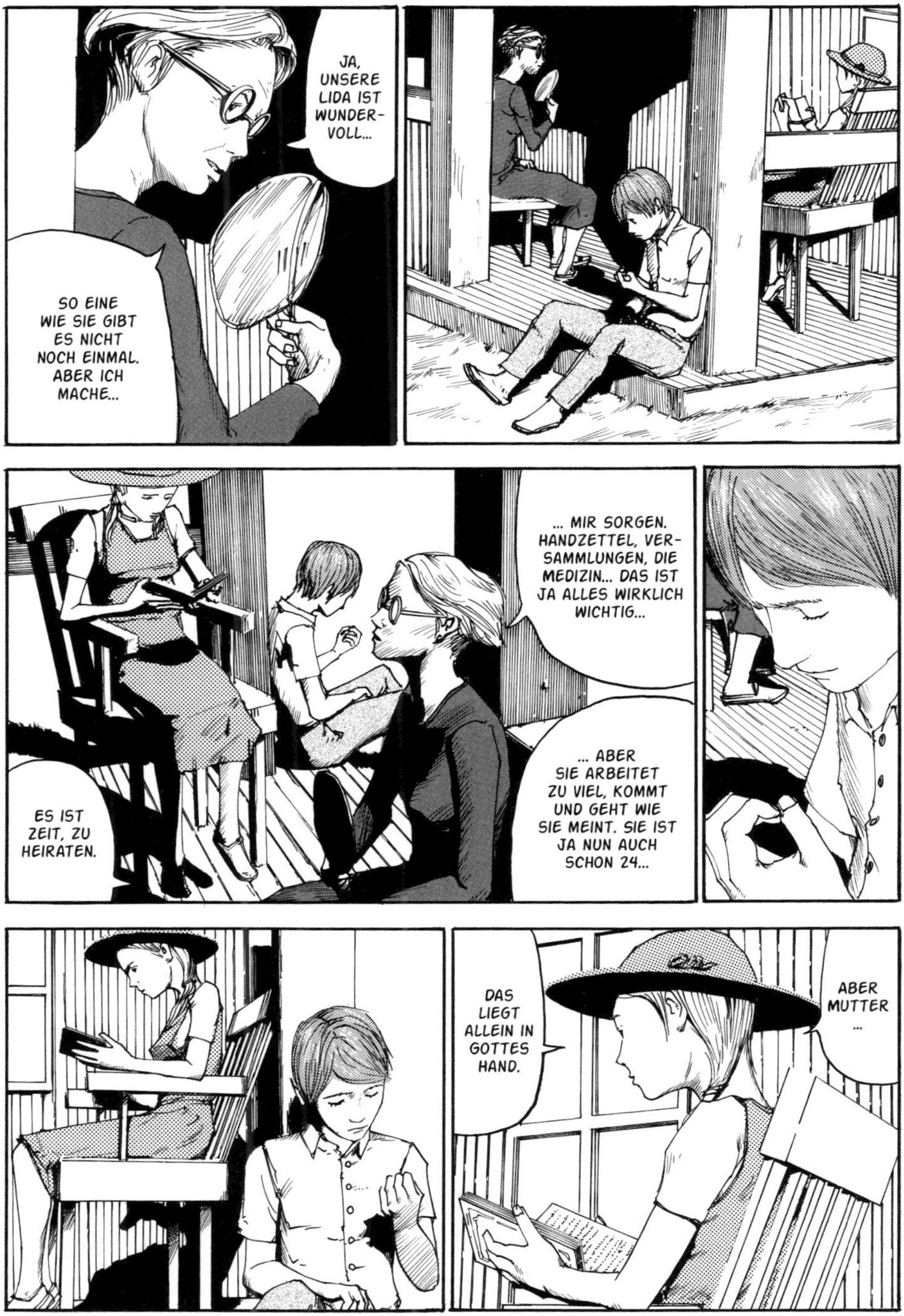
JA, UNSERE LIDA IST WUNDERVOLL...
SO EINE WIE SIE GIBT ES NICHT NOCH EINMAL. ABER ICH MACHE...
... MIR SORGEN. HANDZETTEL, VERSAMMLUNGEN, DIE MEDIZIN... DAS IST JA ALLES WIRKLICH WICHTIG...
... ABER SIE ARBEITET ZU VIEL, KOMMT UND GEHT WIE SIE MEINT. SIE IST JA NUN AUCH SCHON 24...
ES IST ZEIT, ZU HEIRATEN.
ABER MUTTER ...
DAS LIEGT ALLEIN IN GOTTES HAND.

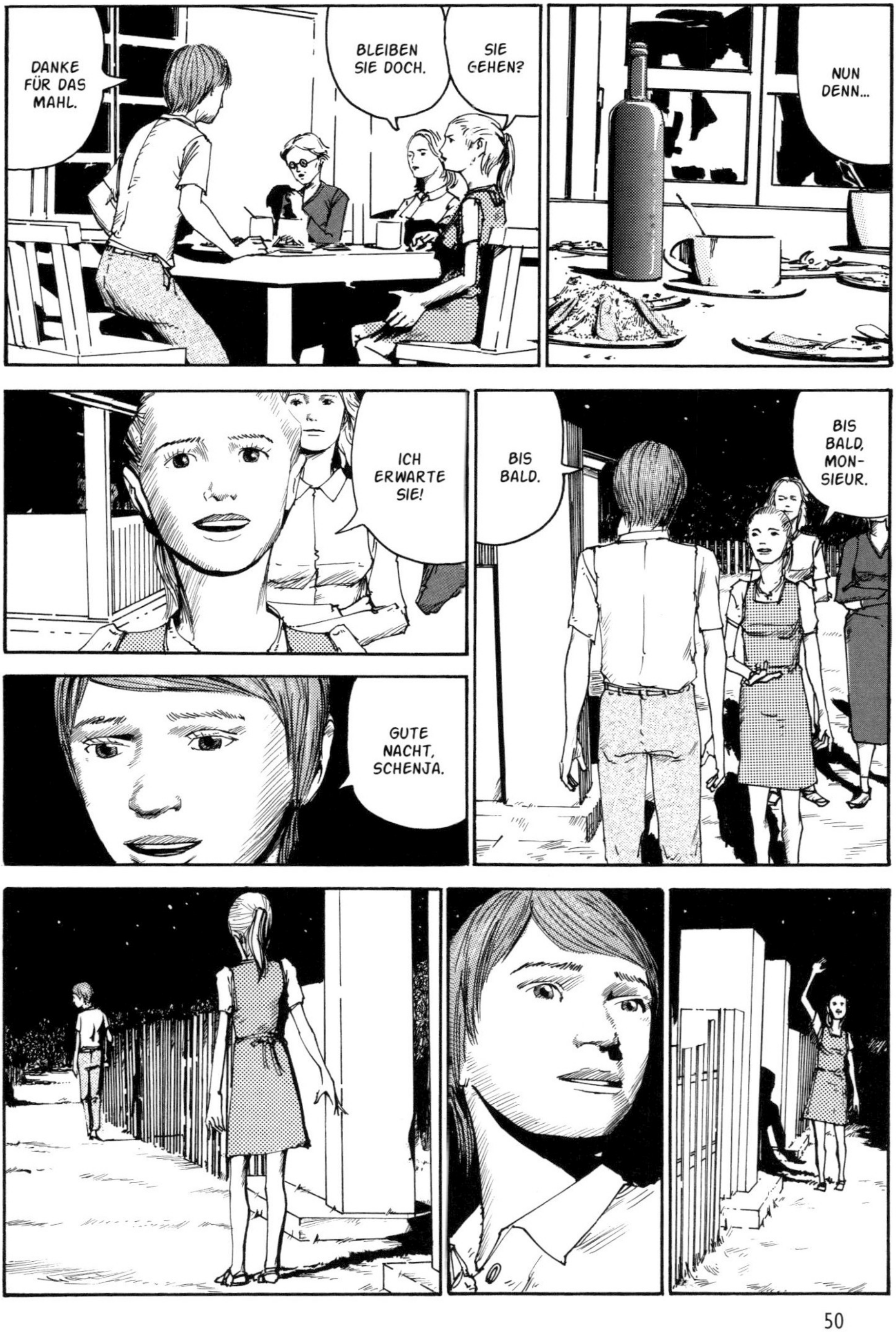
SIE GEHEN?
BLEIBEN SIE DOCH.
DANKE FÜR DAS MAHL.
NUN DENN...
ICH ERWARTE SIE!
BIS BALD, MONSIEUR.
BIS BALD.
GUTE NACHT, SCHENJA.

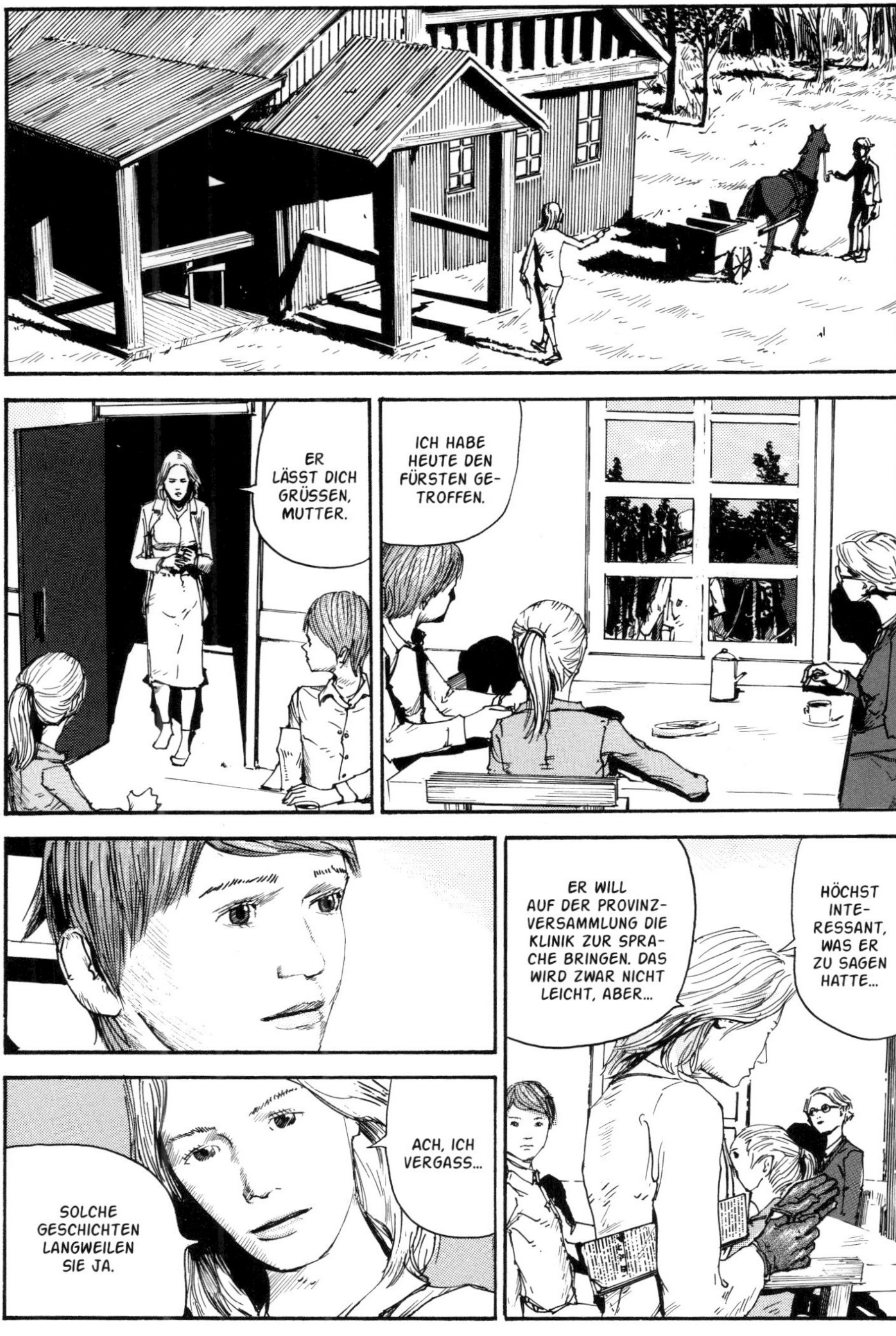
ER LÄSST DICH GRÜSSEN, MUTTER.
ICH HABE HEUTE DEN FÜRSTEN GETROFFEN.
ER WILL AUF DER PROVINZVERSAMMLUNG DIE KLINIK ZUR SPRACHE BRINGEN. DAS WIRD ZWAR NICHT LEICHT, ABER...
HÖCHST INTERESSANT, WAS ER ZU SAGEN HATTE...
ACH, ICH VERGASS...
SOLCHE GESCHICHTEN LANGWEILEN SIE JA.

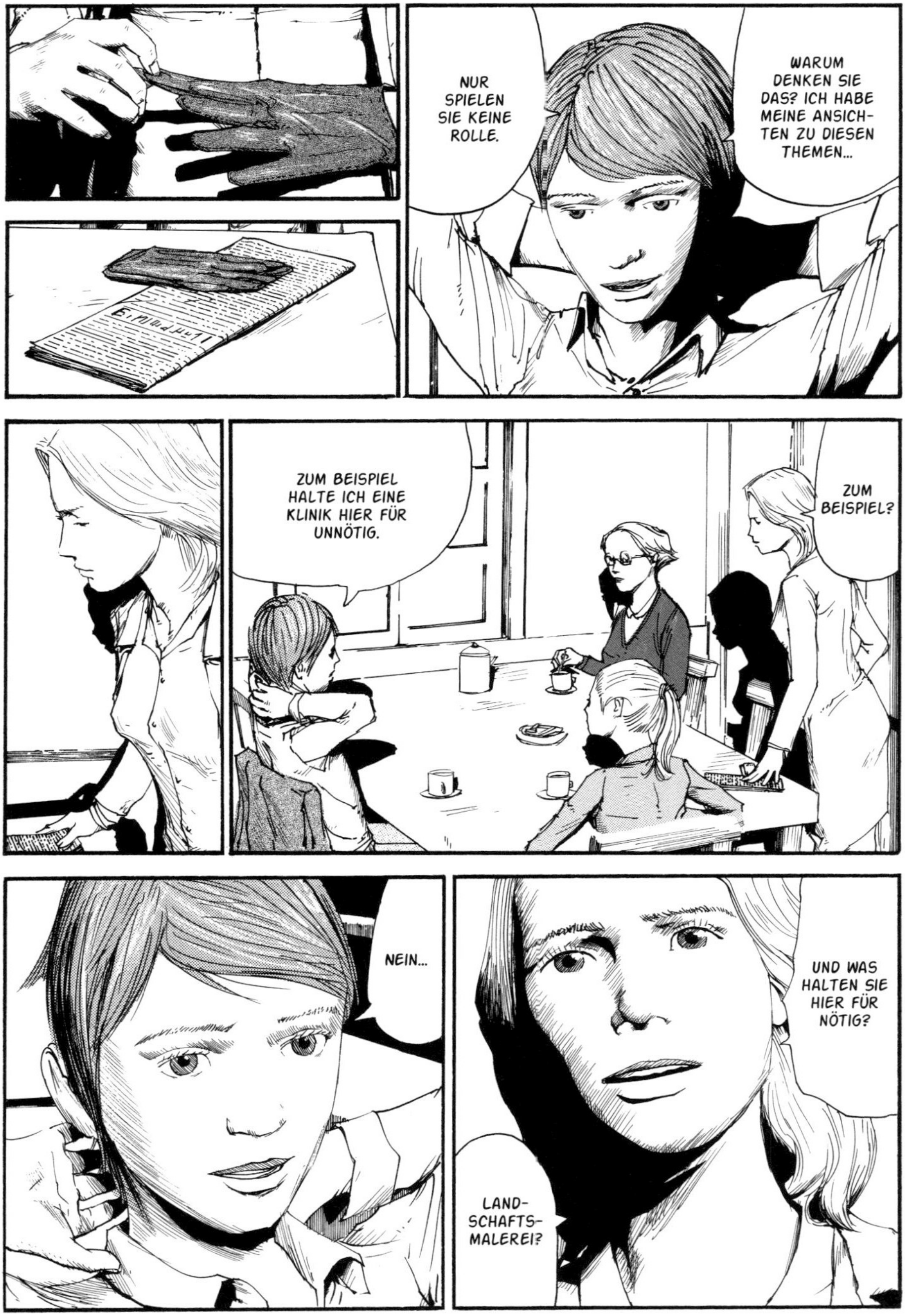
WARUM DENKEN SIE DAS? ICH HABE MEINE ANSICHTEN ZU DIESEN THEMEN...
NUR SPIELEN SIE KEINE ROLLE.
ZUM BEISPIEL?
ZUM BEISPIEL HALTE ICH EINE KLINIK HIER FÜR UNNÖTIG.
UND WAS HALTEN SIE HIER FÜR NÖTIG?
LANDSCHAFTSMALEREI?
NEIN...

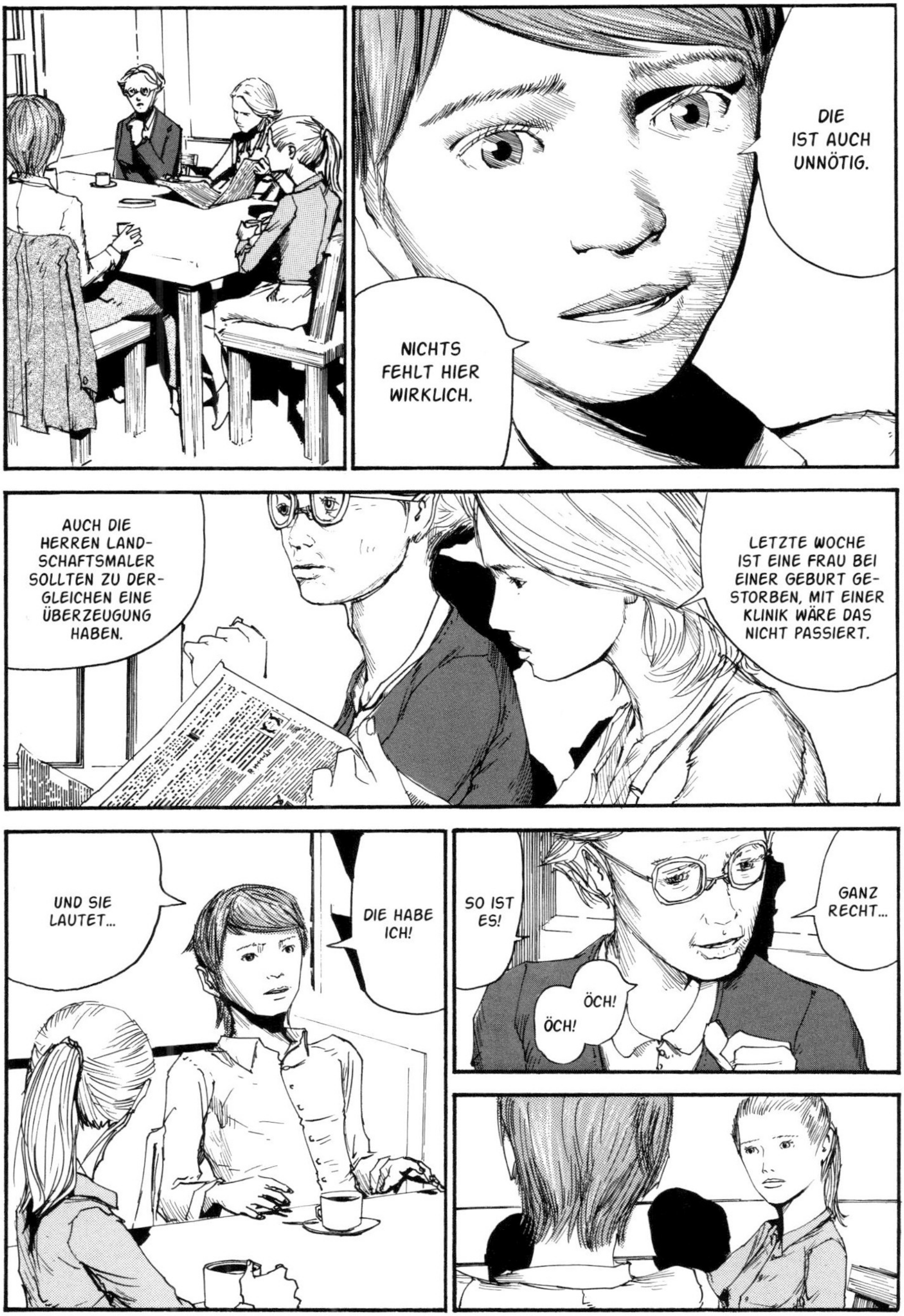
Die ist auch unnötig.
Nichts fehlt hier wirklich.
Auch die Herren Landschaftsmaler sollten zu dergleichen eine Überzeugung haben.
Letzte Woche ist eine Frau bei einer Geburt gestorben, mit einer Klinik wäre das nicht passiert.
Und sie lautet…
Die habe ich!
Ganz recht…
So ist es!
Öch!
Öch!

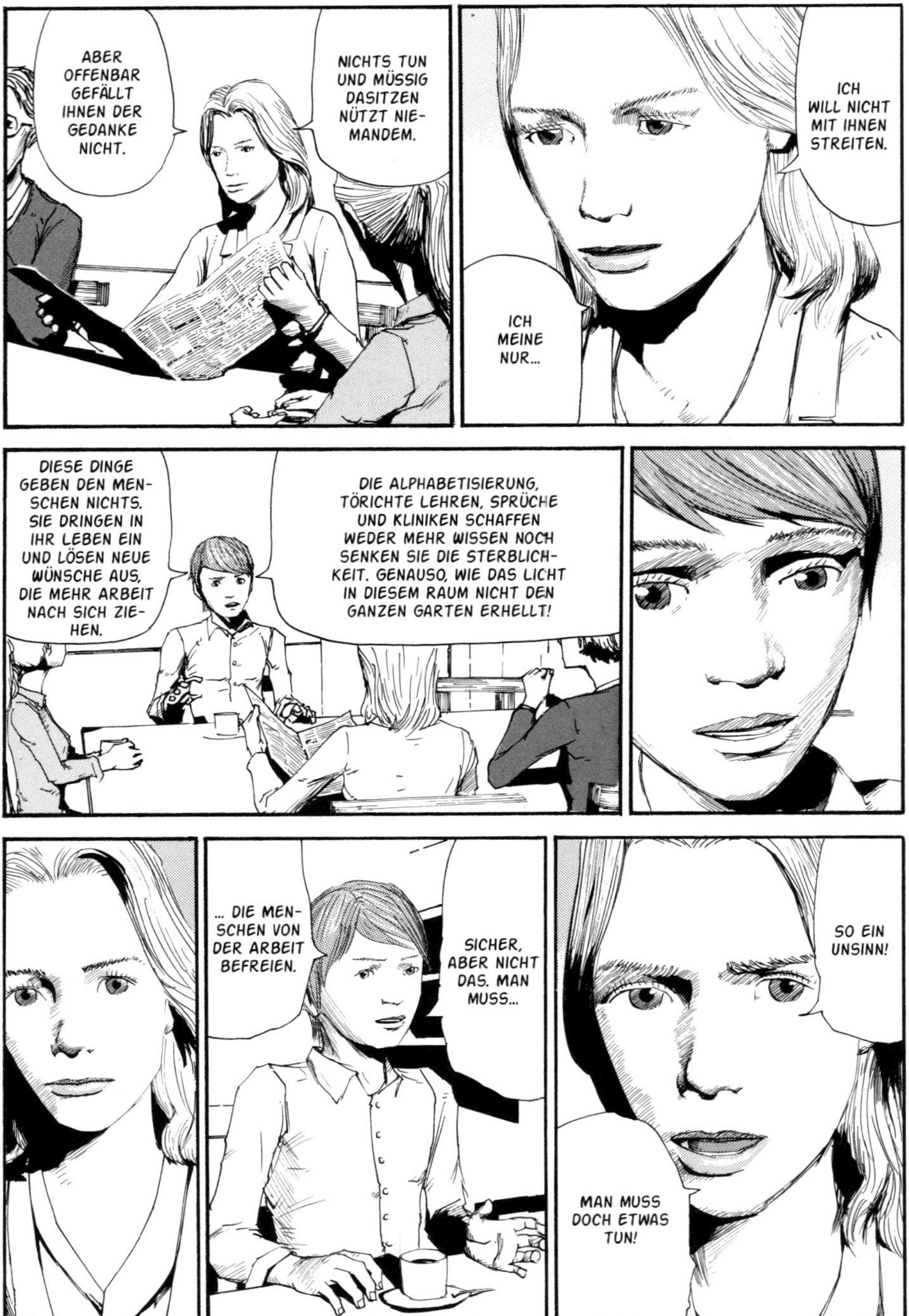
ABER OFFENBAR GEFÄLLT IHNEN DER GEDANKE NICHT.
NICHTS TUN UND MÜSSIG DASITZEN NÜTZT NIEMANDEM.
ICH WILL NICHT MIT IHNEN STREITEN.
ICH MEINE NUR...
DIESE DINGE GEBEN DEN MENSCHEN NICHTS. SIE DRINGEN IN IHR LEBEN EIN UND LÖSEN NEUE WÜNSCHE AUS, DIE MEHR ARBEIT NACH SICH ZIEHEN.
DIE ALPHABETISIERUNG, TÖRICHTE LEHREN, SPRÜCHE UND KLINIKEN SCHAFFEN WEDER MEHR WISSEN NOCH SENKEN SIE DIE STERBLICHKEIT. GENAUSO, WIE DAS LICHT IN DIESEM RAUM NICHT DEN GANZEN GARTEN ERHELLT!
... DIE MENSCHEN VON DER ARBEIT BEFREIEN.
SICHER, ABER NICHT DAS. MAN MUSS...
SO EIN UNSINN!
MAN MUSS DOCH ETWAS TUN!

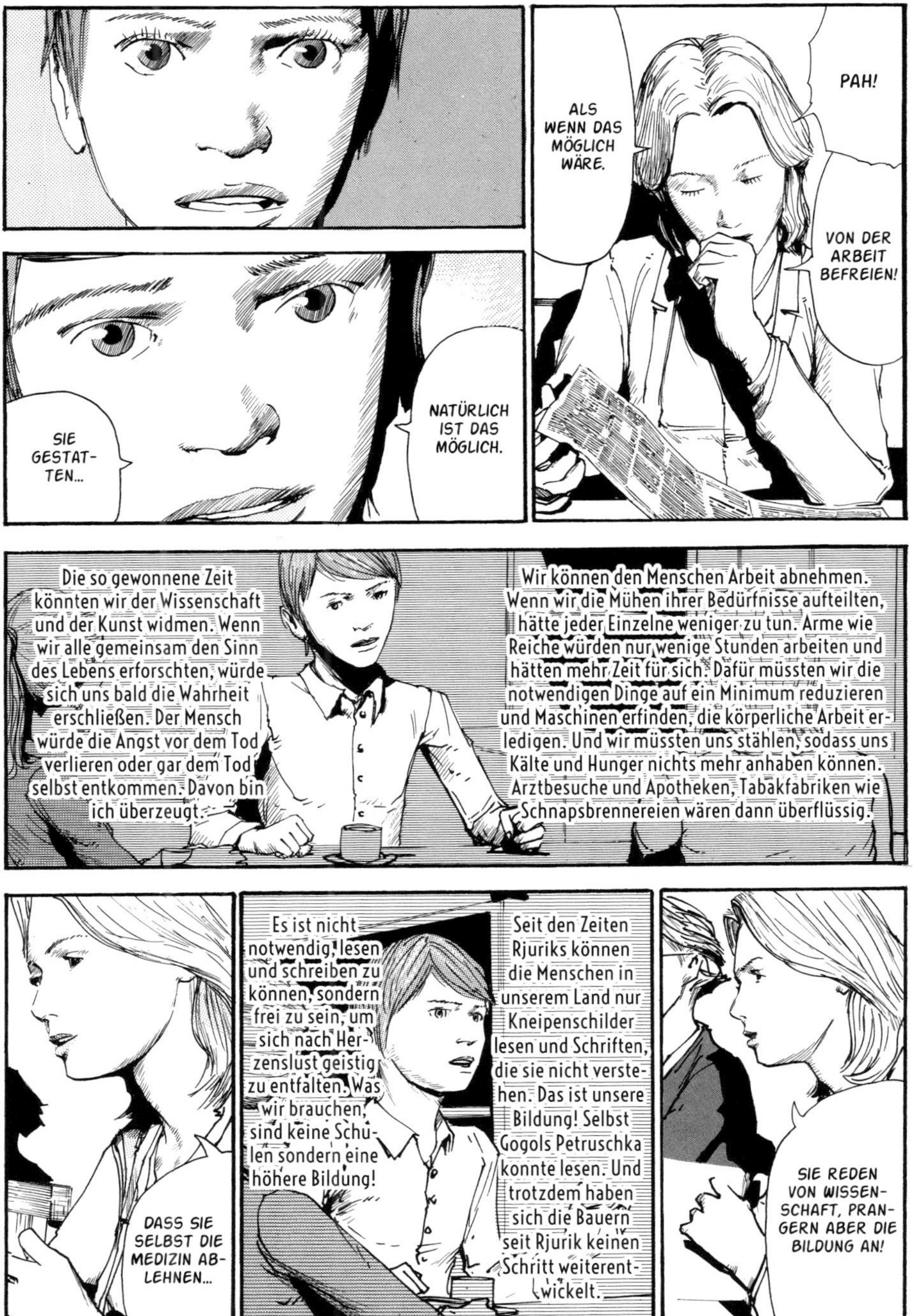
PAH!
VON DER ARBEIT BEFREIEN!
ALS WENN DAS MÖGLICH WÄRE.
SIE GESTATTEN...
NATÜRLICH IST DAS MÖGLICH.
Die so gewonnene Zeit könnten wir der Wissenschaft und der Kunst widmen. Wenn wir alle gemeinsam den Sinn des Lebens erforschten, würde sich uns bald die Wahrheit erschließen. Der Mensch würde die Angst vor dem Tod verlieren oder gar dem Tod selbst entkommen. Davon bin ich überzeugt.
Wir können den Menschen Arbeit abnehmen. Wenn wir die Mühen ihrer Bedürfnisse aufteilten, hätte jeder Einzelne weniger zu tun. Arme wie Reiche würden nur wenige Stunden arbeiten und hätten mehr Zeit für sich. Dafür müssten wir die notwendigen Dinge auf ein Minimum reduzieren und Maschinen erfinden, die körperliche Arbeit erledigen. Und wir müssten uns stählen, sodass uns Kälte und Hunger nichts mehr anhaben können. Arztbesuche und Apotheken, Tabakfabriken wie Schnapsbrennereien wären dann überflüssig.
DASS SIE SELBST DIE MEDIZIN ABLEHNEN...
Es ist nicht notwendig, lesen und schreiben zu können, sondern frei zu sein, um sich nach Herzenslust geistig zu entfalten. Was wir brauchen, sind keine Schulen sondern eine höhere Bildung!
Seit den Zeiten Rjuriks können die Menschen in unserem Land nur Kneipenschilder lesen und Schriften, die sie nicht verstehen. Das ist unsere Bildung! Selbst Gogols Petruschka konnte lesen. Und trotzdem haben sich die Bauern seit Rjurik keinen Schritt weiterentwickelt.
SIE REDEN VON WISSENSCHAFT, PRANGERN ABER DIE BILDUNG AN!

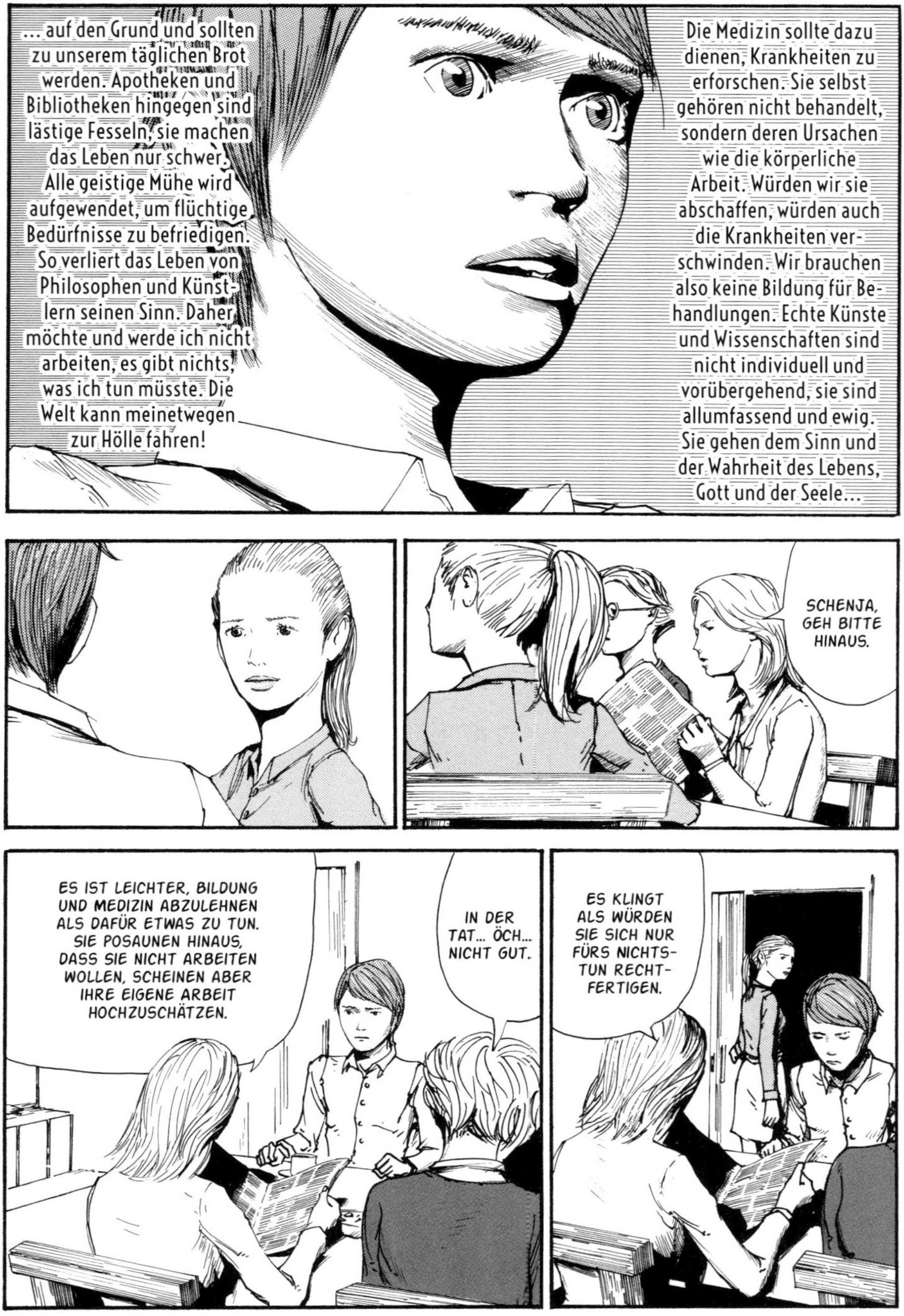
… auf den Grund und sollten zu unserem täglichen Brot werden. Apotheken und Bibliotheken hingegen sind lästige Fesseln, sie machen das Leben nur schwer. Alle geistige Mühe wird aufgewendet, um flüchtige Bedürfnisse zu befriedigen. So verliert das Leben von Philosophen und Künstlern seinen Sinn. Daher möchte und werde ich nicht arbeiten, es gibt nichts, was ich tun müsste. Die Welt kann meinetwegen zur Hölle fahren!
Die Medizin sollte dazu dienen, Krankheiten zu erforschen. Sie selbst gehören nicht behandelt, sondern deren Ursachen wie die körperliche Arbeit. Würden wir sie abschaffen, würden auch die Krankheiten verschwinden. Wir brauchen also keine Bildung für Behandlungen. Echte Künste und Wissenschaften sind nicht individuell und vorübergehend, sie sind allumfassend und ewig. Sie gehen dem Sinn und der Wahrheit des Lebens, Gott und der Seele …
SCHENJA, GEH BITTE HINAUS.
ES IST LEICHTER, BILDUNG UND MEDIZIN ABZULEHNEN ALS DAFÜR ETWAS ZU TUN. SIE POSAUNEN HINAUS, DASS SIE NICHT ARBEITEN WOLLEN, SCHEINEN ABER IHRE EIGENE ARBEIT HOCHZUSCHÄTZEN.
IN DER TAT… ÖCH… NICHT GUT.
ES KLINGT ALS WÜRDEN SIE SICH NUR FÜRS NICHTSTUN RECHTFERTIGEN.

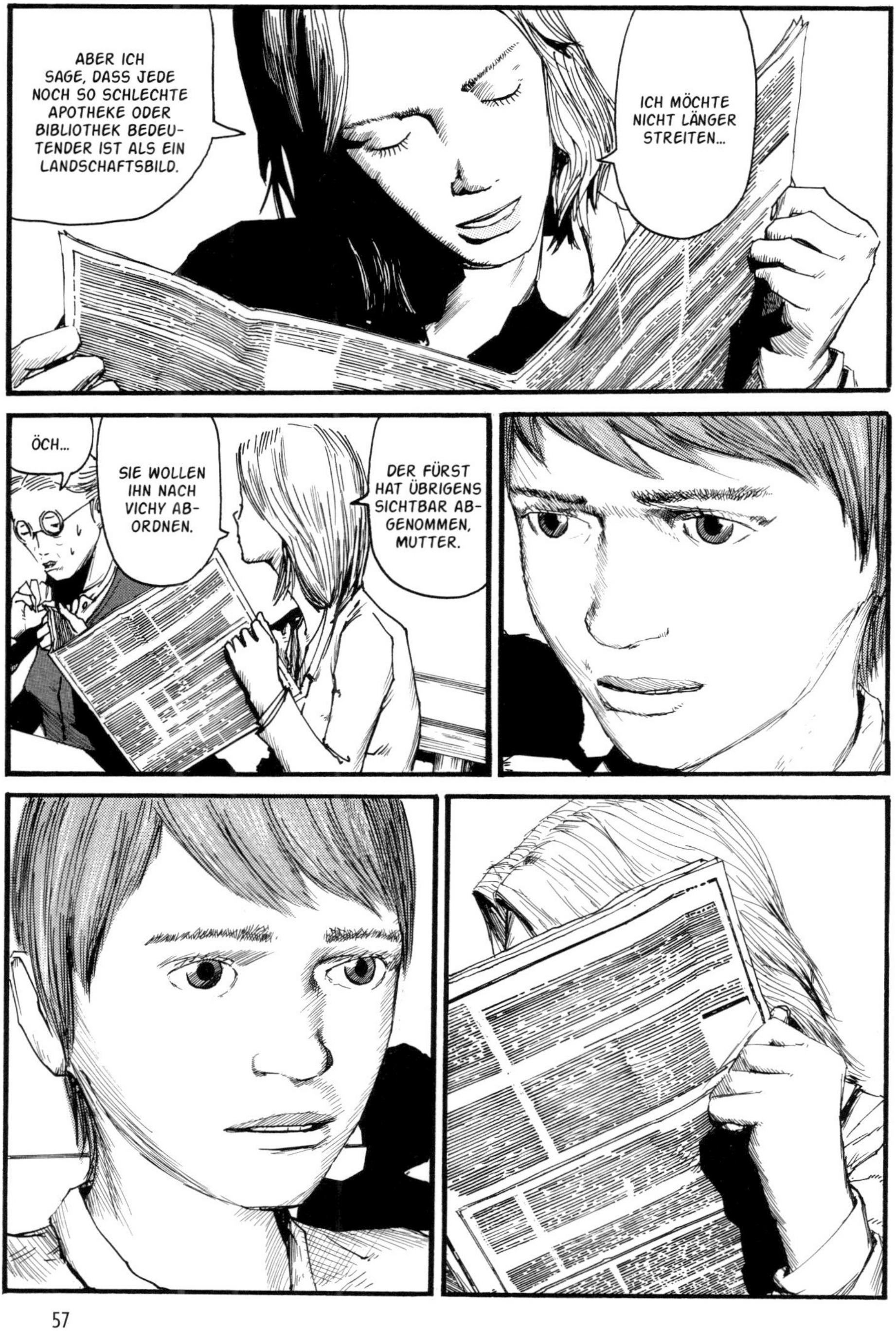
ABER ICH SAGE, DASS JEDE NOCH SO SCHLECHTE APOTHEKE ODER BIBLIOTHEK BEDEU-TENDER IST ALS EIN LANDSCHAFTSBILD.
ICH MÖCHTE NICHT LÄNGER STREITEN…
ÖCH…
SIE WOLLEN IHN NACH VICHY AB-ORDNEN.
DER FÜRST HAT ÜBRIGENS SICHTBAR AB-GENOMMEN, MUTTER.

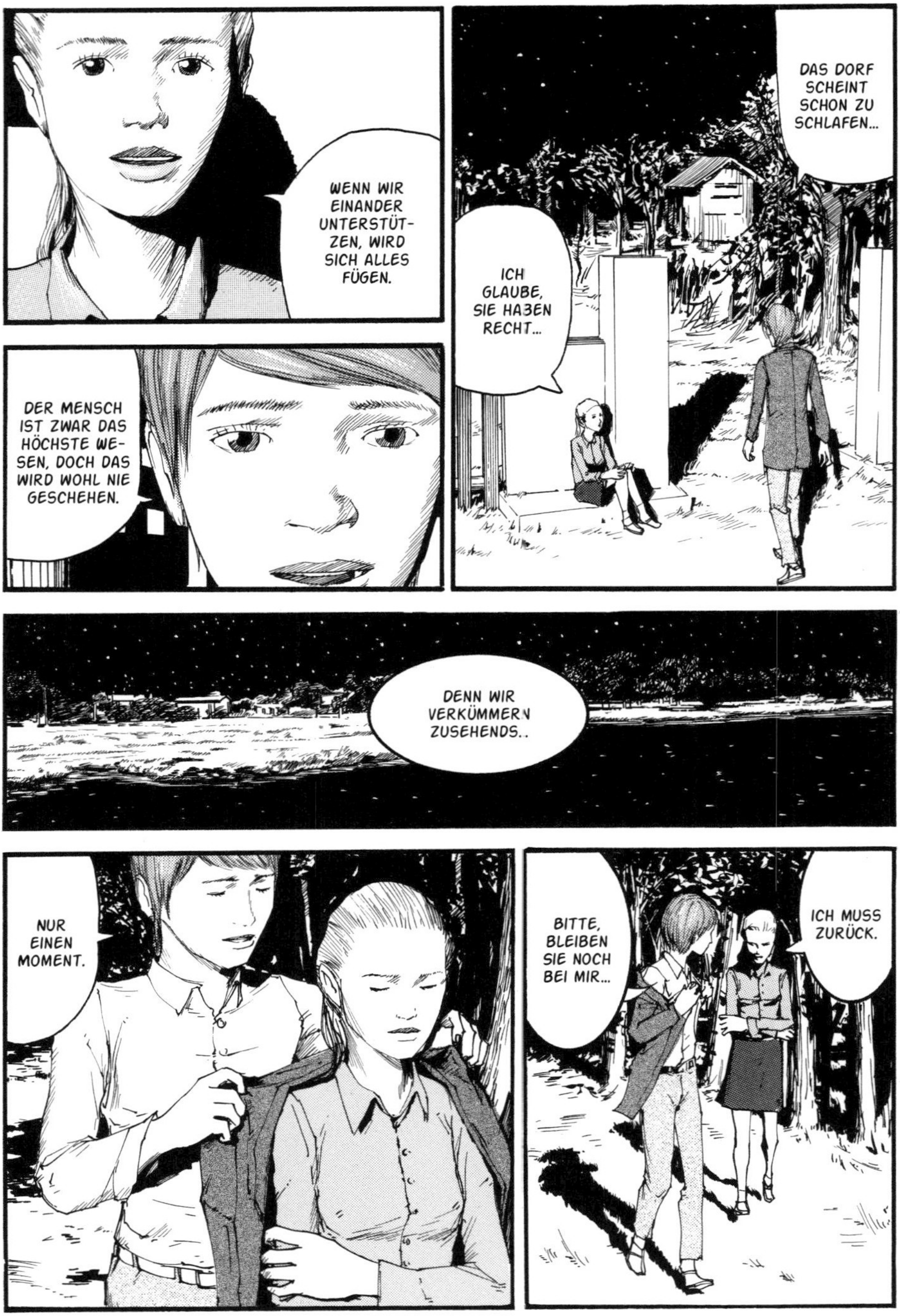
WENN WIR EINANDER UNTERSTÜTZEN, WIRD SICH ALLES FÜGEN.
DER MENSCH IST ZWAR DAS HÖCHSTE WESEN, DOCH DAS WIRD WOHL NIE GESCHEHEN.
DAS DORF SCHEINT SCHON ZU SCHLAFEN...
ICH GLAUBE, SIE HABEN RECHT...
DENN WIR VERKÜMMERN ZUSEHENDS..
NUR EINEN MOMENT.
ICH MUSS ZURÜCK.
BITTE, BLEIBEN SIE NOCH BEI MIR...

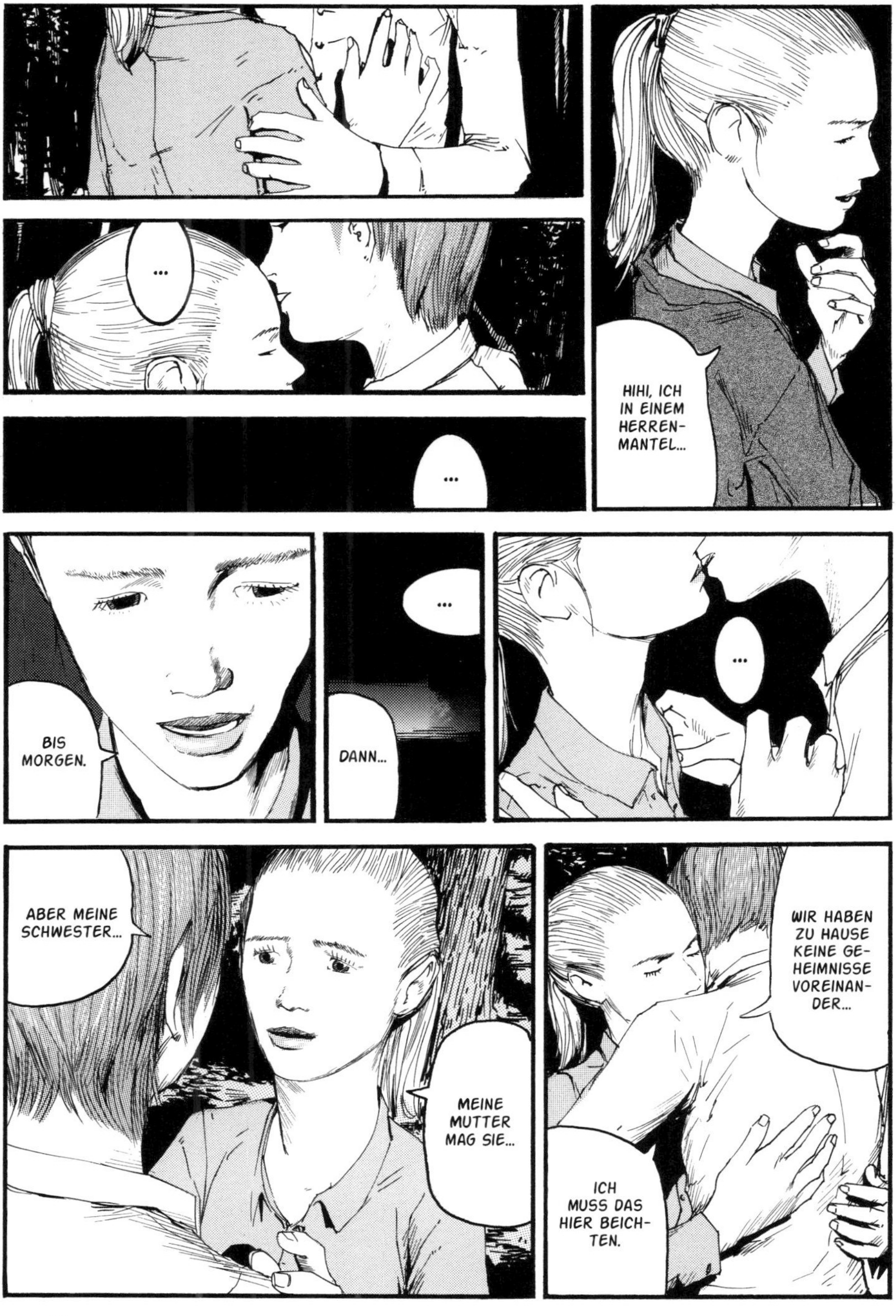

HIHI, ICH IN EINEM HERREN-MANTEL...
...
...
...
...
DANN...
BIS MORGEN.
WIR HABEN ZU HAUSE KEINE GE-HEIMNISSE VOREINAN-DER...
ICH MUSS DAS HIER BEICH-TEN.
ABER MEINE SCHWESTER...
MEINE MUTTER MAG SIE...

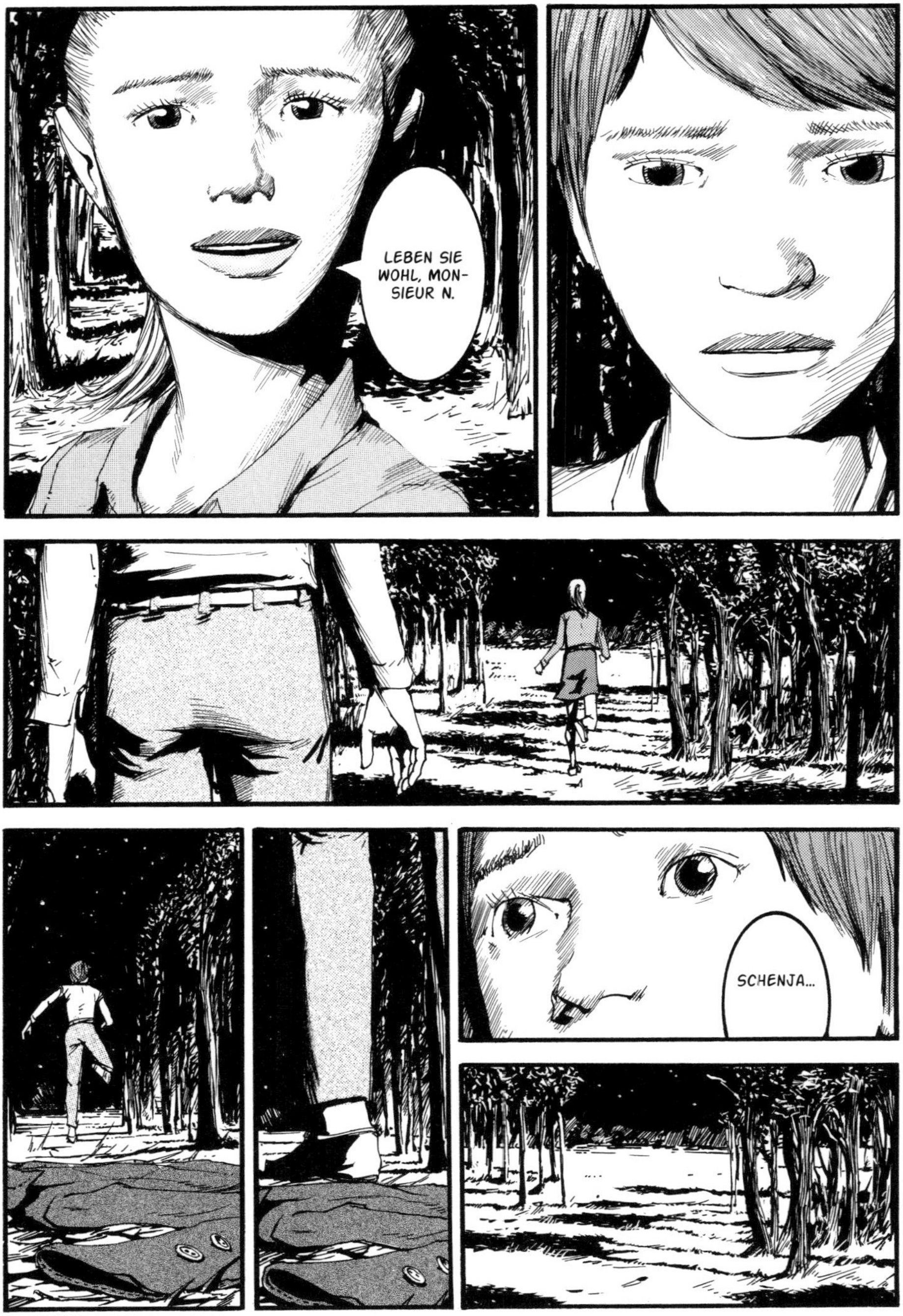
LEBEN SIE WOHL, MONSIEUR N.
SCHENJA...

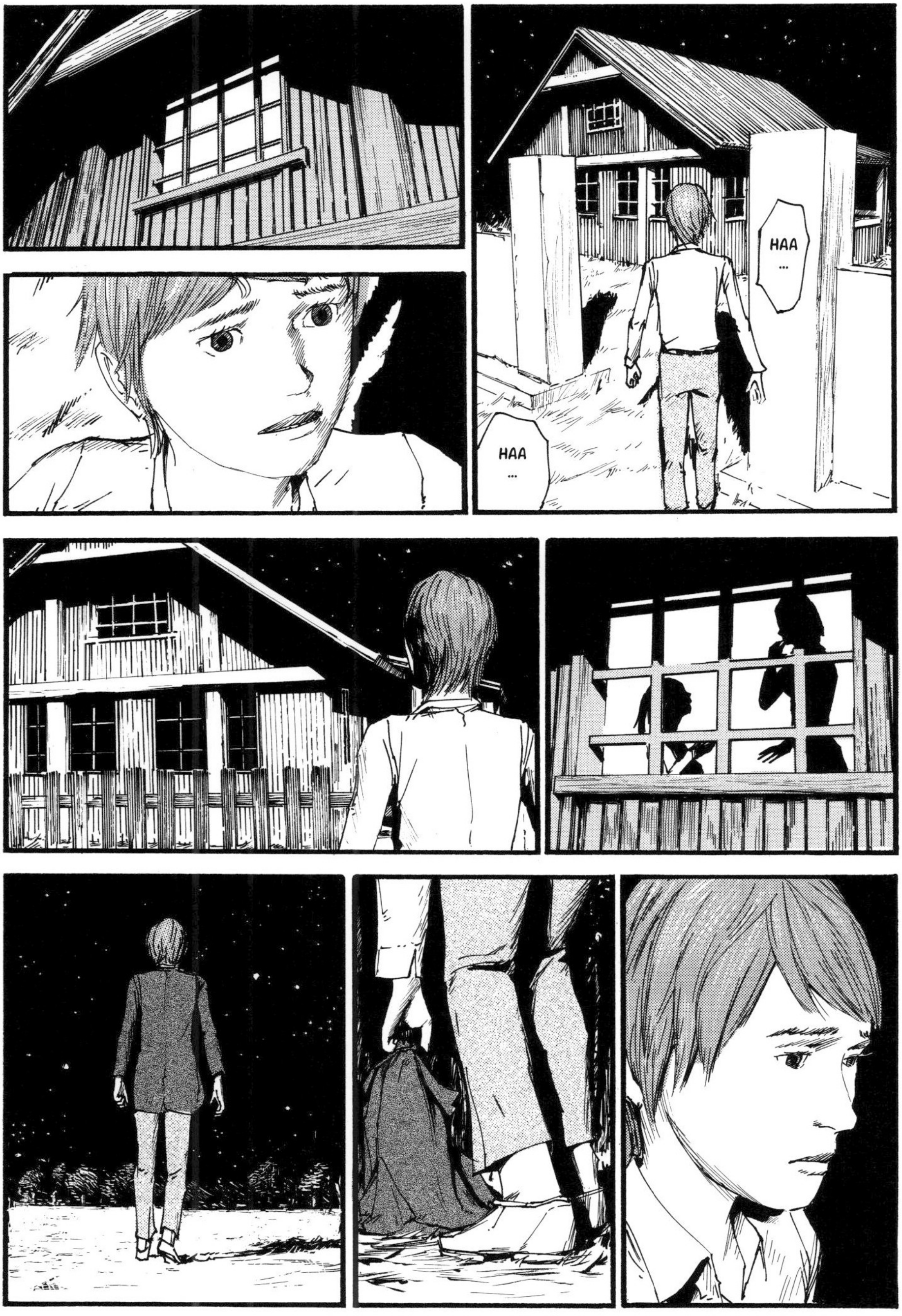
HAA ...
HAA ...

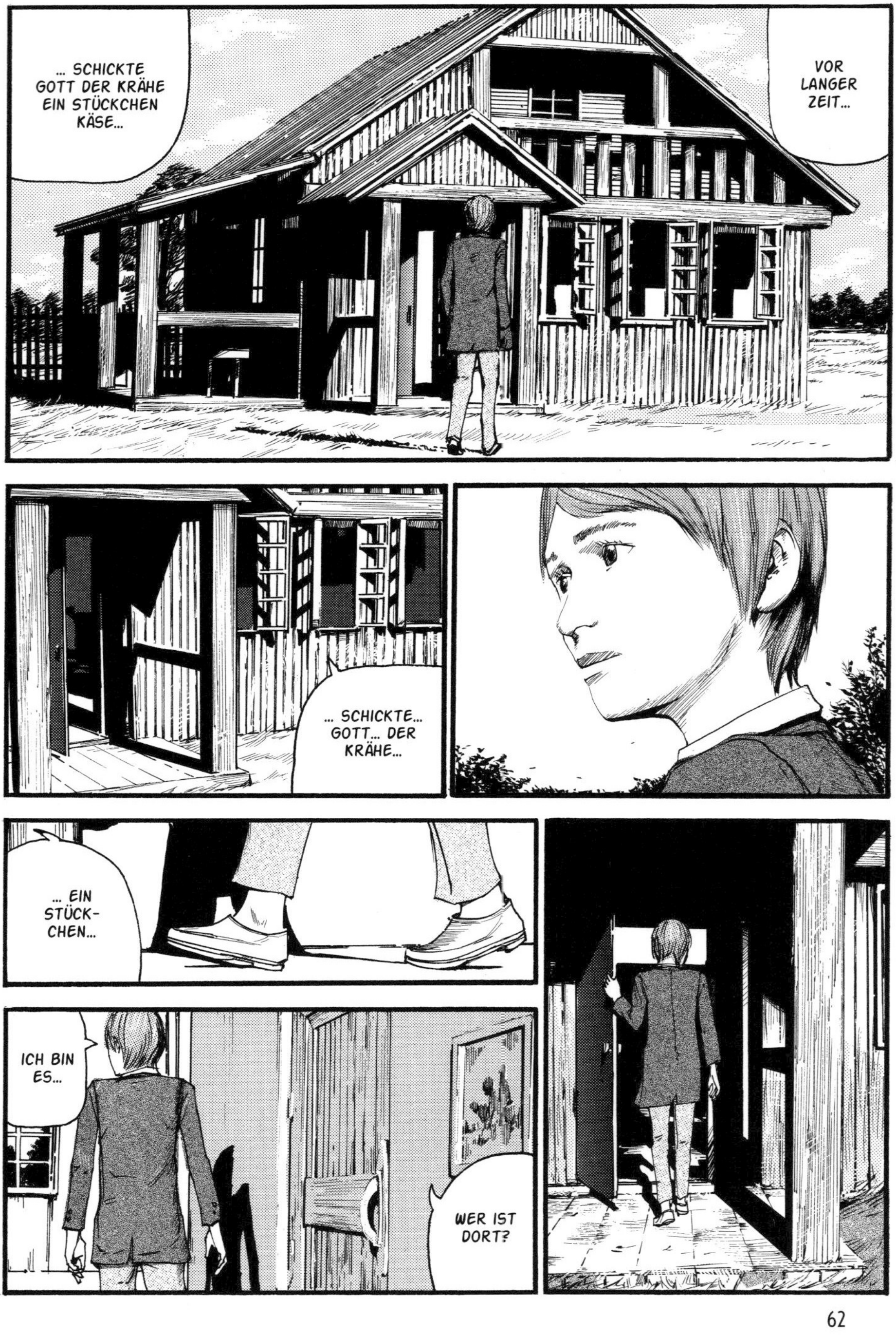
VOR LANGER ZEIT...
... SCHICKTE GOTT DER KRÄHE EIN STÜCKCHEN KÄSE...
... SCHICKTE... GOTT... DER KRÄHE...
... EIN STÜCK-CHEN...
WER IST DORT?
ICH BIN ES...

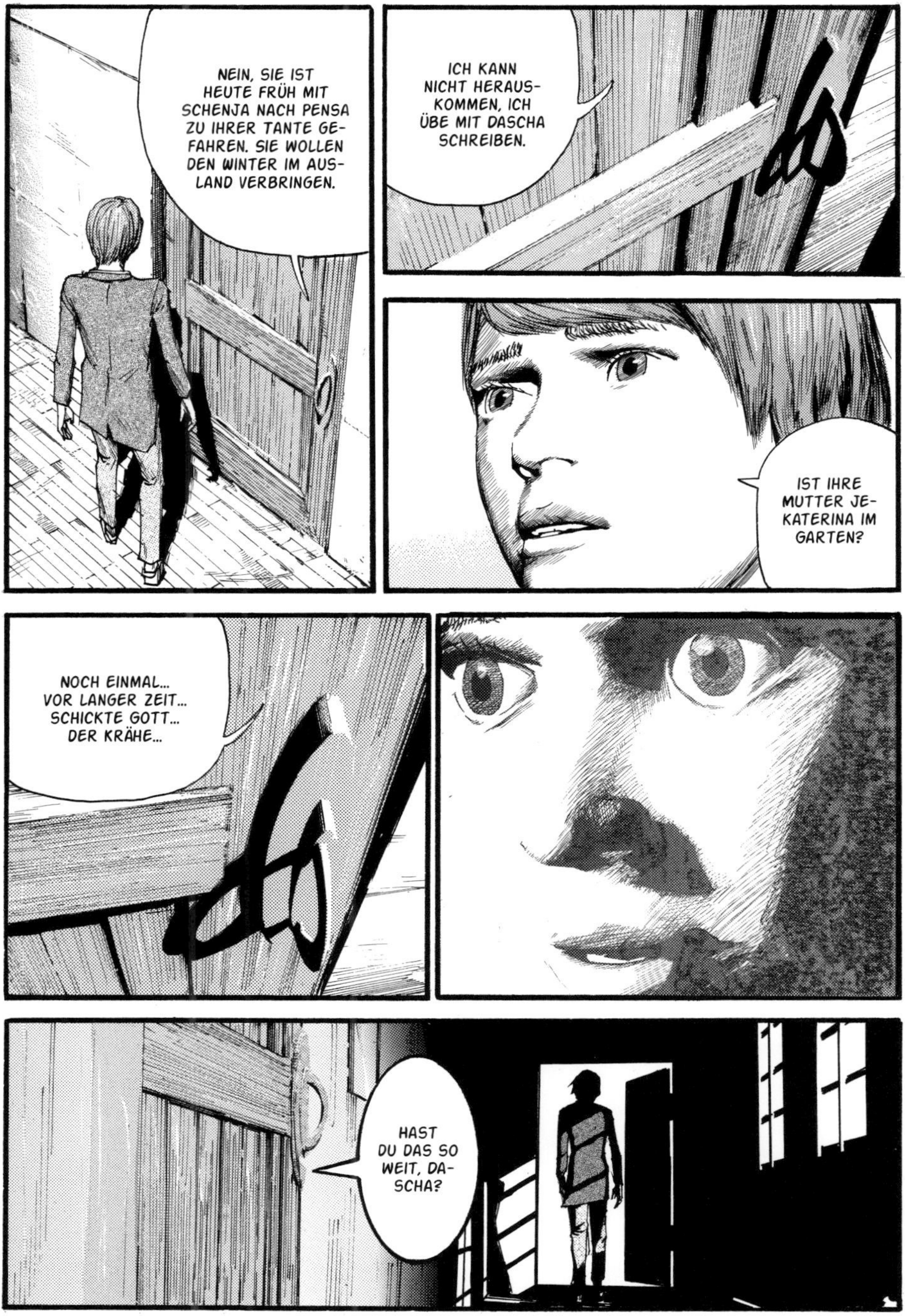
NEIN, SIE IST HEUTE FRÜH MIT SCHENJA NACH PENSA ZU IHRER TANTE GEFAHREN. SIE WOLLEN DEN WINTER IM AUSLAND VERBRINGEN.
ICH KANN NICHT HERAUSKOMMEN, ICH ÜBE MIT DASCHA SCHREIBEN.
IST IHRE MUTTER JEKATERINA IM GARTEN?
NOCH EINMAL... VOR LANGER ZEIT... SCHICKTE GOTT... DER KRÄHE...
HAST DU DAS SO WEIT, DASCHA?

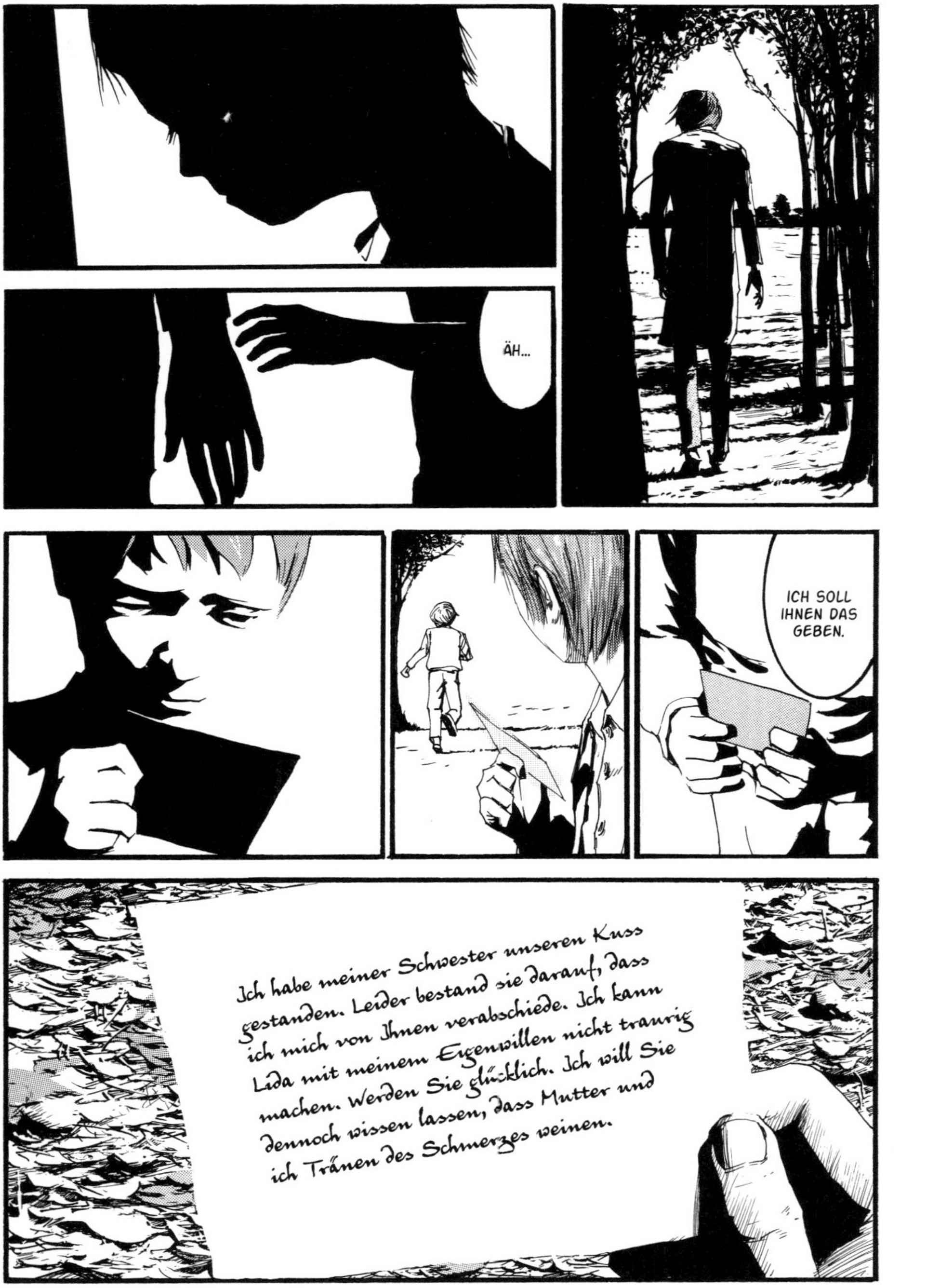
ÄH...
ICH SOLL IHNEN DAS GEBEN.
Ich habe meiner Schwester unseren Kuss gestanden. Leider bestand sie darauf, dass ich mich von Ihnen verabschiede. Ich kann Lida mit meinem Eigenwillen nicht traurig machen. Werden Sie glücklich. Ich will Sie dennoch wissen lassen, dass Mutter und ich Tränen des Schmerzes weinen.

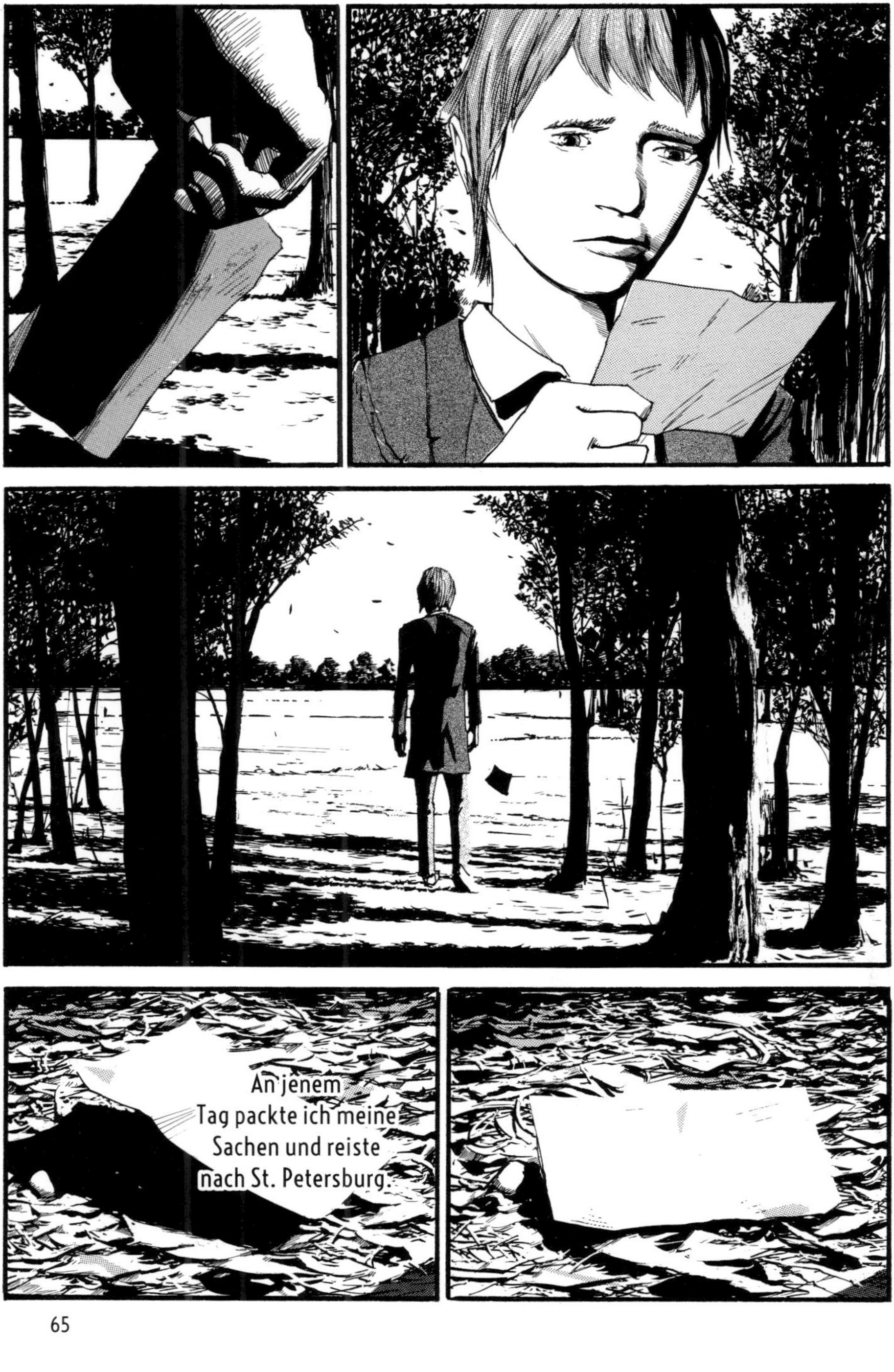
An jenem Tag packte ich meine Sachen und reiste nach St. Petersburg.

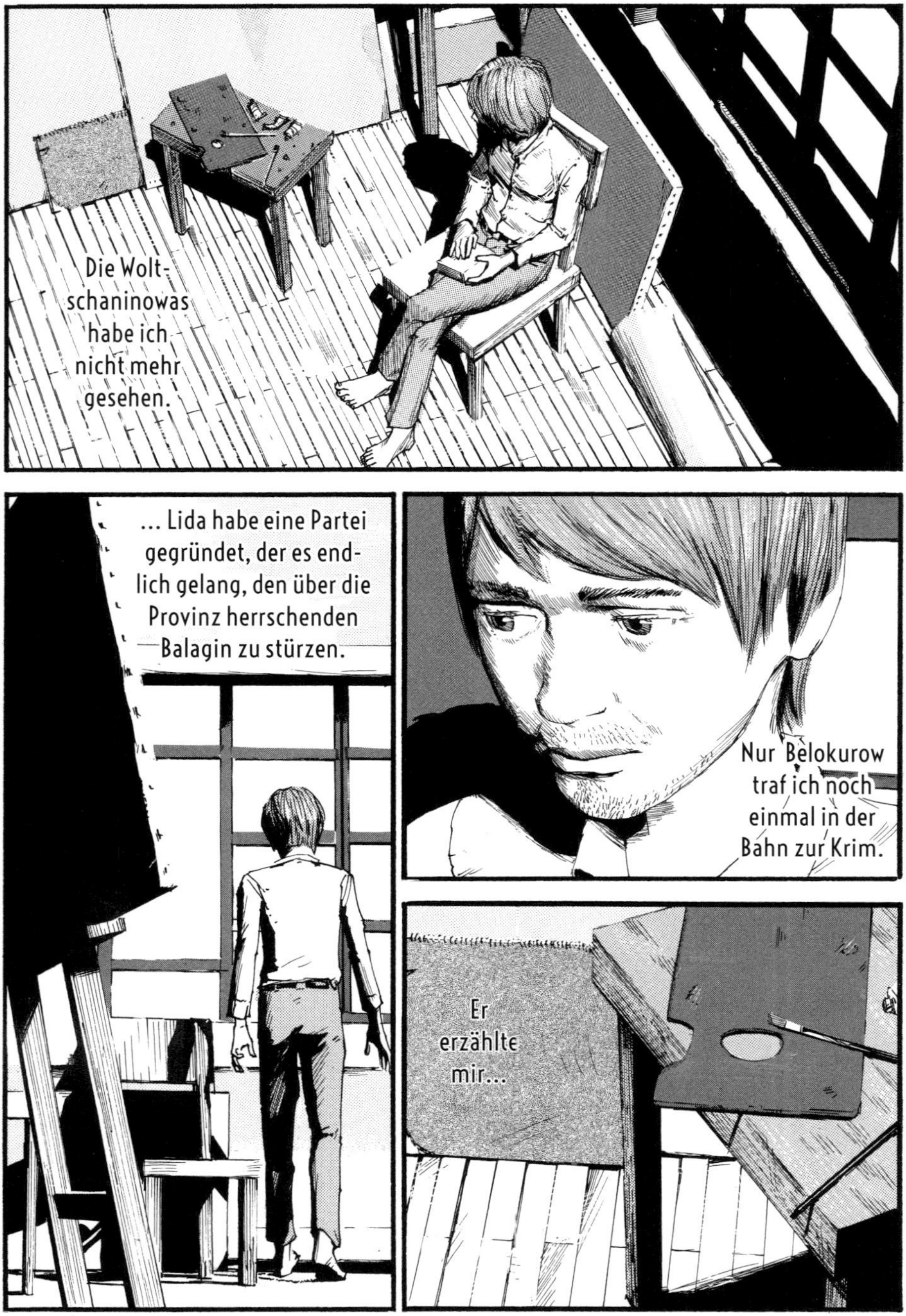
Die Wolt-schaninowas habe ich nicht mehr gesehen.
... Lida habe eine Partei gegründet, der es endlich gelang, den über die Provinz herrschenden Balagin zu stürzen.
Nur Belokurow traf ich noch einmal in der Bahn zur Krim.
Er erzählte mir...

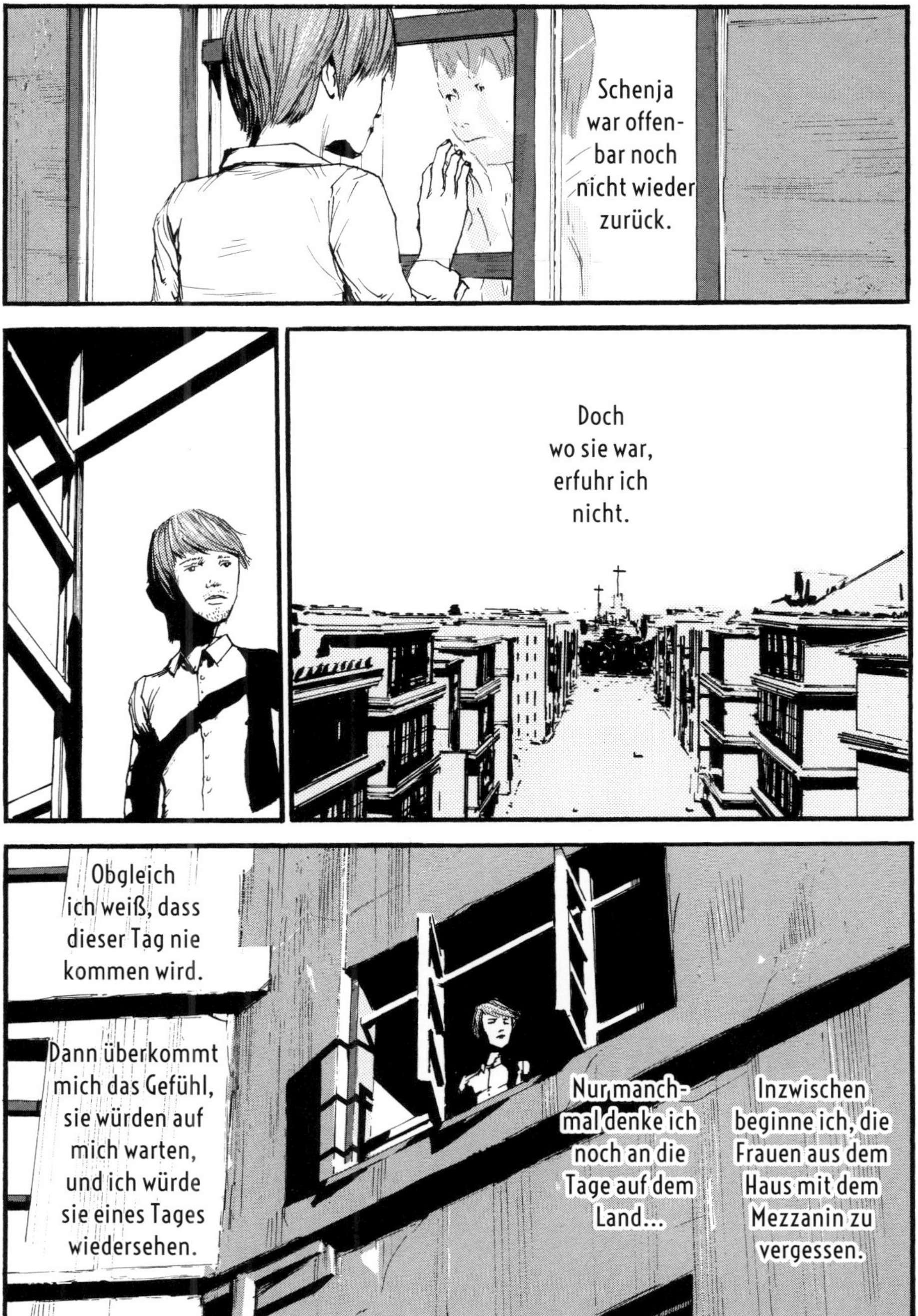
Schenja war offenbar noch nicht wieder zurück.
Doch wo sie war, erfuhr ich nicht.
Obgleich ich weiß, dass dieser Tag nie kommen wird.
Dann überkommt mich das Gefühl, sie würden auf mich warten, und ich würde sie eines Tages wiedersehen.
Nur manchmal denke ich noch an die Tage auf dem Land…
Inzwischen beginne ich, die Frauen aus dem Haus mit dem Mezzanin zu vergessen.

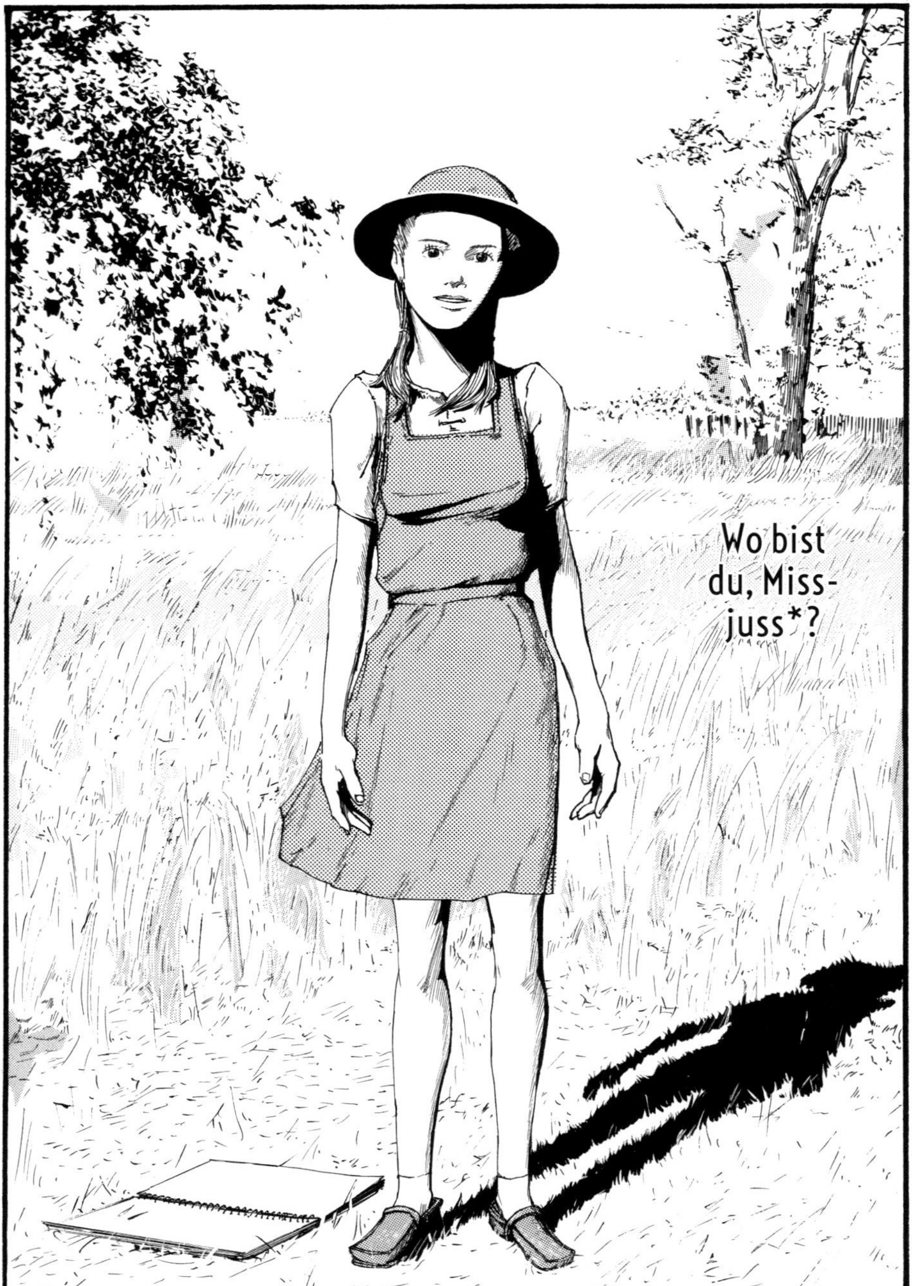

* Bezeichnung für eine heranwachsende Frau und Schenjas Rufname

Erstmals erschienen in: Gekkan Comic Beam, Ausgabe März 2004

Nachdem ich die Geschichte gezeichnet hatte, dauerte es eine ganze Weile bis zur Veröffentlichung. Sie war eine gute Übung, um ein Gefühl für Erzählungen zu bekommen (obgleich ich nicht behaupten kann, dass ich das inzwischen hätte). Wenn ich »Das Haus mit dem Mezzanin« heute lese, sehe ich mich selbst in dem Protagonisten. Selten war ich beim Zeichnen derart emotional eingebunden. (Gou Tanabe, Mai 2007)

Anton Pawlowitsch Tschechow (1860 - 1904)
Russischer Erzähler und Dramatiker. Tschechow war ein Meister der Kurzgeschichte und einer der führenden Vertreter der russischen Literatur. Mit Bühnenwerken wie »Die Möwe« oder »Der Kirschgarten« perfektionierte er das Theater des modernen Realismus. In »Das Haus mit dem Mezzanin« beschreibt er die Liebe zwischen einem exzentrischen jungen Mann und einem die Unschuld symbolisierenden Mädchen. Das Werk feierte zur Zeit seiner Veröffentlichung einen überwältigenden Erfolg bei der russischen Jugend, und sein letzter Satz »Wo bist du, Missjuss?« wurde zu einem geflügelten Wort.

SECHSUNDZWANZIG UND EINE

Nach einer Erzählung von Maxim Gorki

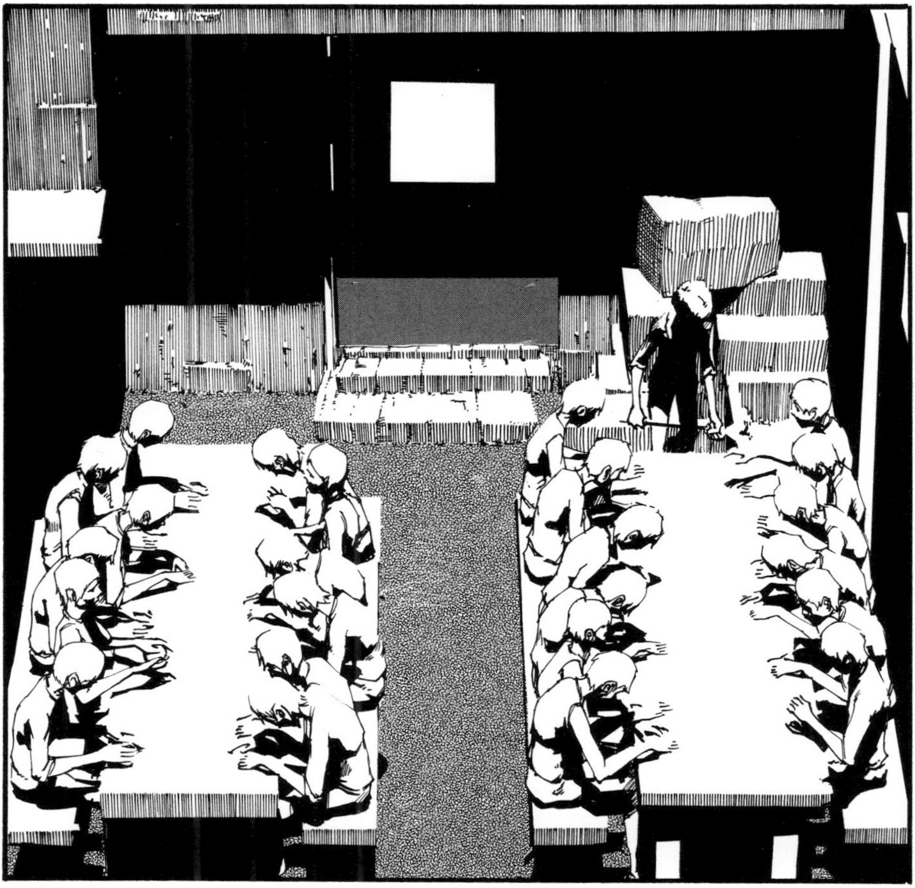

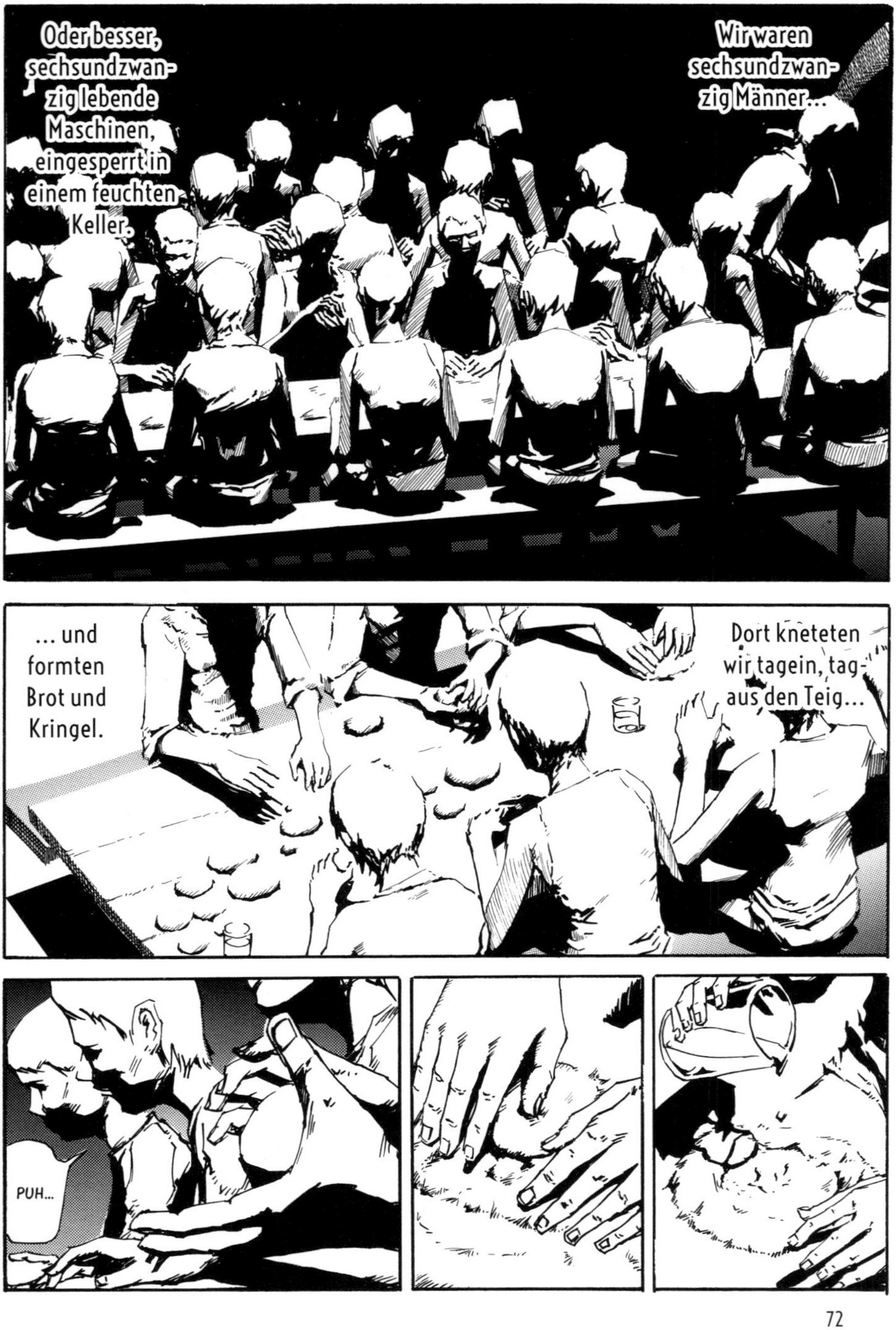
Wir waren sechsundzwanzig Männer…
Oder besser, sechsundzwanzig lebende Maschinen, eingesperrt in einem feuchten Keller.
Dort kneteten wir tagein, tagaus den Teig…
… und formten Brot und Kringel.
PUH…

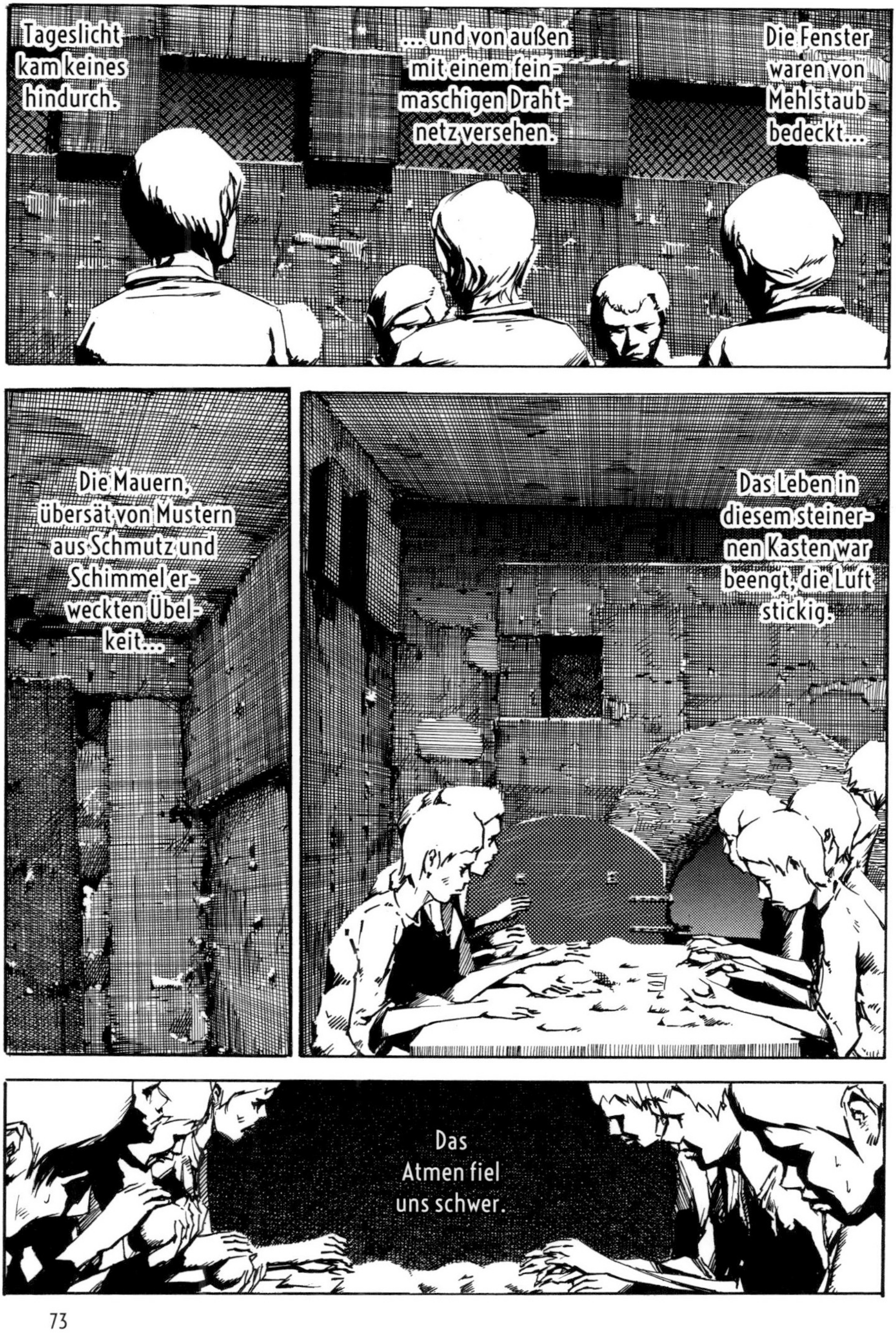
Tageslicht kam keines hindurch.
... und von außen mit einem feinmaschigen Drahtnetz versehen.
Die Fenster waren von Mehlstaub bedeckt...
Die Mauern, übersät von Mustern aus Schmutz und Schimmel erweckten Übelkeit...
Das Leben in diesem steinernen Kasten war beengt, die Luft stickig.
Das Atmen fiel uns schwer.

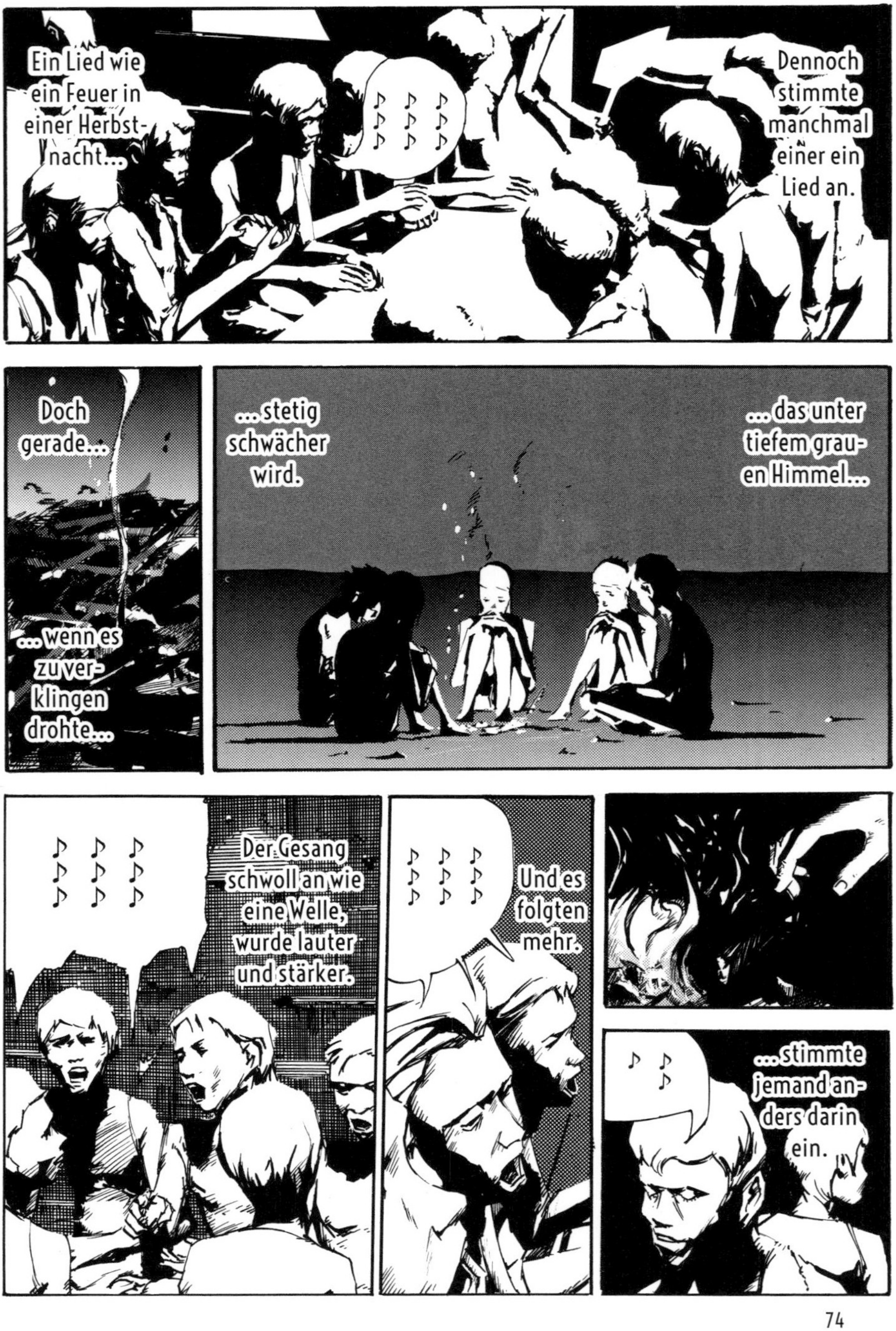
Dennoch stimmte manchmal einer ein Lied an.
♪ ♪ ♪ ♪ ♪ ♪ ♪ ♪ ♪
Ein Lied wie ein Feuer in einer Herbstnacht…
... das unter tiefem grauen Himmel…
... stetig schwächer wird.
Doch gerade…
... wenn es zu verklingen drohte…
... stimmte jemand anders darin ein.
♪ ♪ ♪
Und es folgten mehr.
♪ ♪ ♪ ♪ ♪ ♪ ♪ ♪ ♪
Der Gesang schwoll an wie eine Welle, wurde lauter und stärker.
♪ ♪ ♪ ♪ ♪ ♪ ♪ ♪ ♪

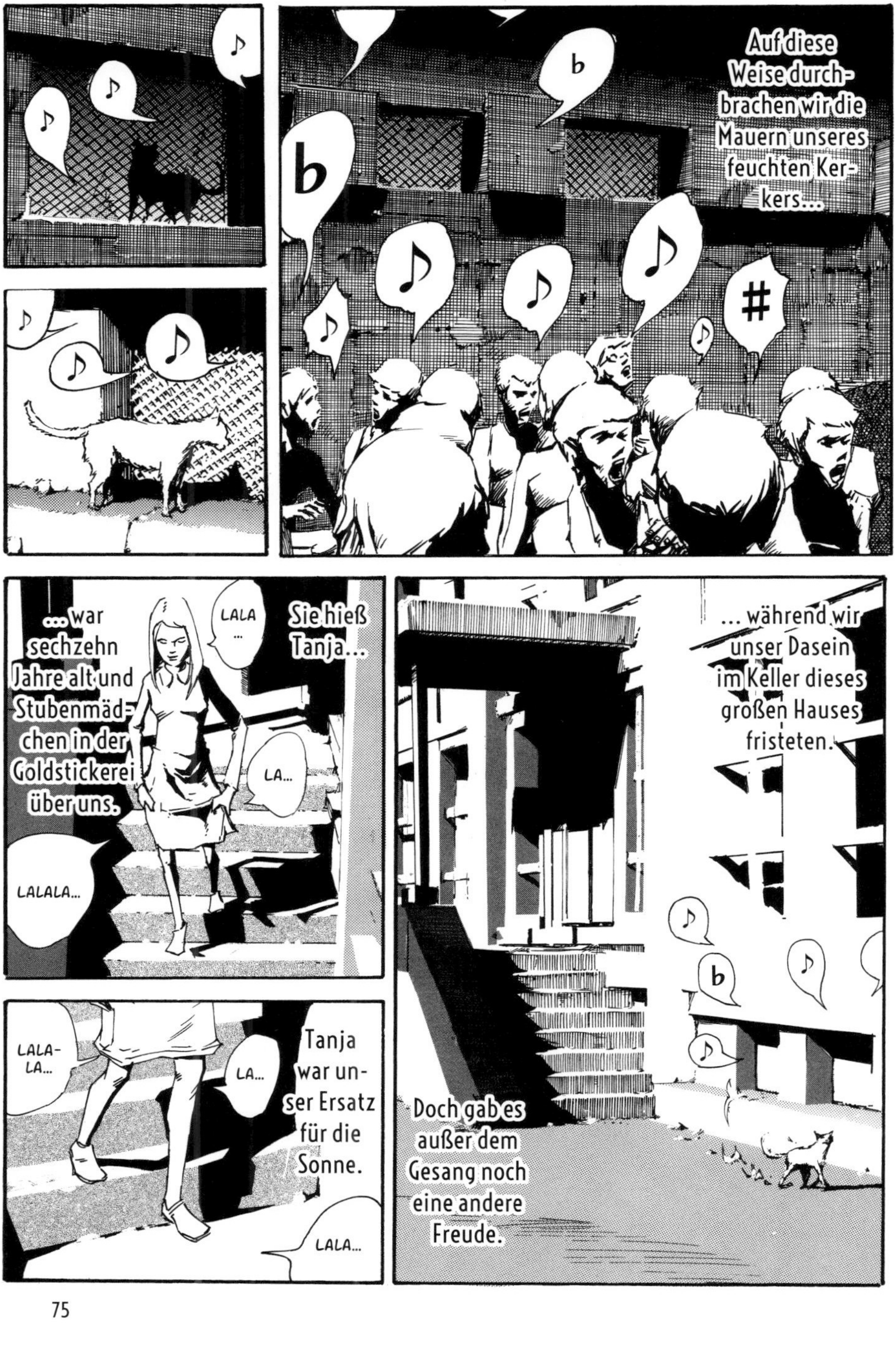
Auf diese Weise durchbrachen wir die Mauern unseres feuchten Kerkers...
Sie hieß Tanja...
... war sechzehn Jahre alt und Stubenmädchen in der Goldstickerei über uns.
LALA ...
LA...
LALALA...
LALA-LA...
LA...
Tanja war unser Ersatz für die Sonne.
LALA...
... während wir unser Dasein im Keller dieses großen Hauses fristeten.
Doch gab es außer dem Gesang noch eine andere Freude.

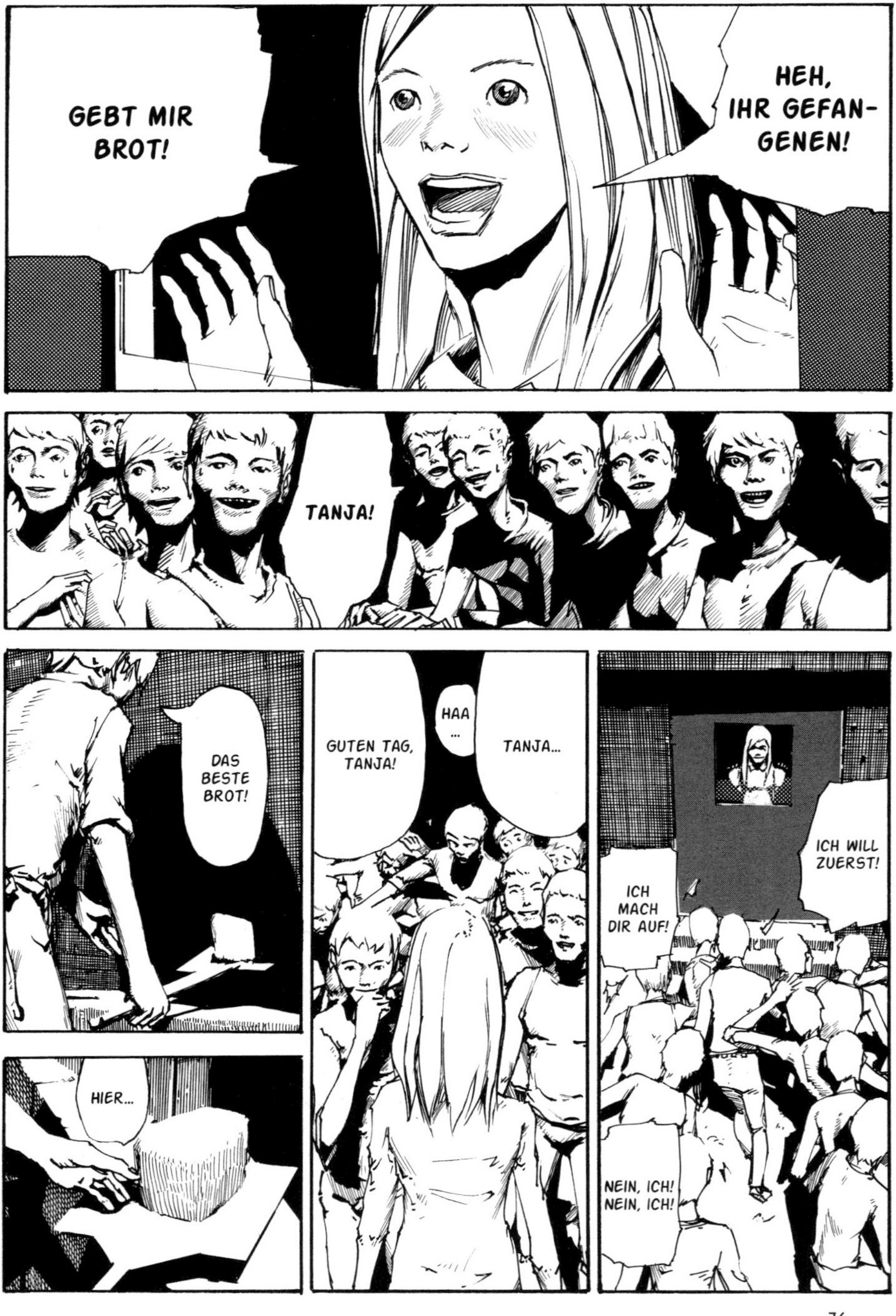
GEBT MIR BROT!
HEH, IHR GEFAN-GENEN!
TANJA!
DAS BESTE BROT!
HIER...
GUTEN TAG, TANJA!
HAA ...
TANJA...
ICH WILL ZUERST!
ICH MACH DIR AUF!
NEIN, ICH! NEIN, ICH!

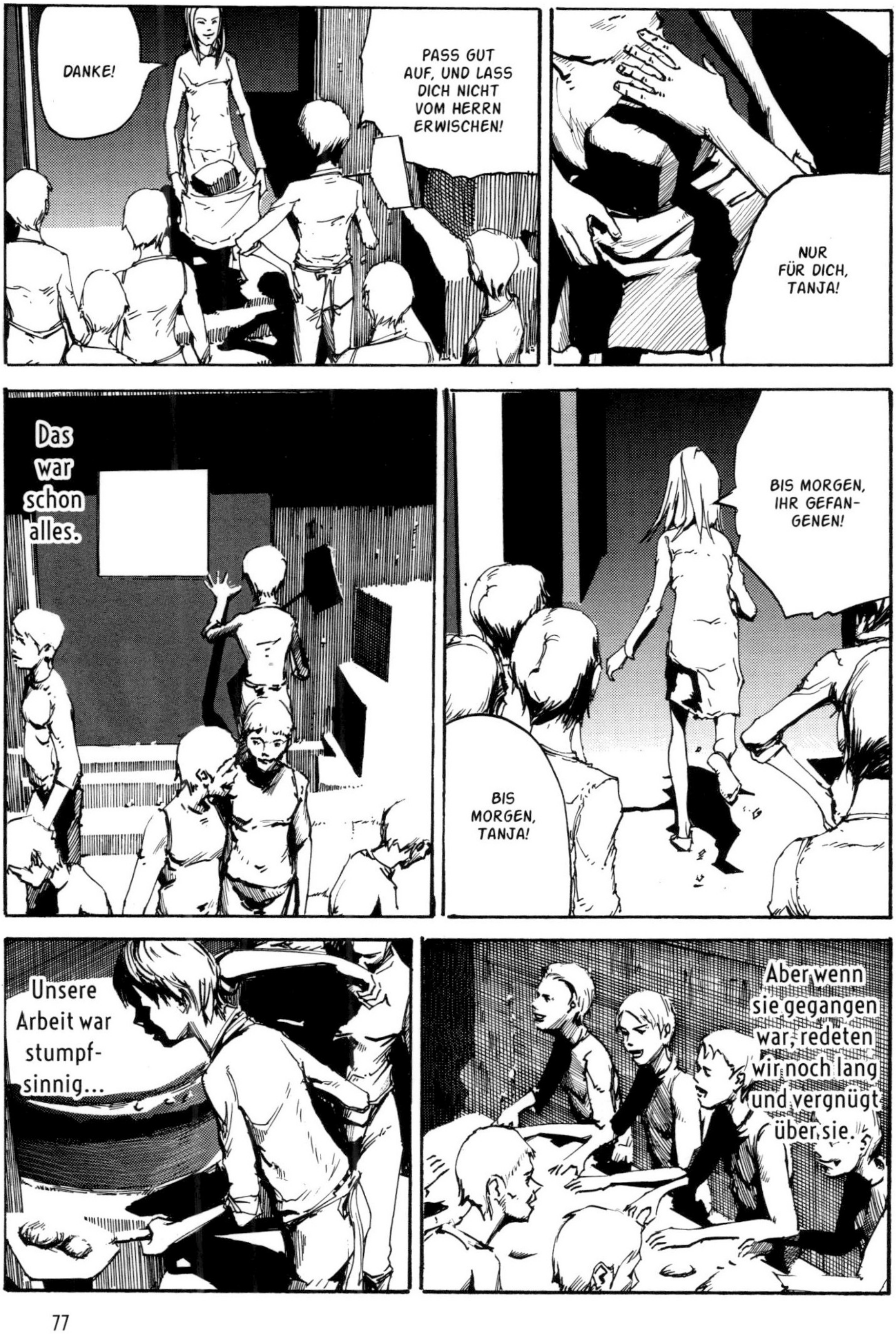
DANKE!
PASS GUT AUF, UND LASS DICH NICHT VOM HERRN ERWISCHEN!
NUR FÜR DICH, TANJA!
Das war schon alles.
BIS MORGEN, IHR GEFAN-GENEN!
BIS MORGEN, TANJA!
Unsere Arbeit war stumpf-sinnig...
Aber wenn sie gegangen war, redeten wir noch lang und vergnügt über sie.

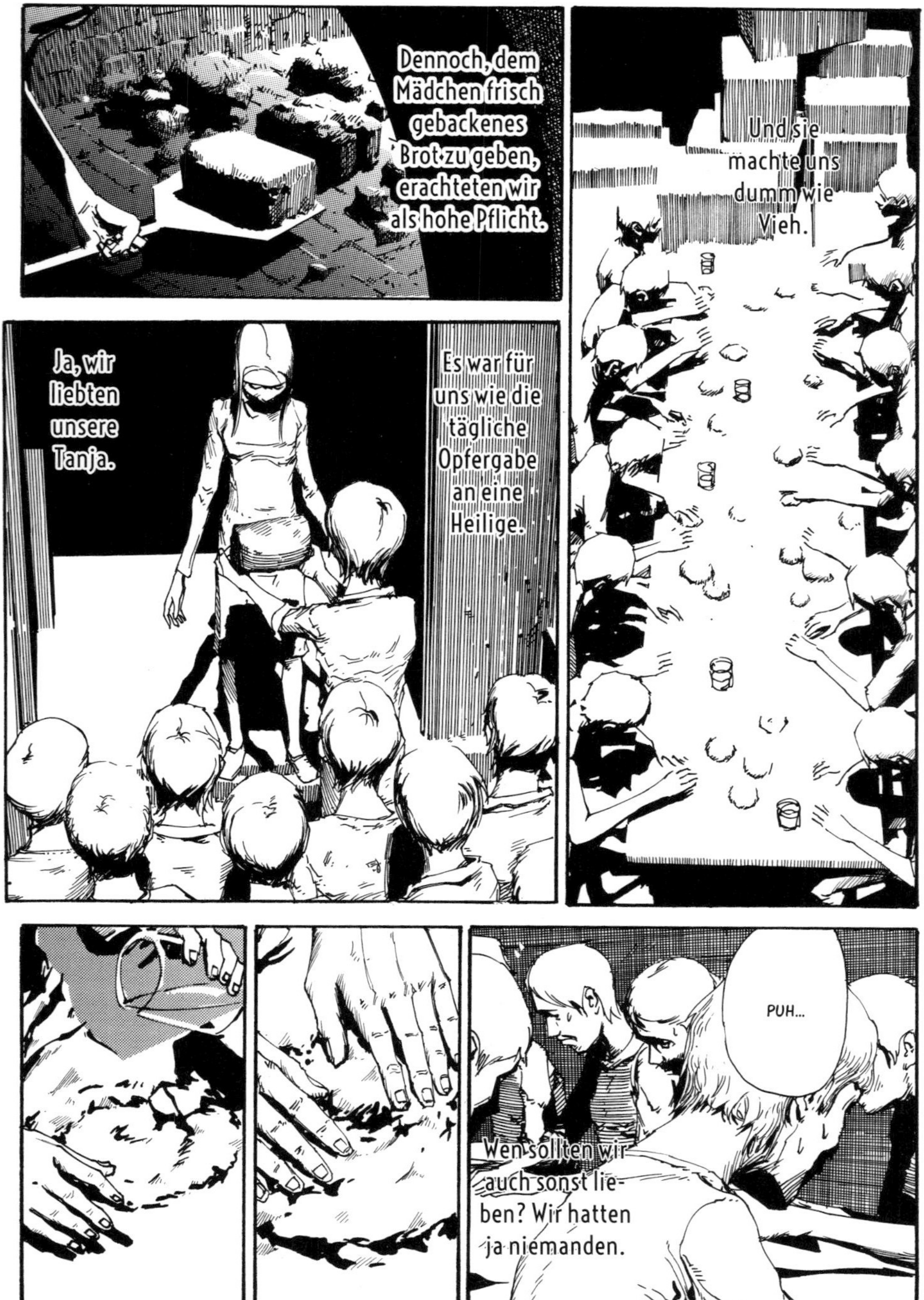
Dennoch, dem Mädchen frisch gebackenes Brot zu geben, erachteten wir als hohe Pflicht.
Und sie machte uns dumm wie Vieh.
Ja, wir liebten unsere Tanja.
Es war für uns wie die tägliche Opfergabe an eine Heilige.
PUH…
Wen sollten wir auch sonst lieben? Wir hatten ja niemanden.

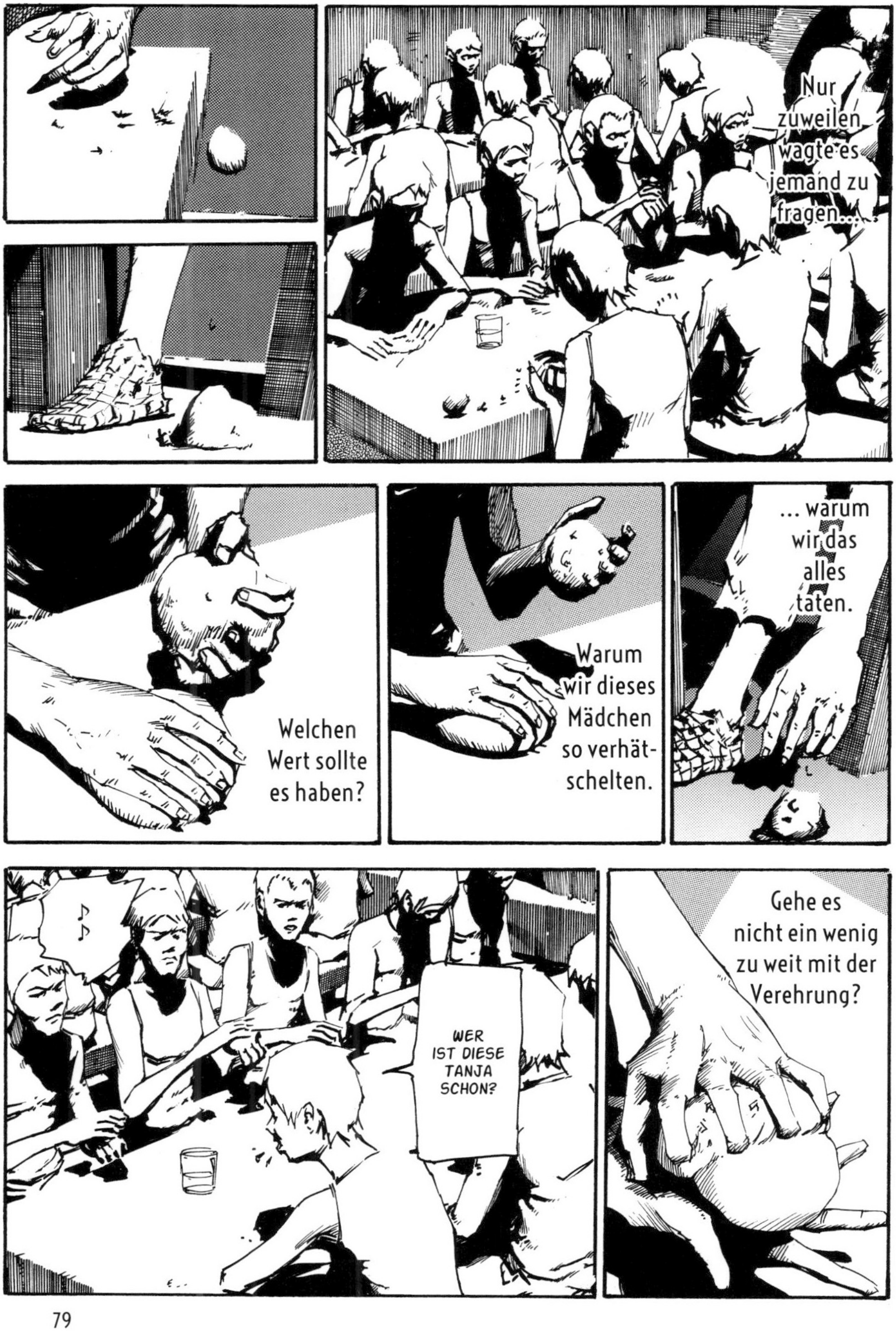
Nur zuweilen wagte es jemand zu fragen …
Welchen Wert sollte es haben?
Warum wir dieses Mädchen so verhätschelten.
… warum wir das alles taten.
♪
WER IST DIESE TANJA SCHON?
Gehe es nicht ein wenig zu weit mit der Verehrung?

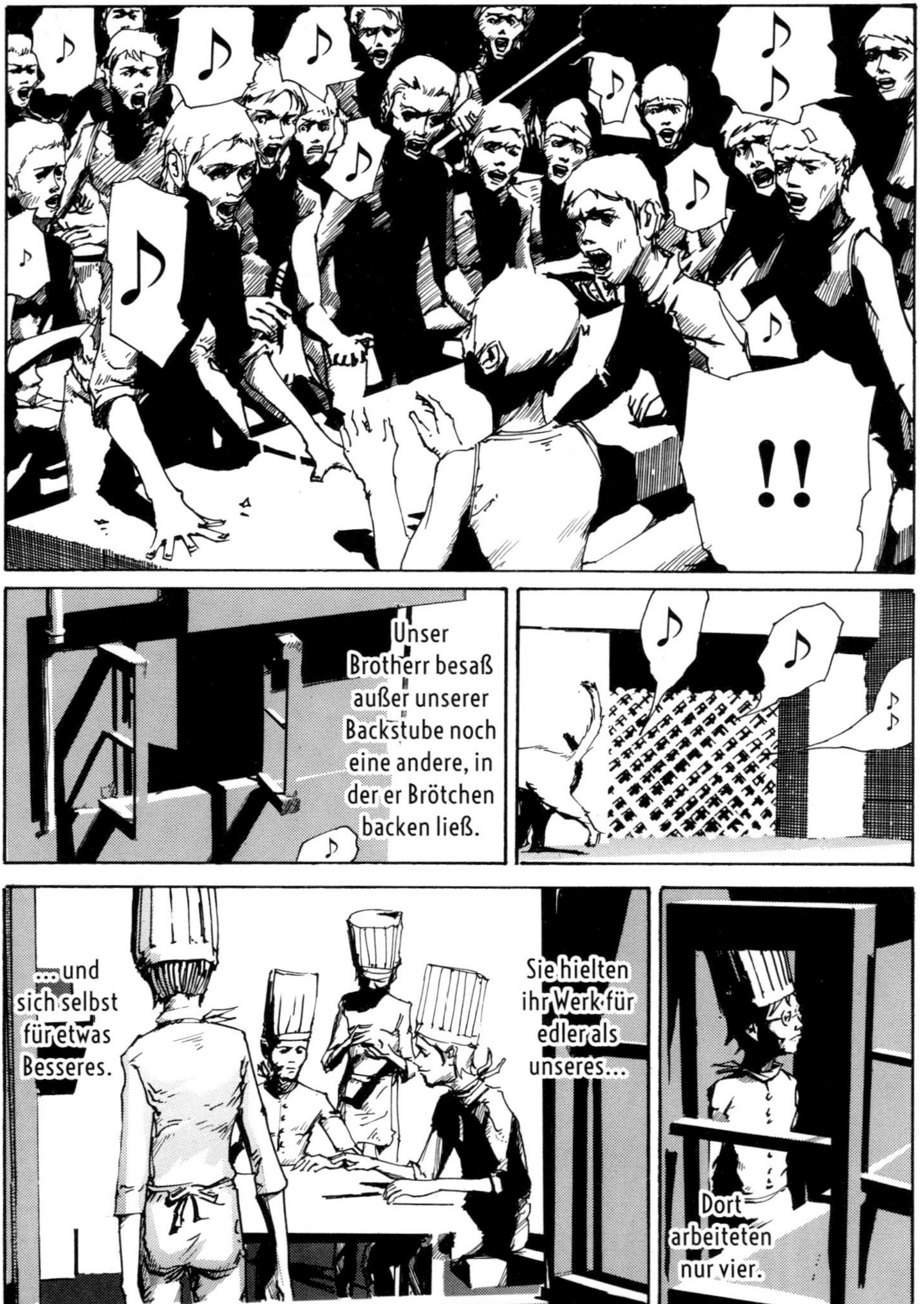

♪
♪
♪
♪
♪
♪
♪
♪
♪
♪
!!
Unser Brotherr besaß außer unserer Backstube noch eine andere, in der er Brötchen backen ließ.
♪
♪
♪
♪
... und sich selbst für etwas Besseres.
Sie hielten ihr Werk für edler als unseres...
Dort arbeiteten nur vier.

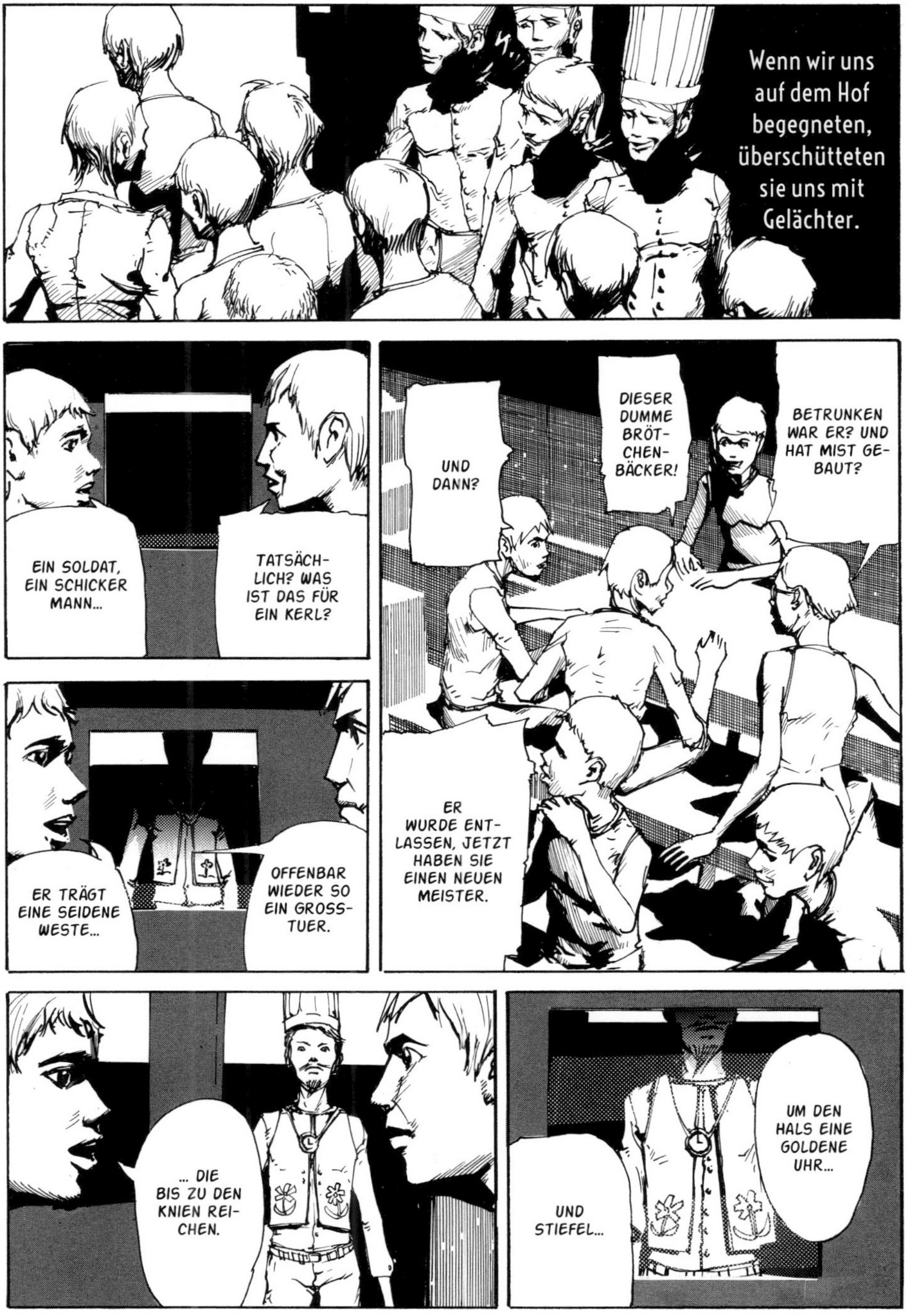

Wenn wir uns auf dem Hof begegneten, überschütteten sie uns mit Gelächter.
EIN SOLDAT, EIN SCHICKER MANN...
TATSÄCHLICH? WAS IST DAS FÜR EIN KERL?
ER TRÄGT EINE SEIDENE WESTE...
OFFENBAR WIEDER SO EIN GROSSTUER.
UND DANN?
DIESER DUMME BRÖTCHENBÄCKER!
BETRUNKEN WAR ER? UND HAT MIST GEBAUT?
ER WURDE ENTLASSEN, JETZT HABEN SIE EINEN NEUEN MEISTER.
... DIE BIS ZU DEN KNIEN REICHEN.
UM DEN HALS EINE GOLDENE UHR...
UND STIEFEL...

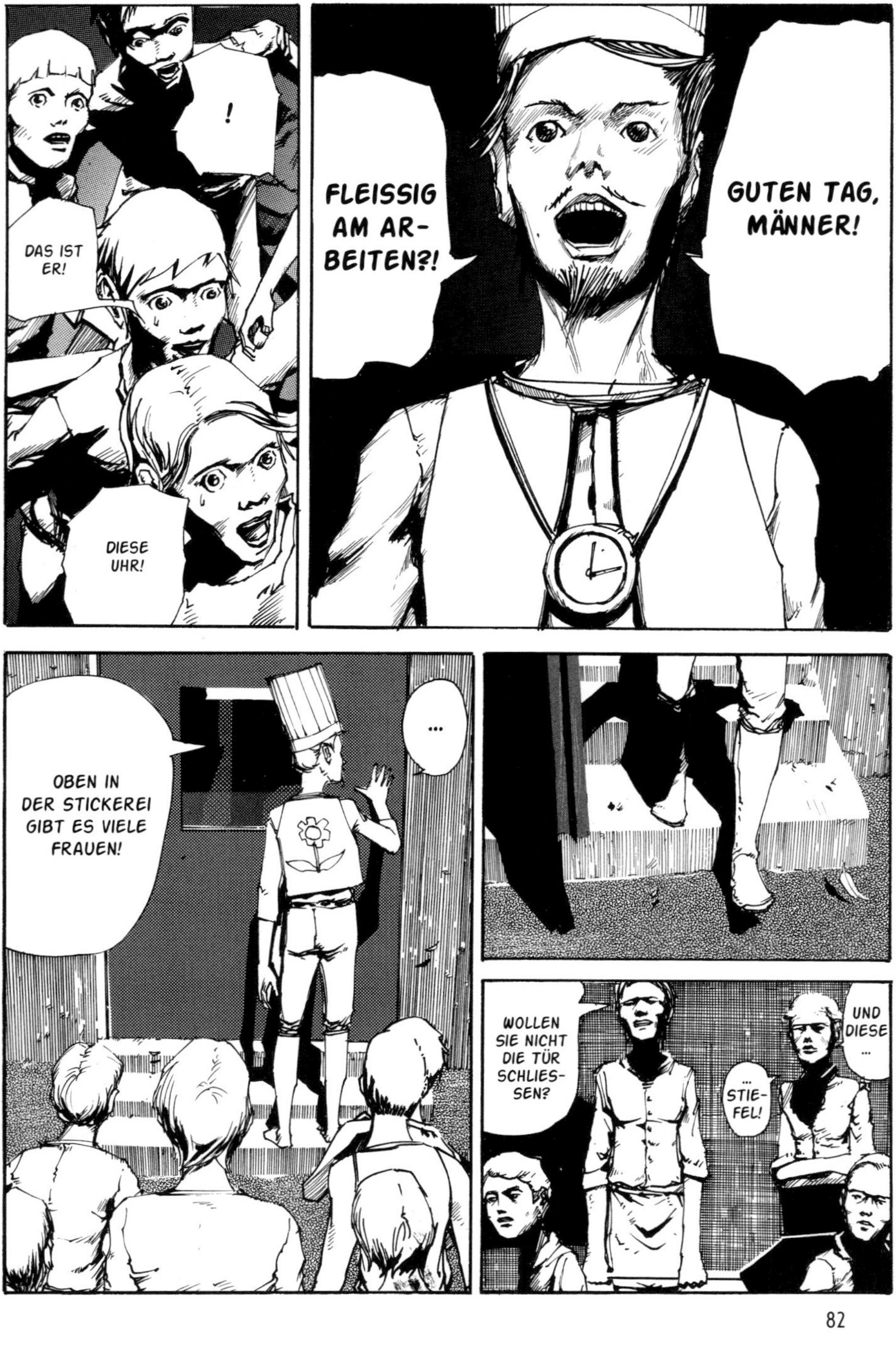
!
DAS IST ER!
DIESE UHR!
GUTEN TAG, MÄNNER!
FLEISSIG AM AR-BEITEN?!
...
OBEN IN DER STICKEREI GIBT ES VIELE FRAUEN!
UND DIESE ...
... STIE-FEL!
WOLLEN SIE NICHT DIE TÜR SCHLIES-SEN?

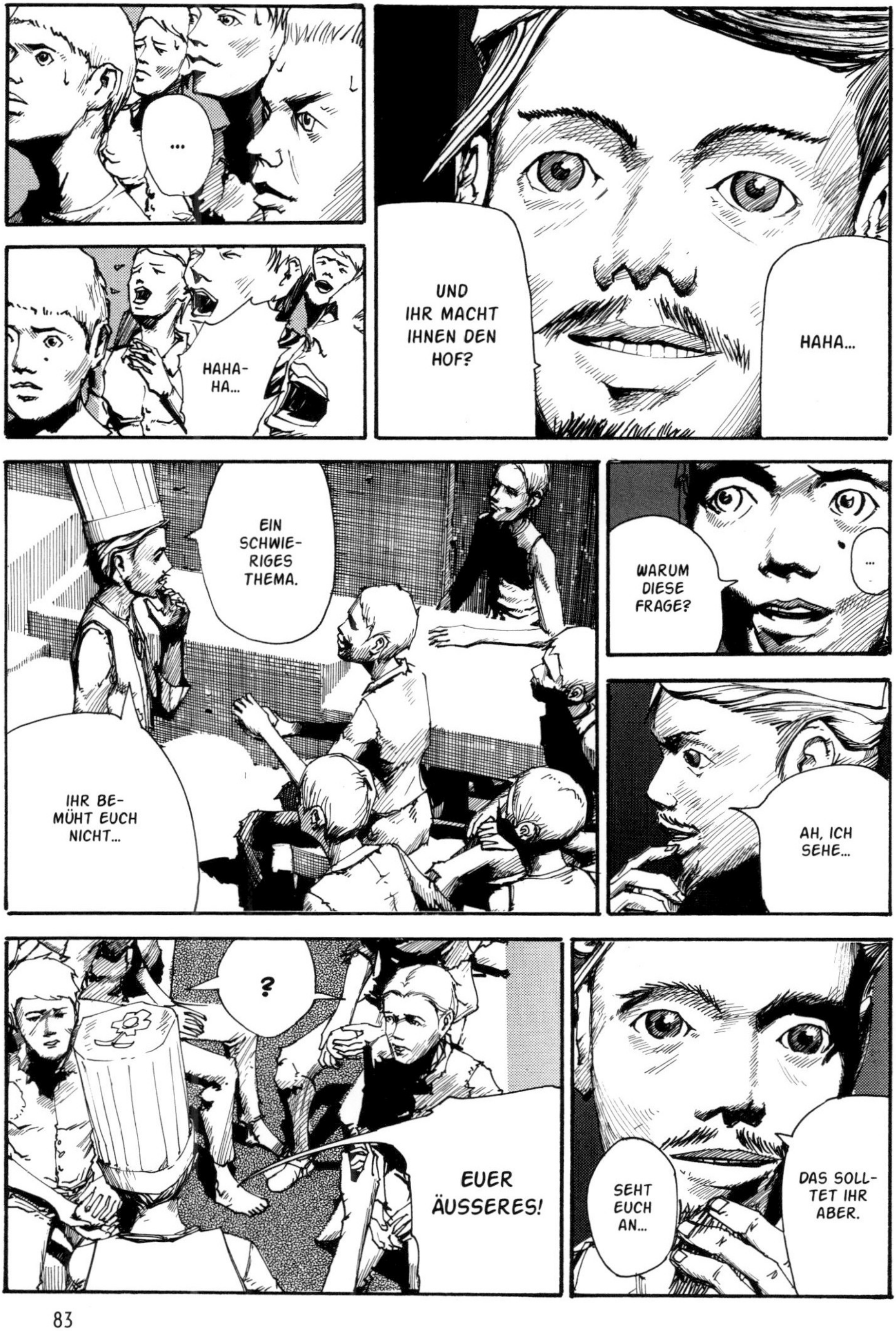
...
HAHA-HA...
UND IHR MACHT IHNEN DEN HOF?
HAHA...
EIN SCHWIERIGES THEMA.
IHR BEMÜHT EUCH NICHT...
WARUM DIESE FRAGE?
...
AH, ICH SEHE...
?
EUER ÄUSSERES!
SEHT EUCH AN...
DAS SOLLTET IHR ABER.

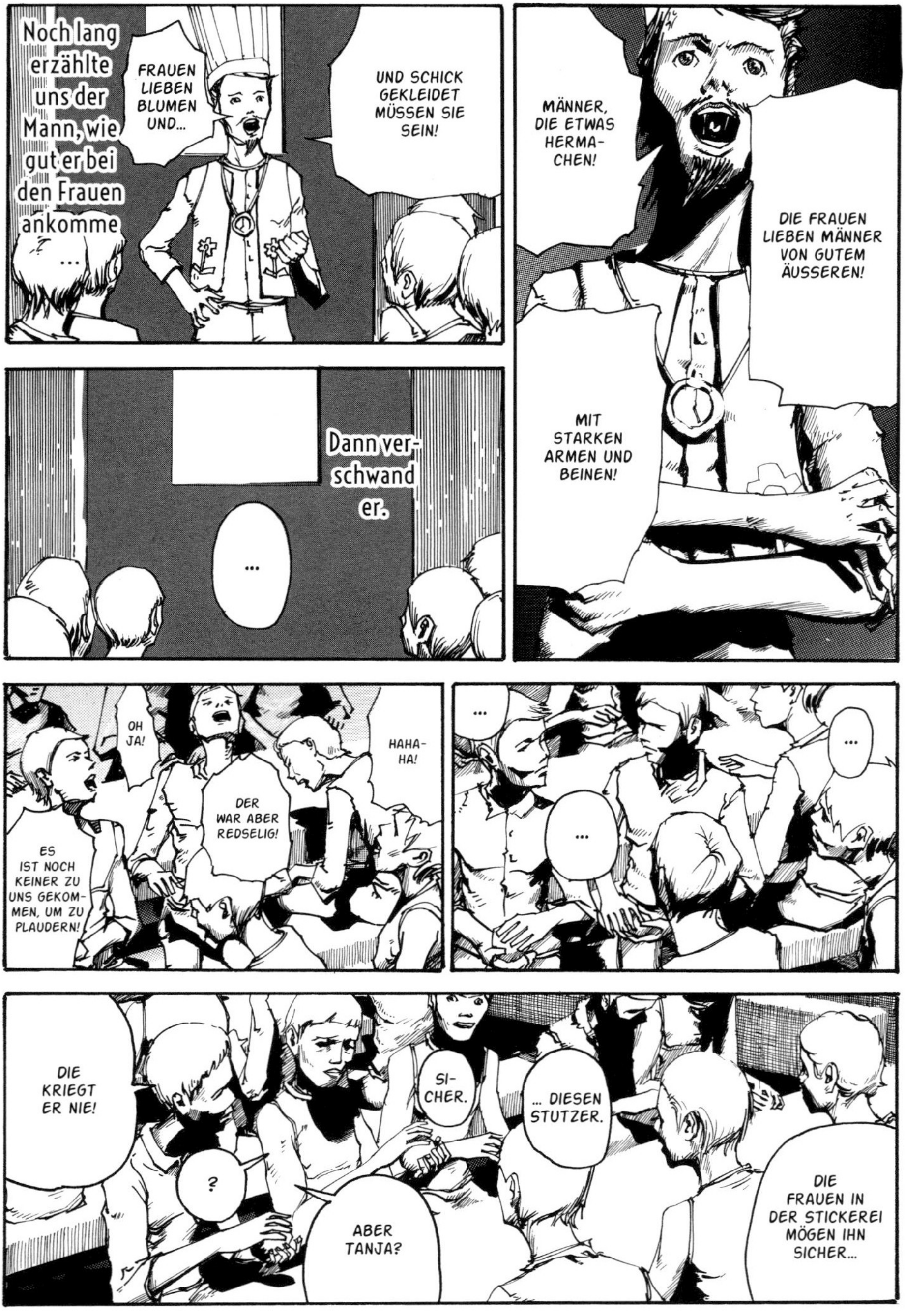
Noch lang erzählte uns der Mann, wie gut er bei den Frauen ankomme
...
FRAUEN LIEBEN BLUMEN UND...
UND SCHICK GEKLEIDET MÜSSEN SIE SEIN!
MÄNNER, DIE ETWAS HERMACHEN!
DIE FRAUEN LIEBEN MÄNNER VON GUTEM ÄUSSEREN!
MIT STARKEN ARMEN UND BEINEN!
Dann verschwand er.
...
OH JA!
HAHAHA!
DER WAR ABER REDSELIG!
ES IST NOCH KEINER ZU UNS GEKOMMEN, UM ZU PLAUDERN!
...
...
...
DIE KRIEGT ER NIE!
SICHER.
... DIESEN STUTZER.
?
ABER TANJA?
DIE FRAUEN IN DER STICKEREI MÖGEN IHN SICHER...

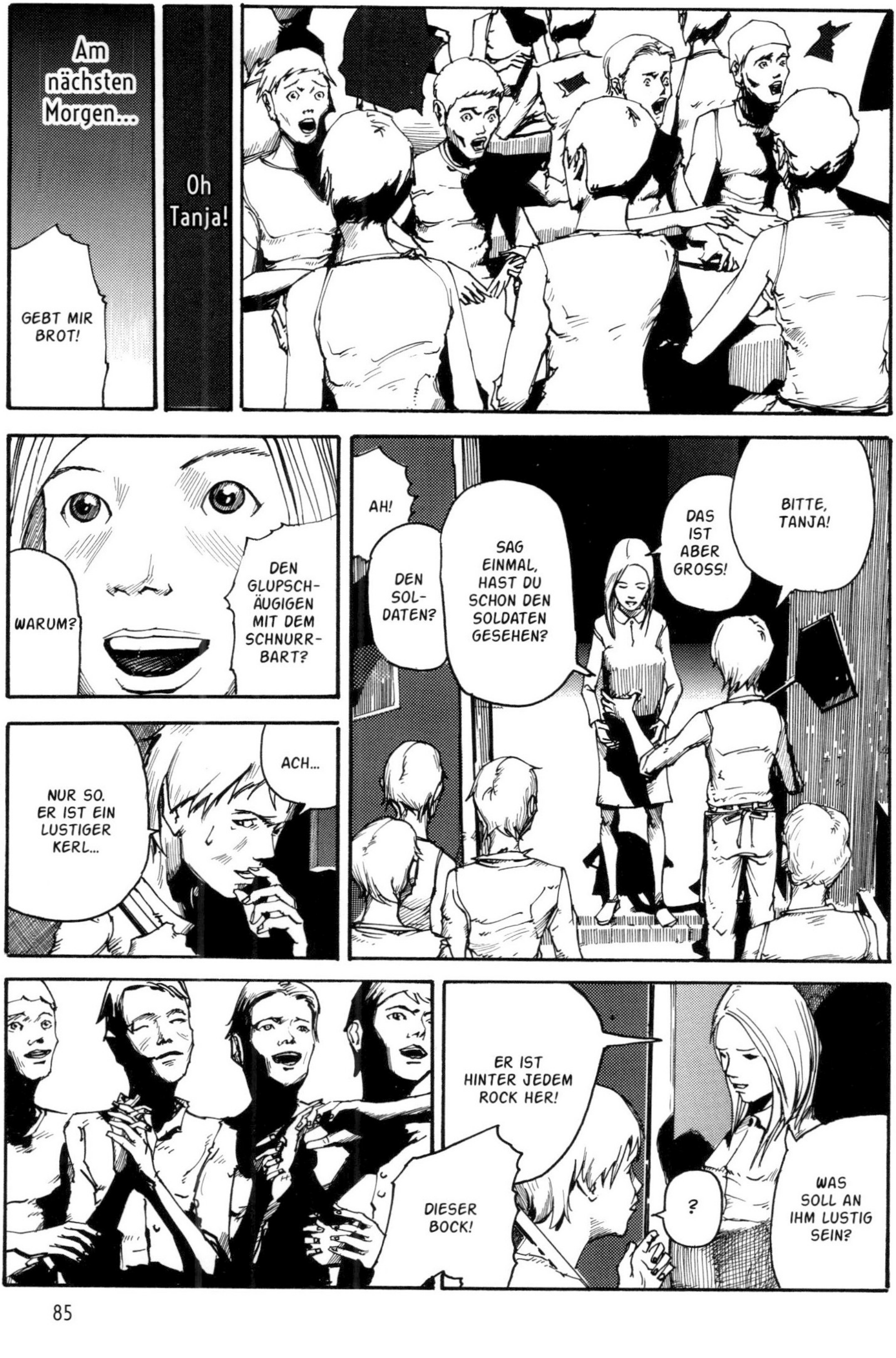
Am nächsten Morgen...
Oh Tanja!
GEBT MIR BROT!
BITTE, TANJA!
DAS IST ABER GROSS!
SAG EINMAL, HAST DU SCHON DEN SOLDATEN GESEHEN?
DEN SOLDATEN?
AH!
DEN GLUPSCHÄUGIGEN MIT DEM SCHNURRBART?
WARUM?
ACH...
NUR SO. ER IST EIN LUSTIGER KERL...
WAS SOLL AN IHM LUSTIG SEIN?
?
ER IST HINTER JEDEM ROCK HER!
DIESER BOCK!

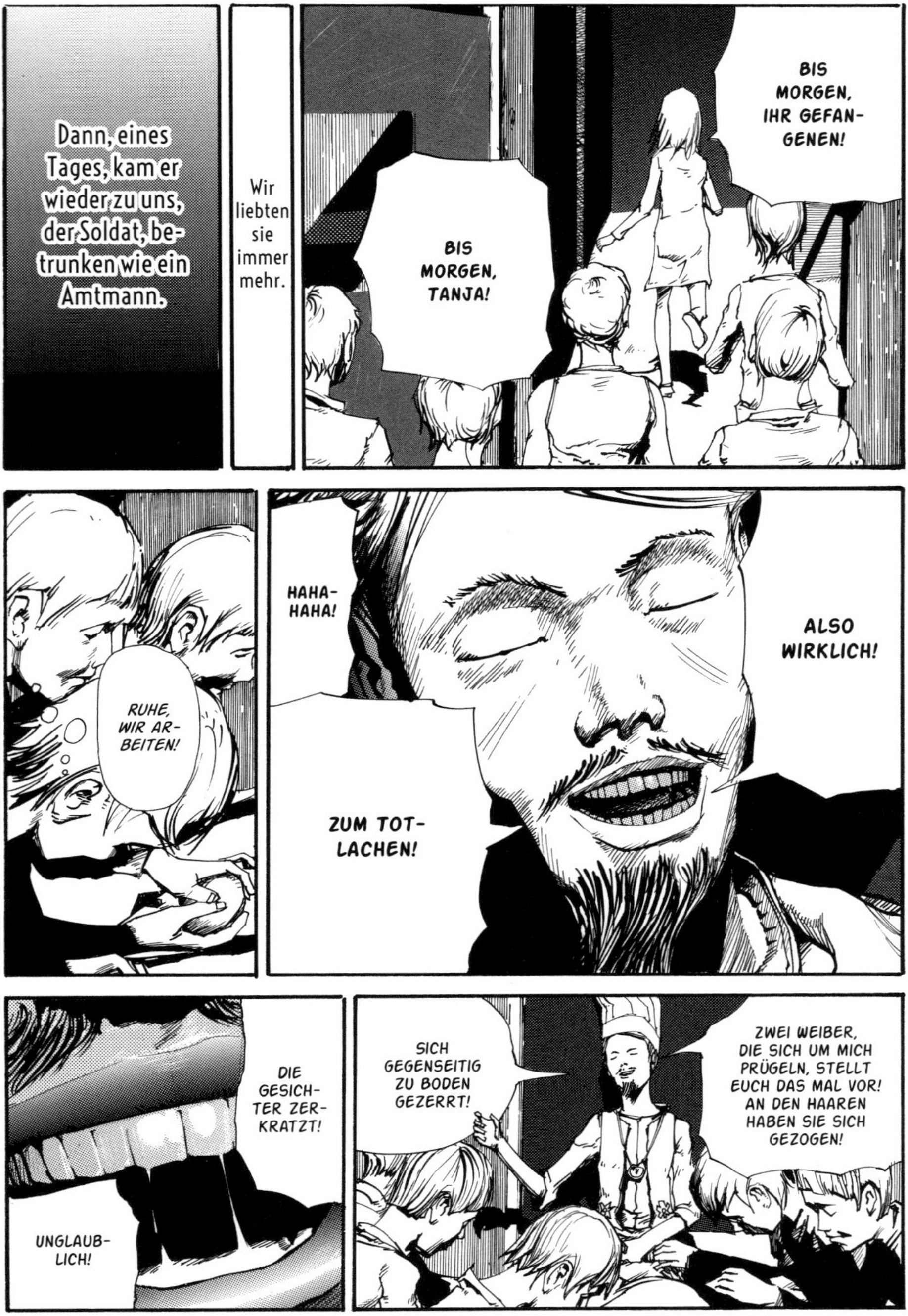
Dann, eines Tages, kam er wieder zu uns, der Soldat, betrunken wie ein Amtmann.
Wir liebten sie immer mehr.
BIS MORGEN, IHR GEFANGENEN!
BIS MORGEN, TANJA!
HAHA-HAHA!
ALSO WIRKLICH!
ZUM TOT-LACHEN!
RUHE, WIR ARBEITEN!
ZWEI WEIBER, DIE SICH UM MICH PRÜGELN, STELLT EUCH DAS MAL VOR! AN DEN HAAREN HABEN SIE SICH GEZOGEN!
SICH GEGENSEITIG ZU BODEN GEZERRT!
DIE GESICHTER ZERKRATZT!
UNGLAUBLICH!

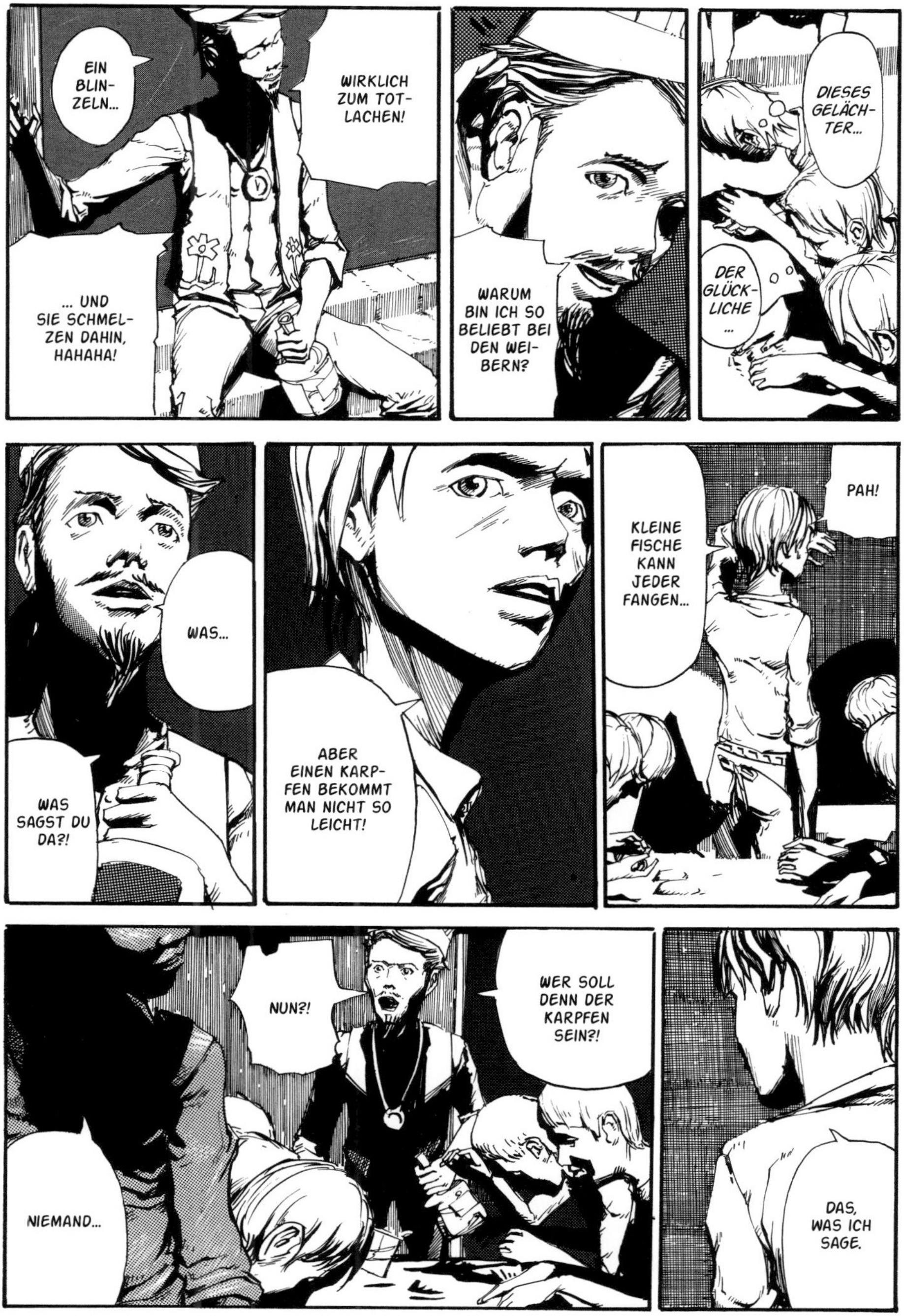
EIN BLIN-ZELN...
WIRKLICH ZUM TOT-LACHEN!
... UND SIE SCHMEL-ZEN DAHIN, HAHAHA!
WARUM BIN ICH SO BELIEBT BEI DEN WEI-BERN?
DIESES GELÄCH-TER...
DER GLÜCK-LICHE ...
WAS...
WAS SAGST DU DA?!
ABER EINEN KARP-FEN BEKOMMT MAN NICHT SO LEICHT!
PAH!
KLEINE FISCHE KANN JEDER FANGEN...
NUN?!
WER SOLL DENN DER KARPFEN SEIN?!
NIEMAND...
DAS, WAS ICH SAGE.

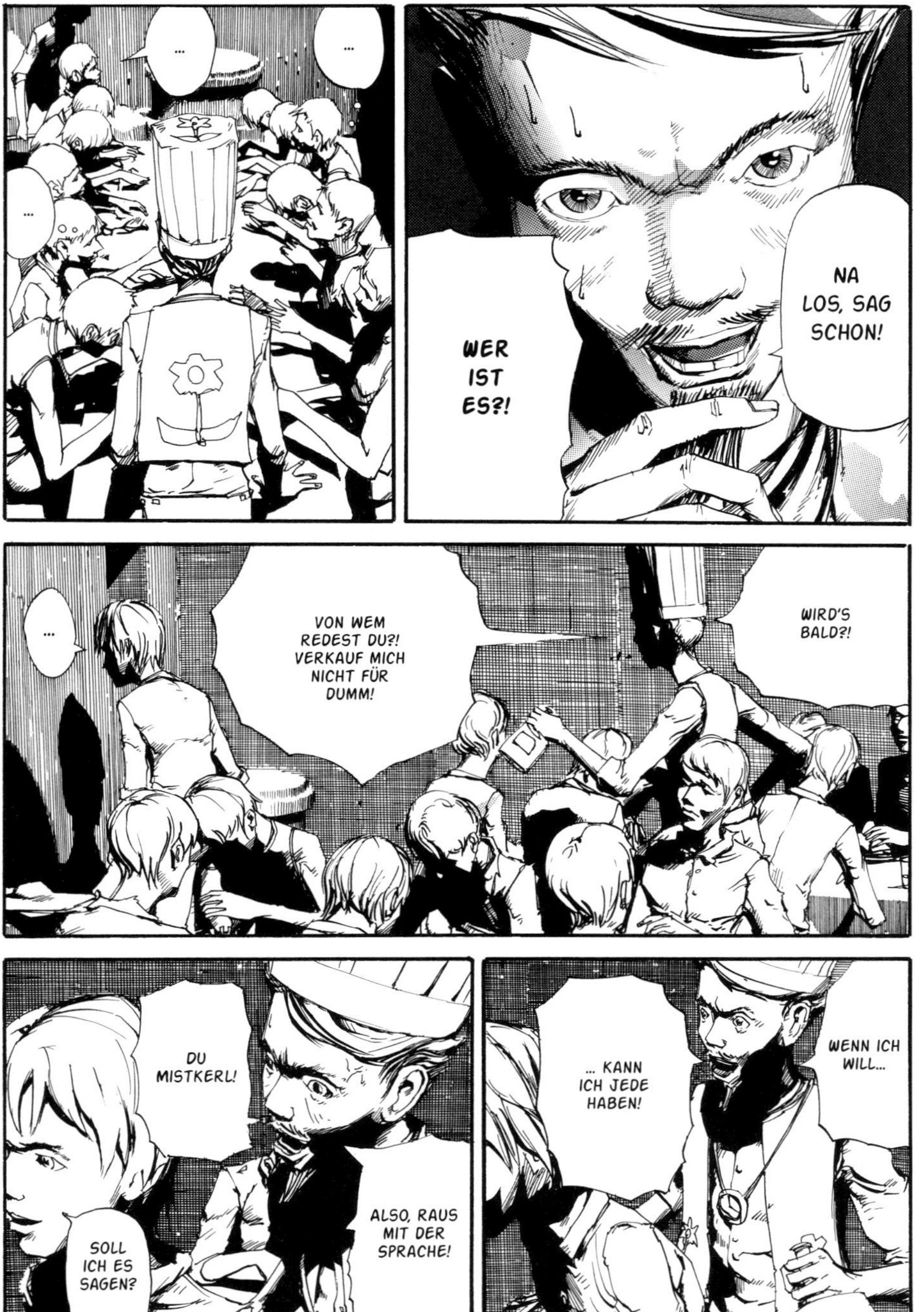
NA LOS, SAG SCHON!
WER IST ES?!
...
...
...
WIRD'S BALD?!
VON WEM REDEST DU?! VERKAUF MICH NICHT FÜR DUMM!
...
WENN ICH WILL...
... KANN ICH JEDE HABEN!
DU MISTKERL!
ALSO, RAUS MIT DER SPRACHE!
SOLL ICH ES SAGEN?

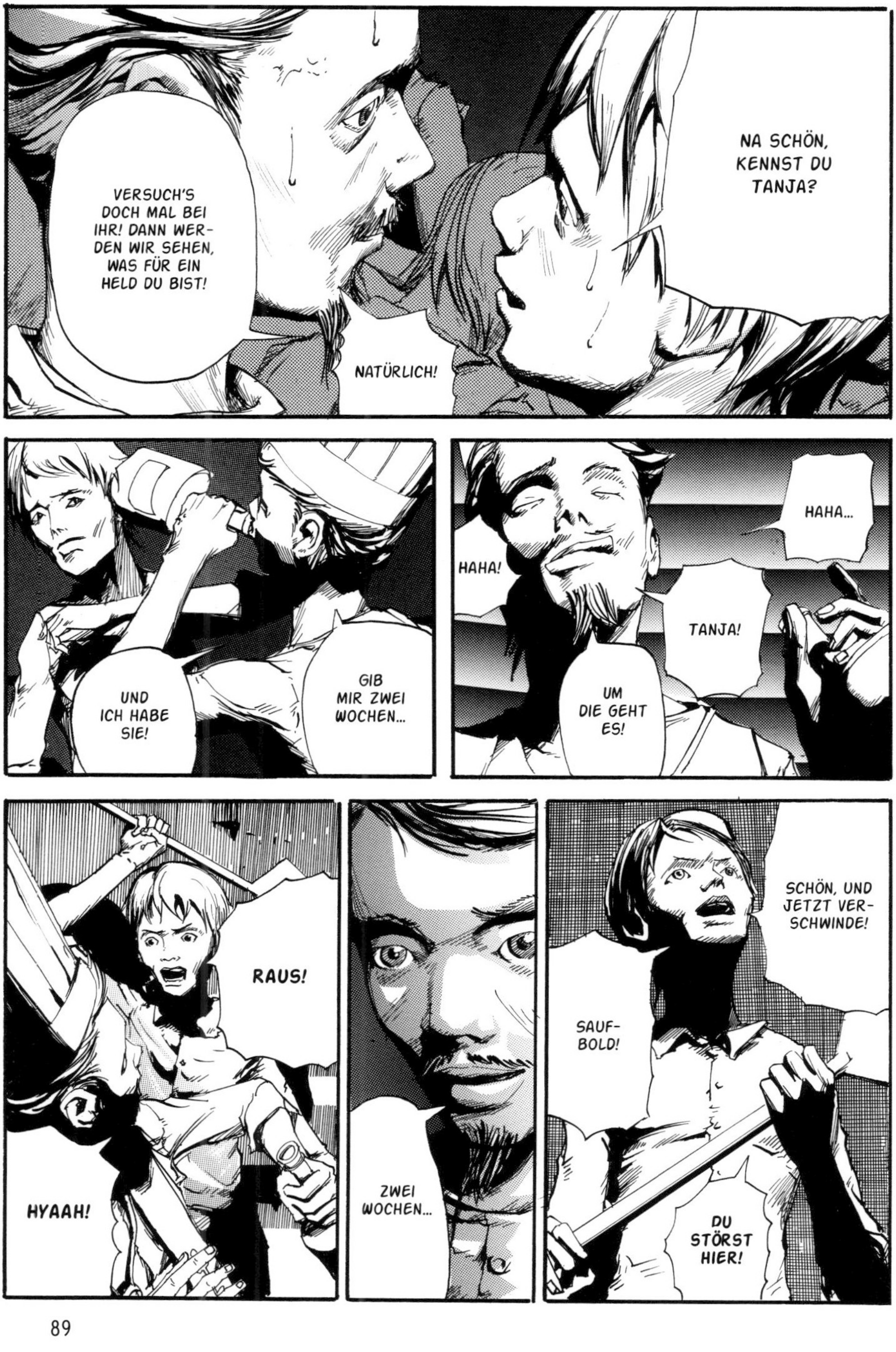
VERSUCH'S DOCH MAL BEI IHR! DANN WERDEN WIR SEHEN, WAS FÜR EIN HELD DU BIST!
NATÜRLICH!
NA SCHÖN, KENNST DU TANJA?
GIB MIR ZWEI WOCHEN...
UND ICH HABE SIE!
HAHA...
HAHA!
TANJA!
UM DIE GEHT ES!
RAUS!
HYAAH!
ZWEI WOCHEN...
SCHÖN, UND JETZT VERSCHWINDE!
SAUFBOLD!
DU STÖRST HIER!

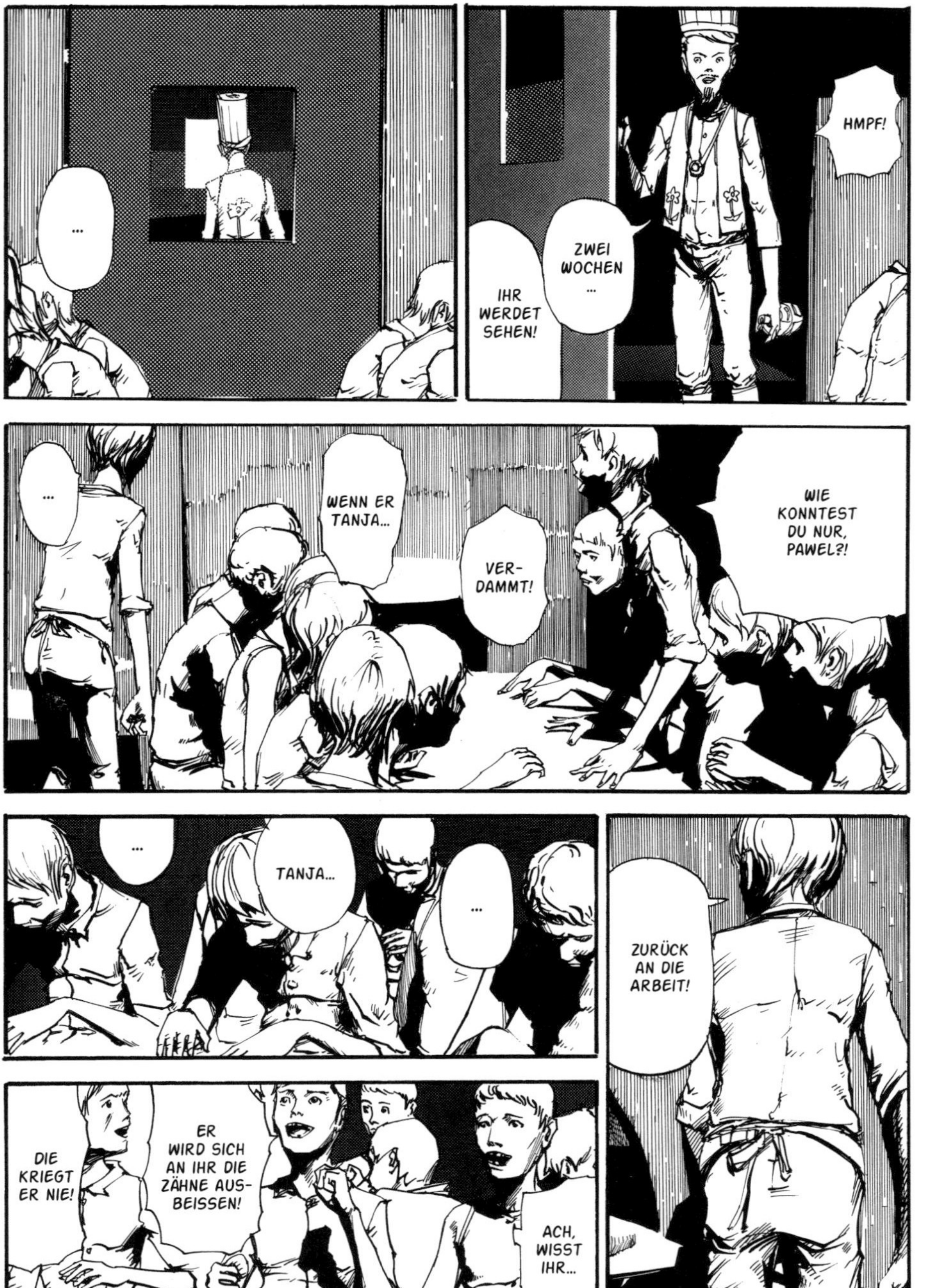
...
HMPF!
ZWEI WOCHEN ...
IHR WERDET SEHEN!
...
WENN ER TANJA...
VERDAMMT!
WIE KONNTEST DU NUR, PAWEL?!
...
TANJA...
...
DIE KRIEGT ER NIE!
ER WIRD SICH AN IHR DIE ZÄHNE AUSBEISSEN!
ACH, WISST IHR...
ZURÜCK AN DIE ARBEIT!

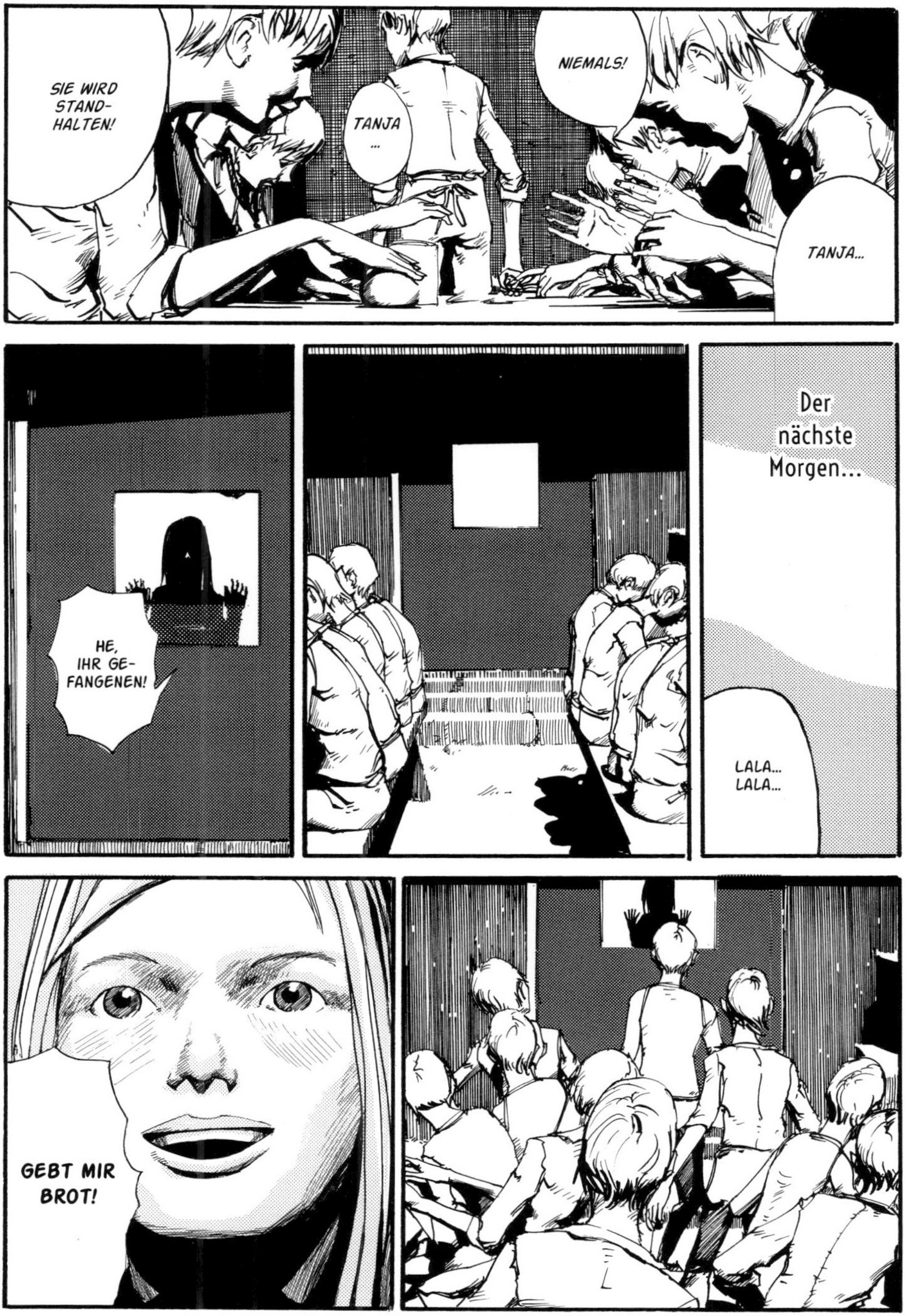
SIE WIRD STAND-HALTEN!
TANJA ...
NIEMALS!
TANJA...
HE, IHR GE-FANGENEN!
Der nächste Morgen...
LALA... LALA...
GEBT MIR BROT!

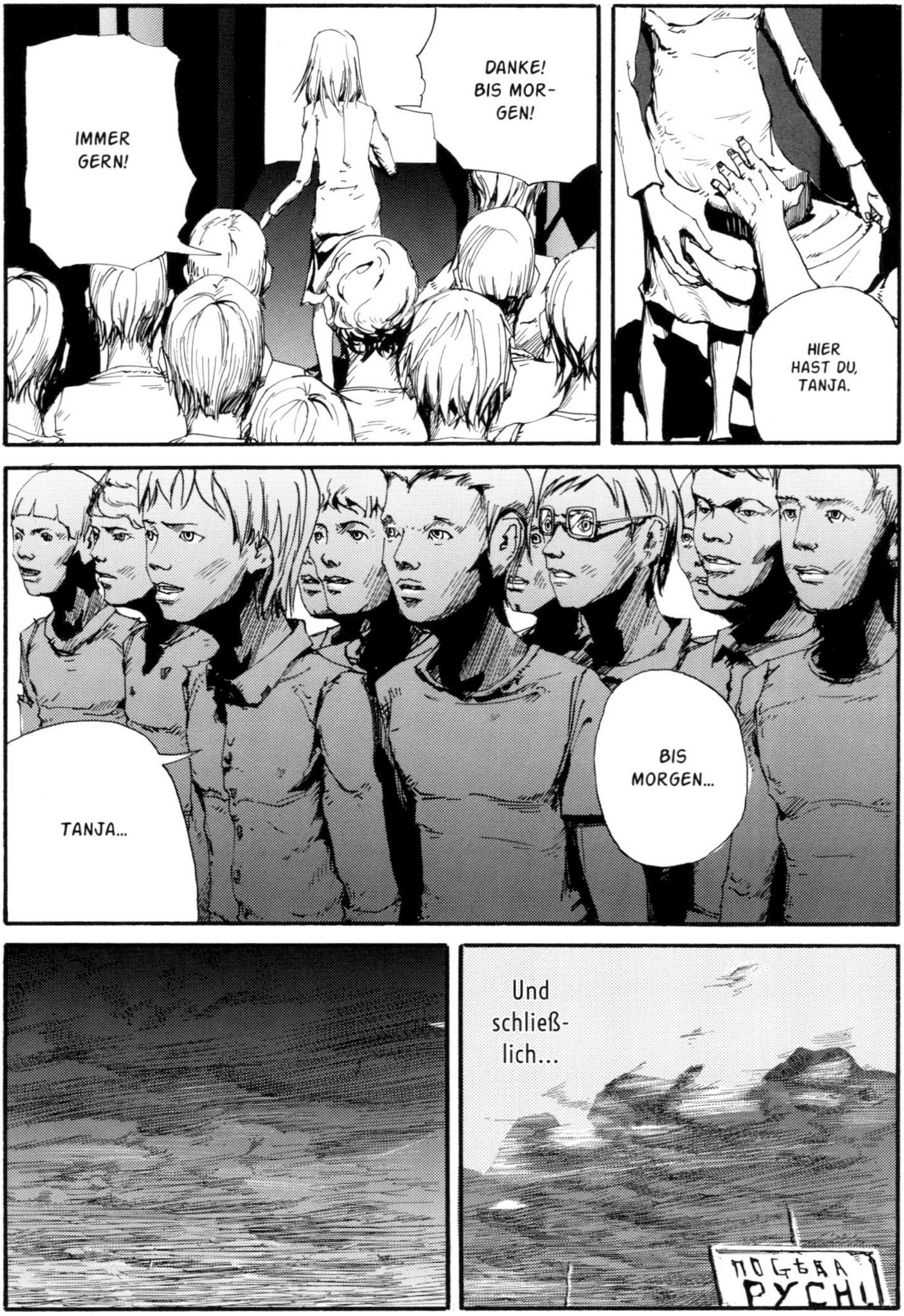
HIER HAST DU, TANJA.
DANKE! BIS MOR-GEN!
IMMER GERN!
BIS MORGEN...
TANJA...
Und schließ-lich...

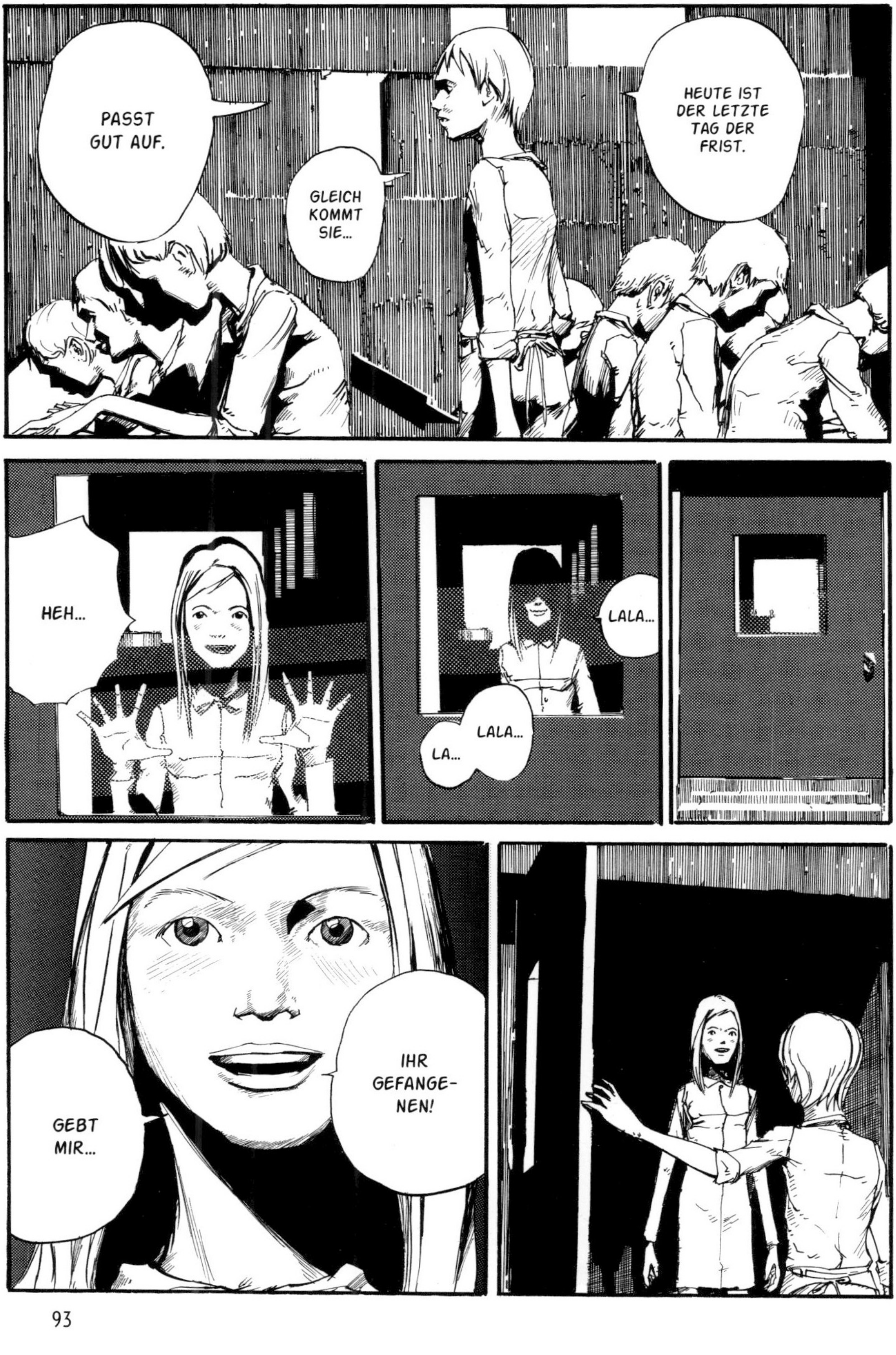
HEUTE IST DER LETZTE TAG DER FRIST.
GLEICH KOMMT SIE...
PASST GUT AUF.
LALA...
LALA...
LA...
HEH...
IHR GEFANGE-NEN!
GEBT MIR...

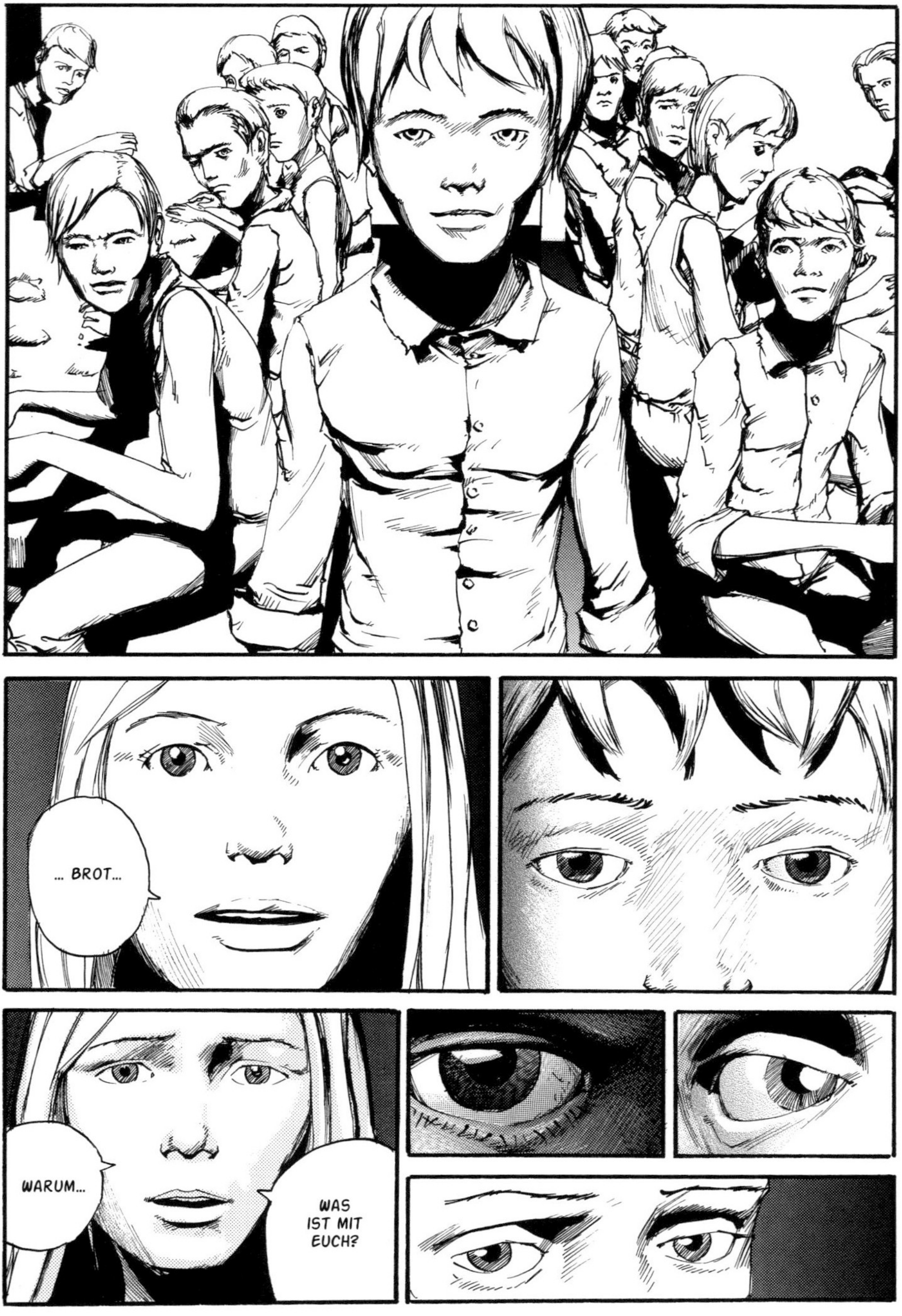
... BROT...
WARUM...
WAS IST MIT EUCH?

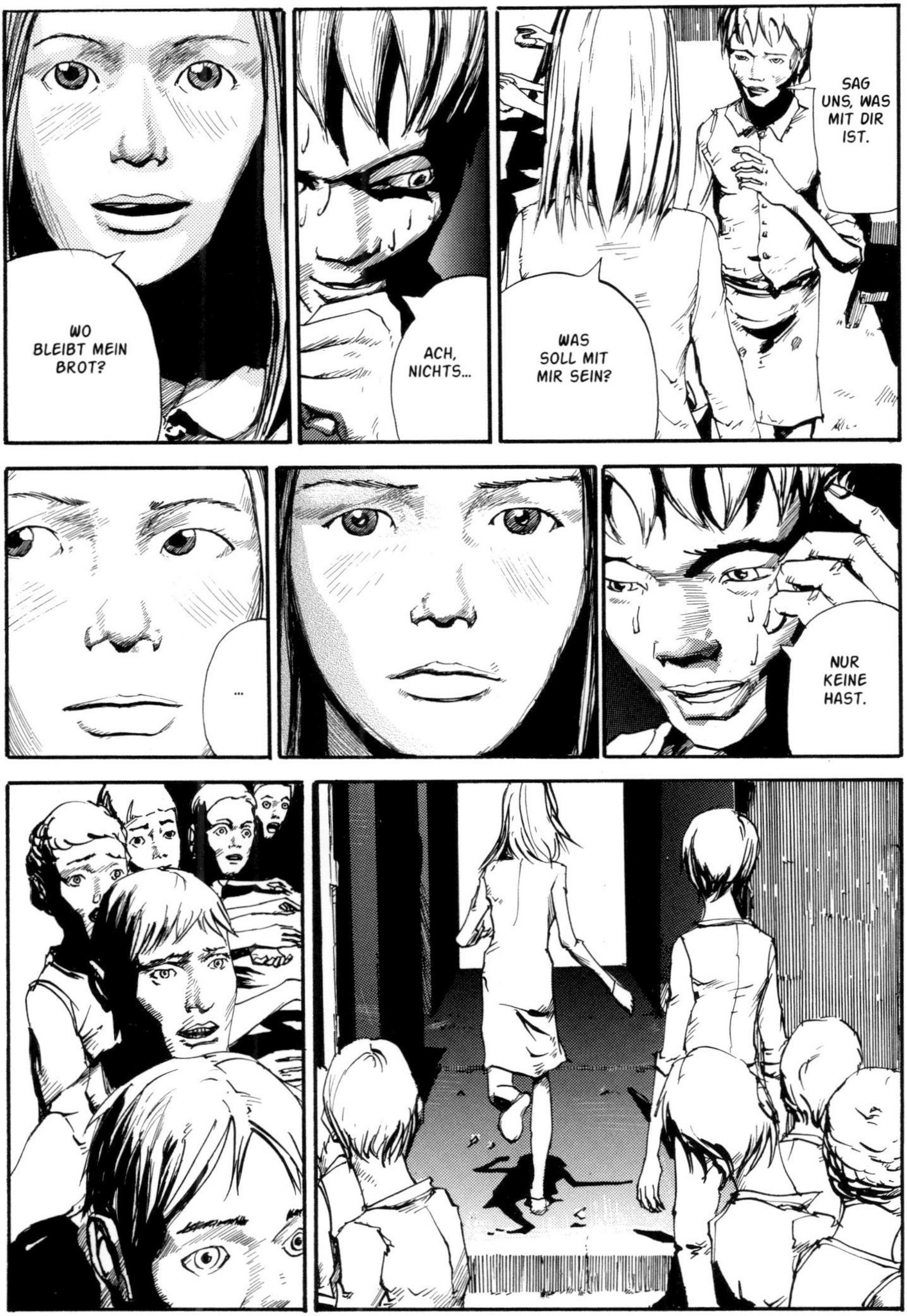
SAG UNS, WAS MIT DIR IST.
WAS SOLL MIT MIR SEIN?
ACH, NICHTS...
WO BLEIBT MEIN BROT?
NUR KEINE HAST.
...

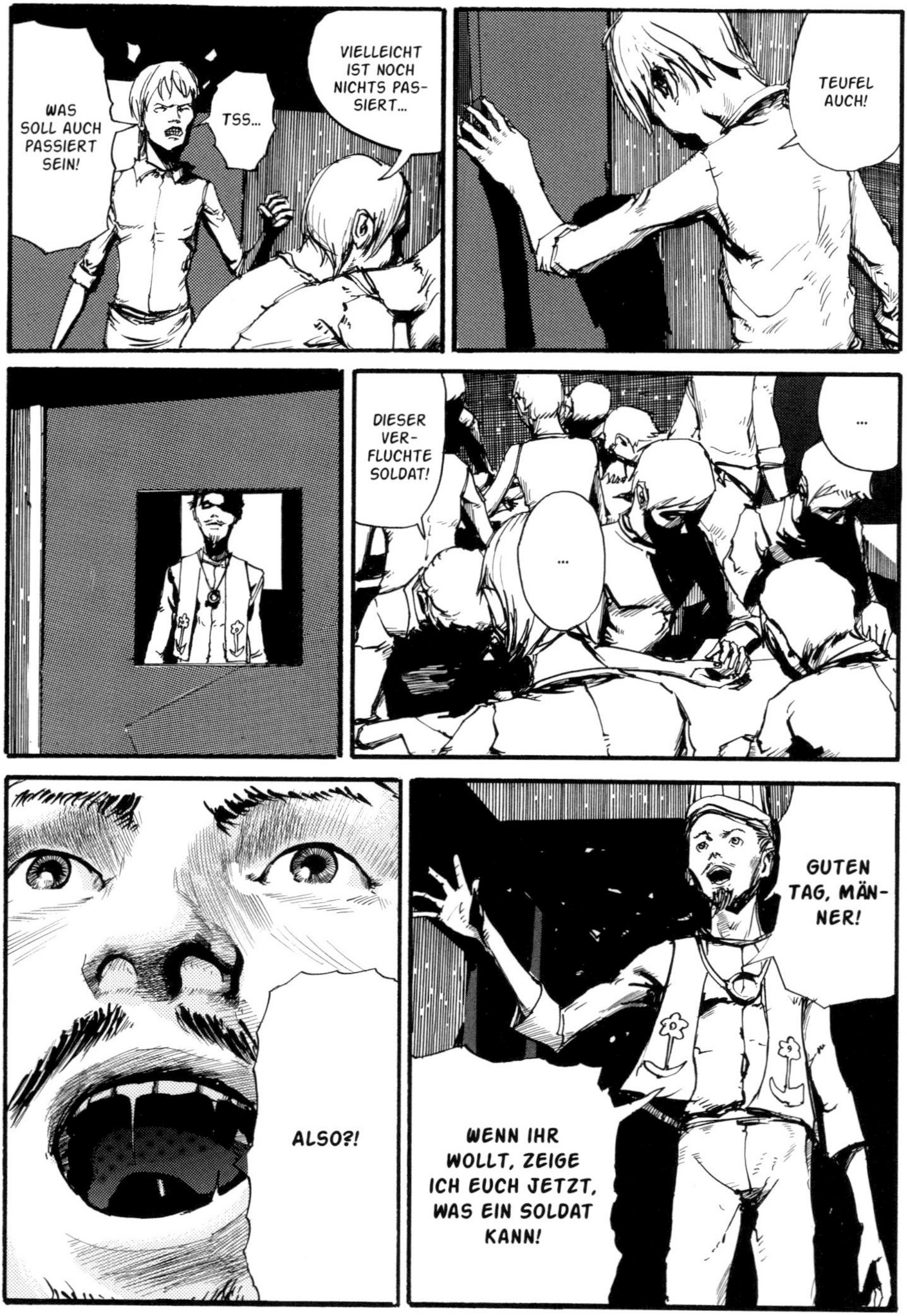
VIELLEICHT IST NOCH NICHTS PASSIERT...
TSS...
WAS SOLL AUCH PASSIERT SEIN!
TEUFEL AUCH!
...
DIESER VERFLUCHTE SOLDAT!
...
GUTEN TAG, MÄNNER!
WENN IHR WOLLT, ZEIGE ICH EUCH JETZT, WAS EIN SOLDAT KANN!
ALSO?!

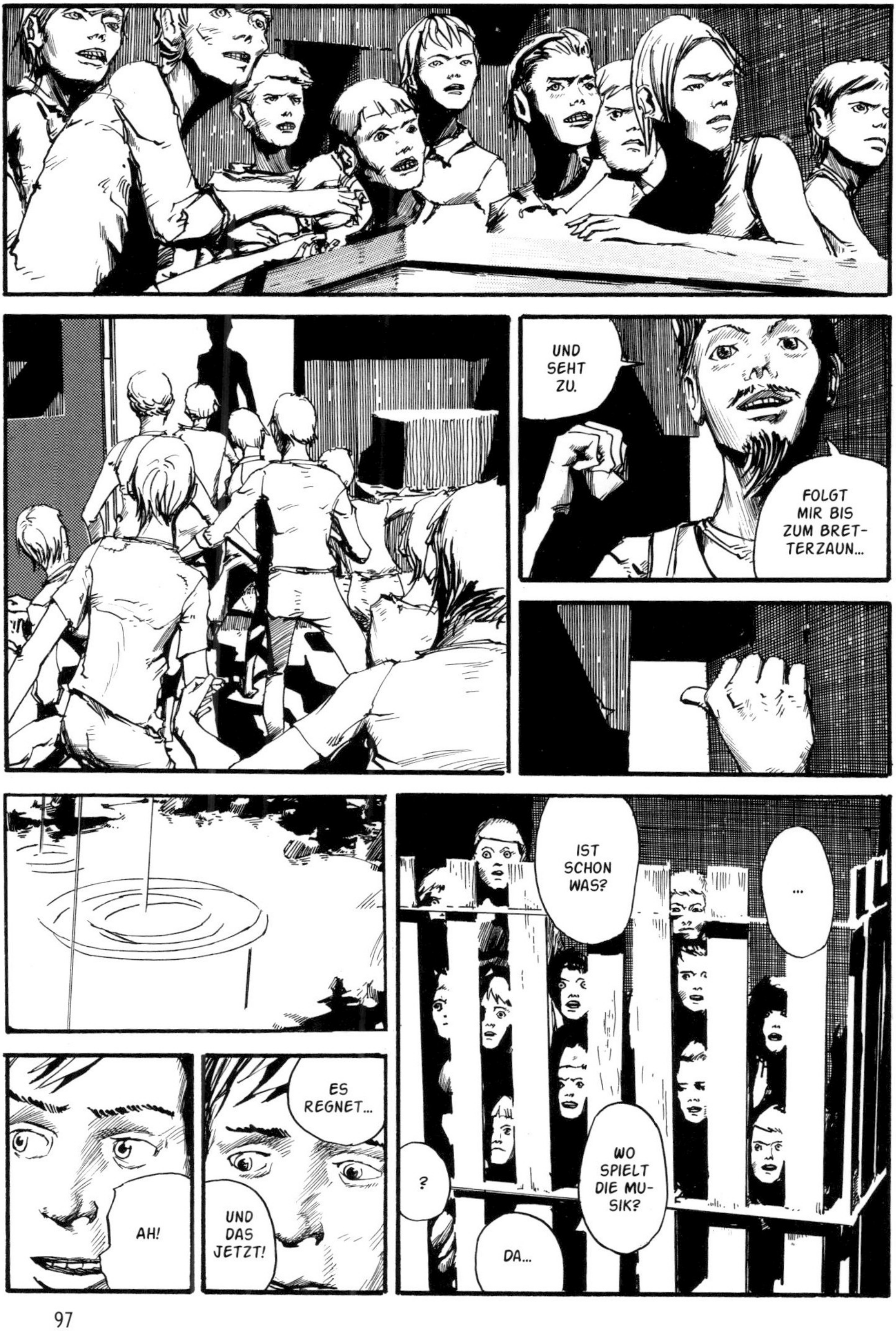
UND SEHT ZU.
FOLGT MIR BIS ZUM BRETTERZAUN...
IST SCHON WAS?
...
ES REGNET...
AH!
UND DAS JETZT!
?
WO SPIELT DIE MUSIK?
DA...

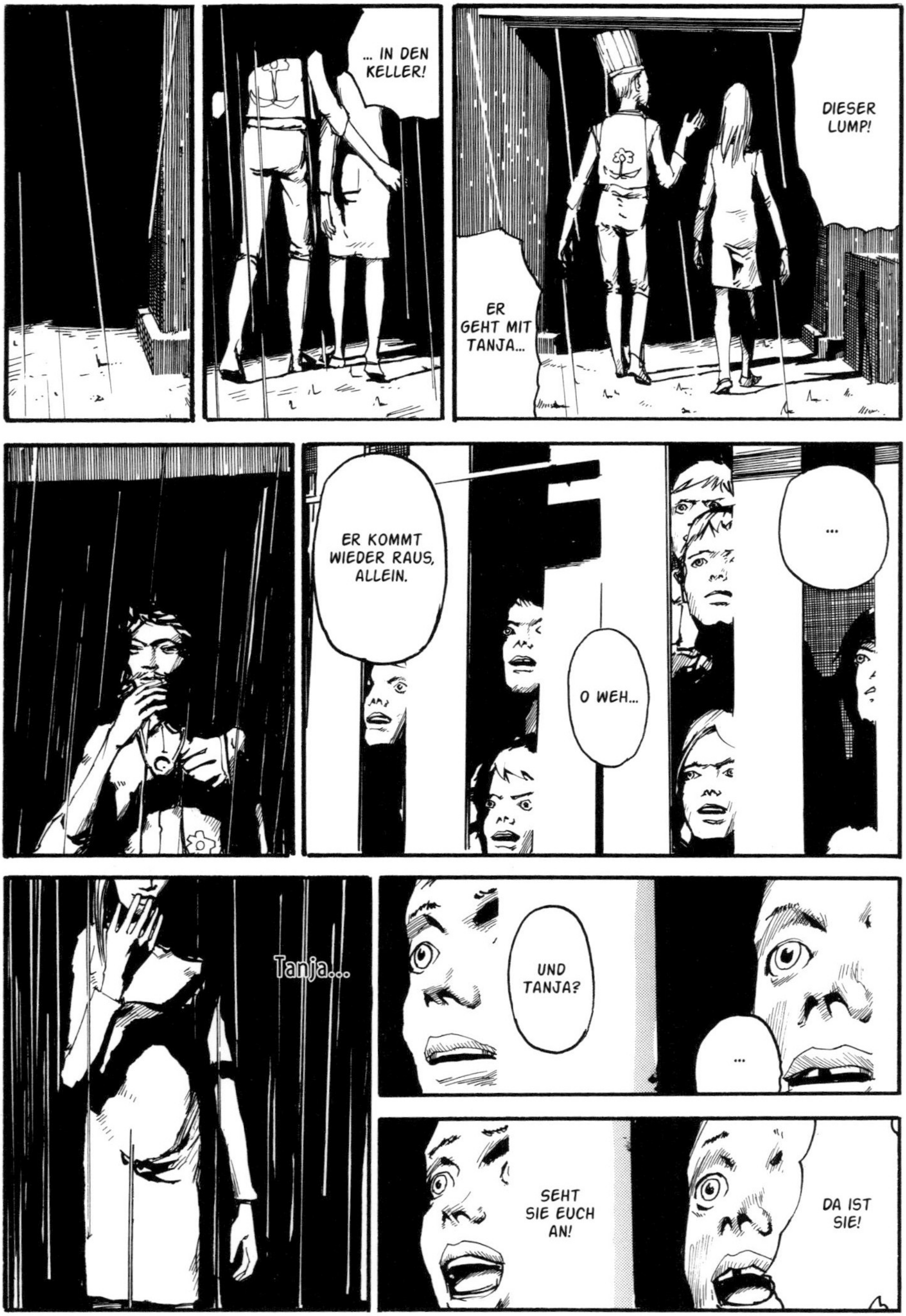

... IN DEN KELLER!
DIESER LUMP!
ER GEHT MIT TANJA...
...
O WEH...
ER KOMMT WIEDER RAUS, ALLEIN.
Tanja...
...
UND TANJA?
DA IST SIE!
SEHT SIE EUCH AN!

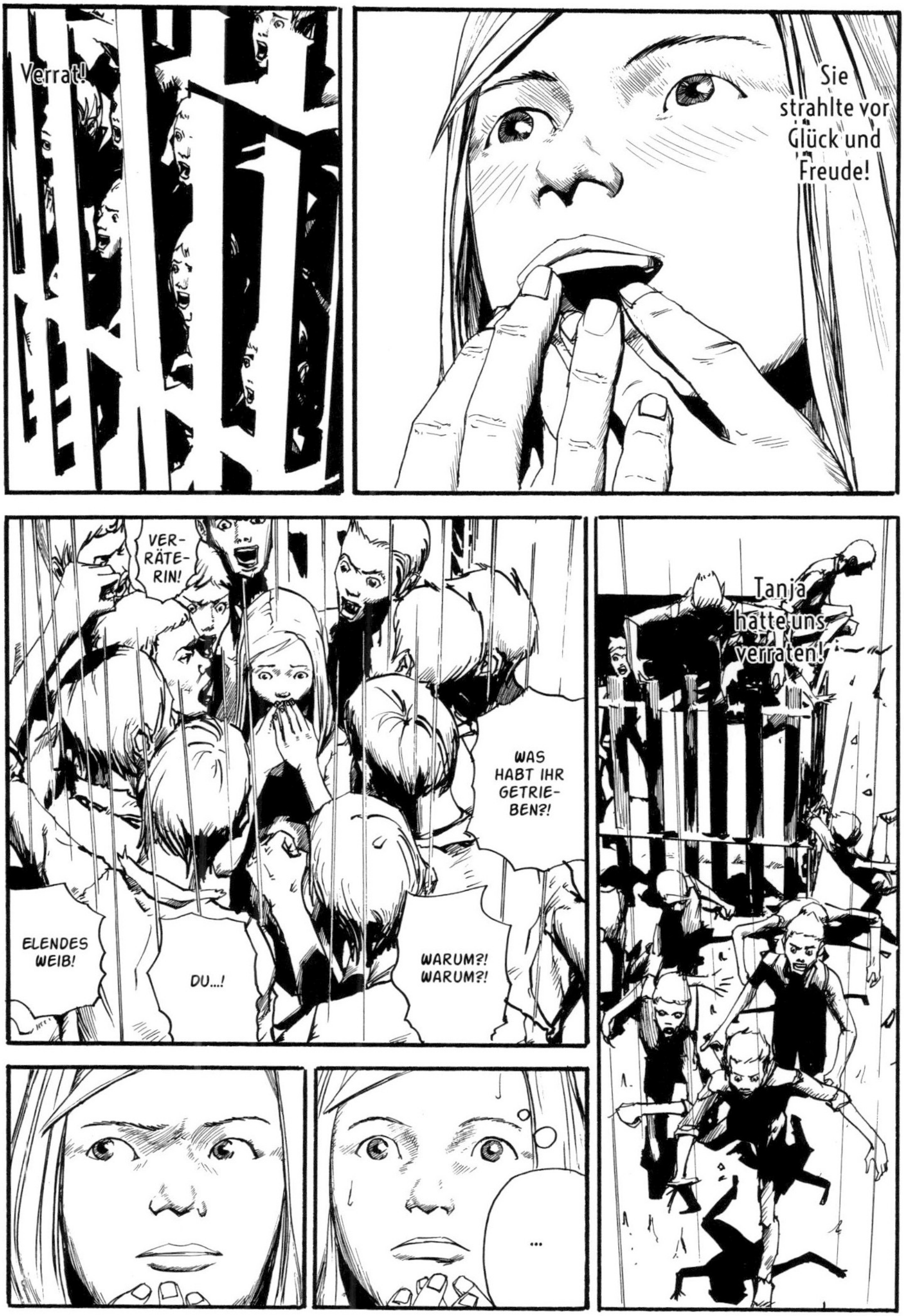
Verrat!
Sie strahlte vor Glück und Freude!
VERRÄTERIN!
WAS HABT IHR GETRIEBEN?!
ELENDES WEIB!
DU...!
WARUM?! WARUM?!
Tanja hatte uns verraten!
...

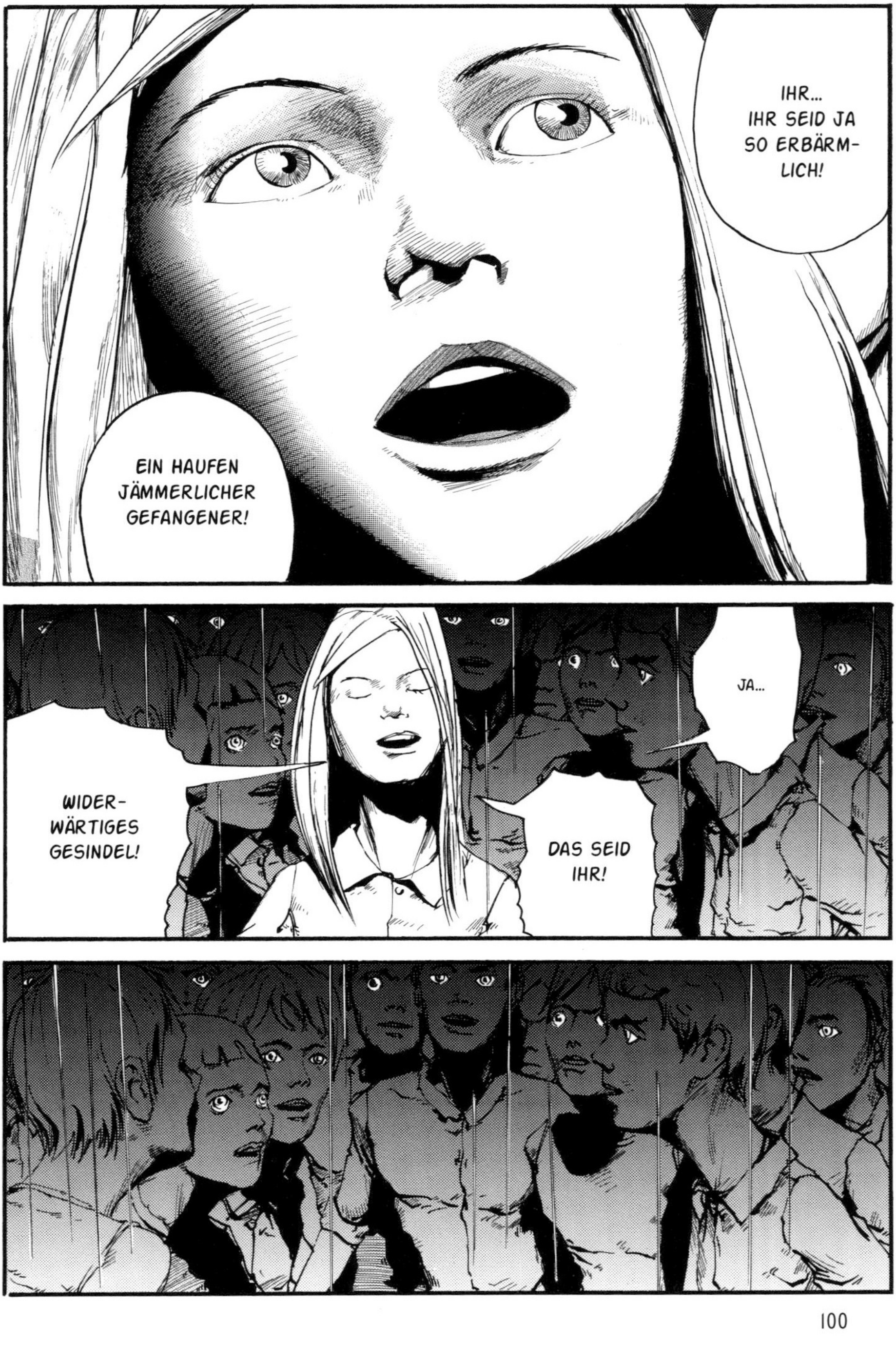
IHR... IHR SEID JA SO ERBÄRM-LICH!
EIN HAUFEN JÄMMERLICHER GEFANGENER!
JA...
DAS SEID IHR!
WIDER-WÄRTIGES GESINDEL!

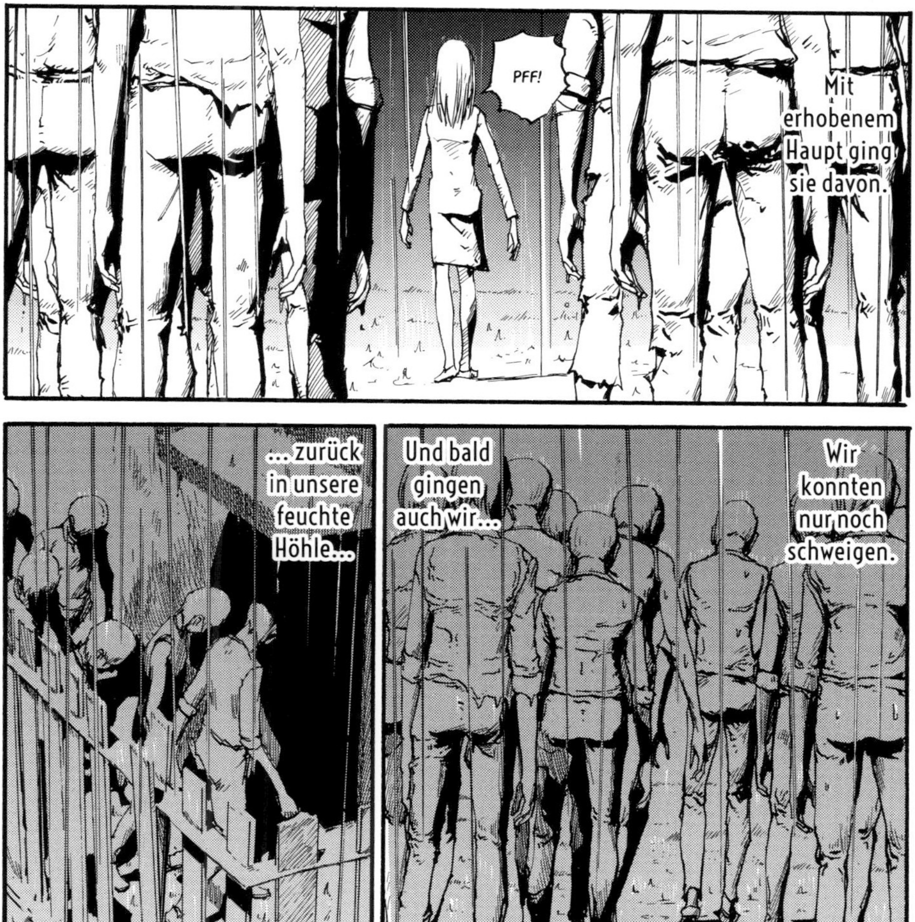
PFF!
Mit erhobenem Haupt ging sie davon.
Wir konnten nur noch schweigen.
Und bald gingen auch wir…
… zurück in unsere feuchte Höhle…
… in die nie mehr die Sonne schien.

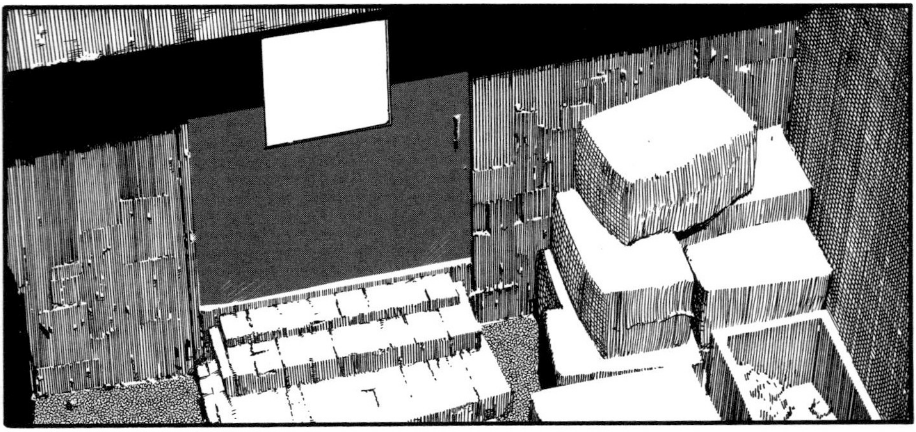

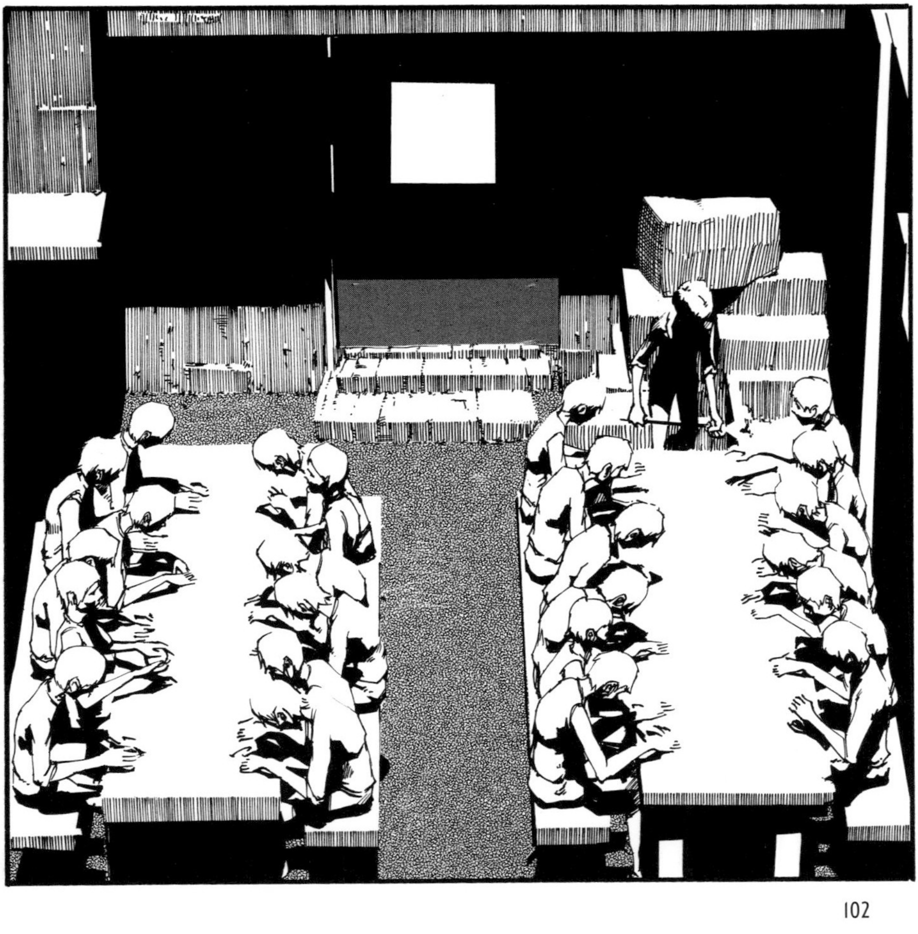

Erstmals erschienen in: Gekkan Comic Beam, Ausgabe Oktober 2002
(ausgezeichnet mit dem Entame-Preis 2002)

Ich hatte schon alle möglichen Originalwerke ins Visier gefasst und wusste immer noch nicht, was ich zeichnen sollte. Schließlich bat ich in der Redaktion um Hilfe und bekam den Hinweis auf Yasutaka Tsutsuis »Tanpenshosetsukogi« (dt.: Eine Lektion über Kurzgeschichten), woraus mir »Sechsundzwanzig und eine« am besten gefiel. Es war mein erster Versuch, eine Erzählung zu verarbeiten, und auch hier steckte ich sehr viel Emotion hinein. (Gou Tanabe, Mai 2007)

Maxim Gorki (1868 – 1936)
Russischer Schriftsteller und Dramatiker, mit richtigem Namen Alexei Maximowitsch Peschkow. Gorki war Mitbegründer des Sozialistischen Realismus und politischer Aktivist. Zu seinen bekanntesten Werken zählt das Bühnenstück »Nachtasyl«, mit dem er in seinen Dreißigern Berühmtheit erlangte. Später gründete Gorki den Schriftstellerverband der UdSSR, als dessen Vorsitzender er hohes Ansehen genoss, bis er im Zuge von Stalins Säuberungspolitik verhaftet und – Spekulationen zufolge – vergiftet wurde.

DER STRASSENMUSIKER AUF DER PONT NEUF

Nach einer Erzählung von Carib song

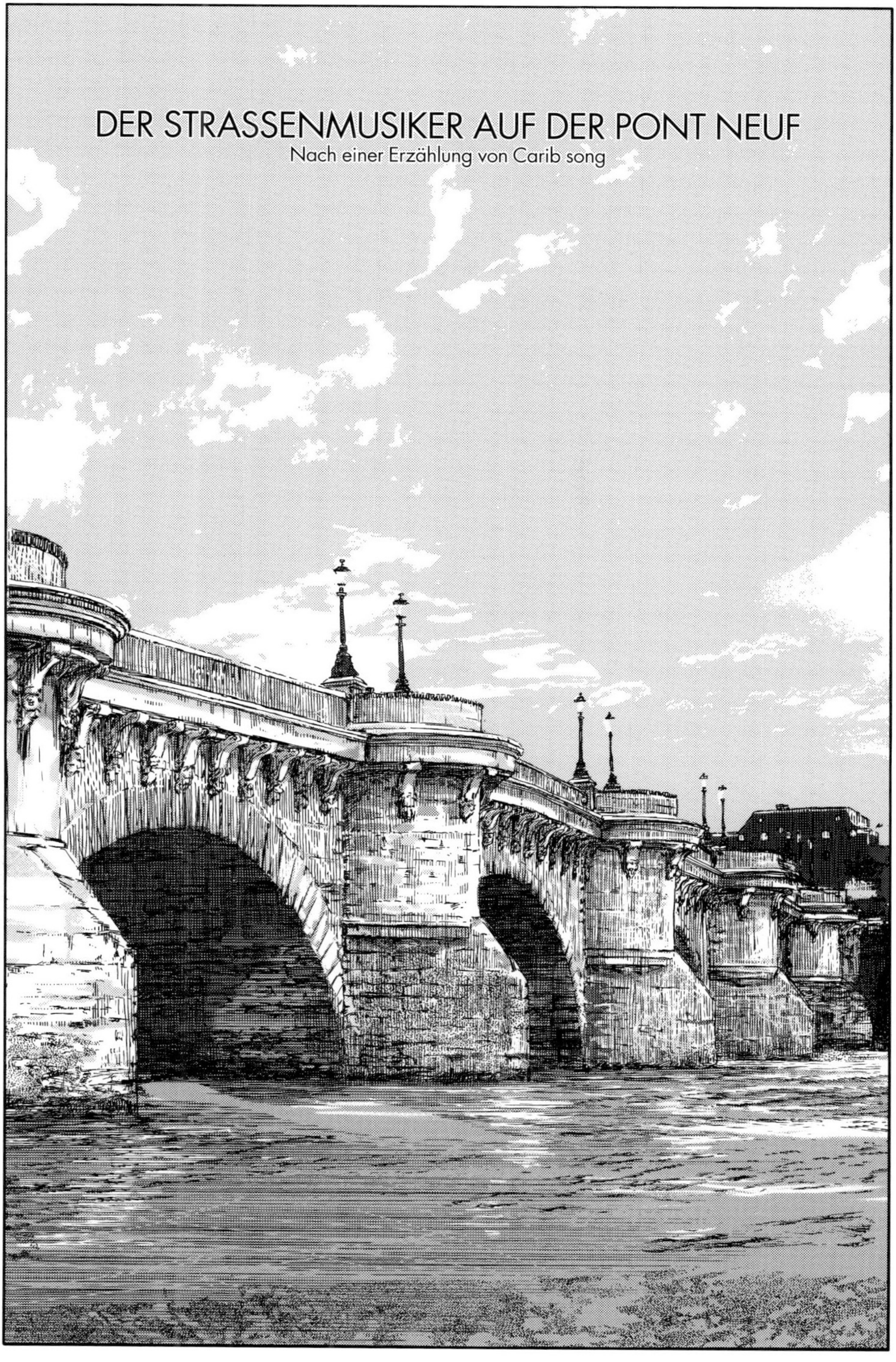

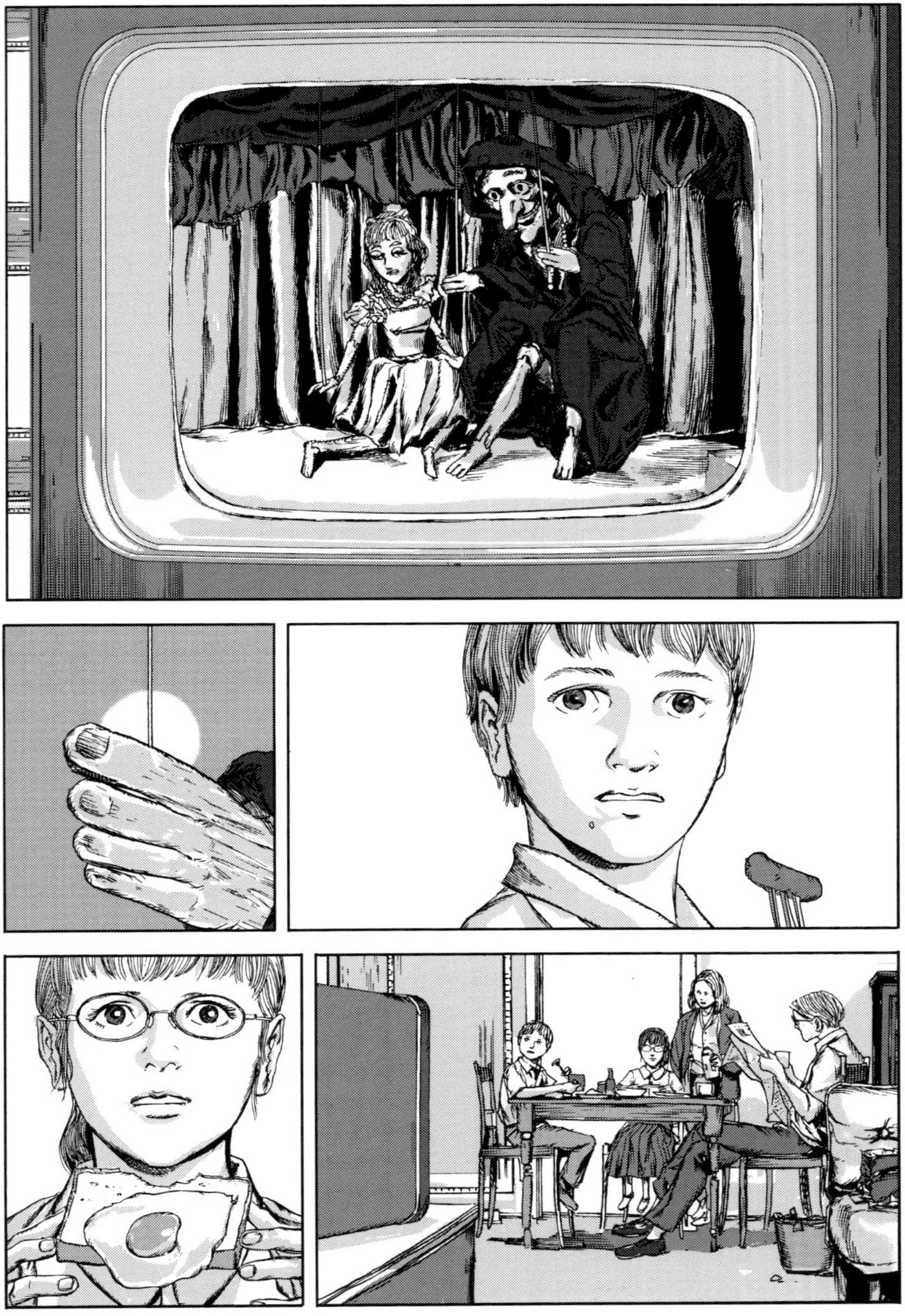

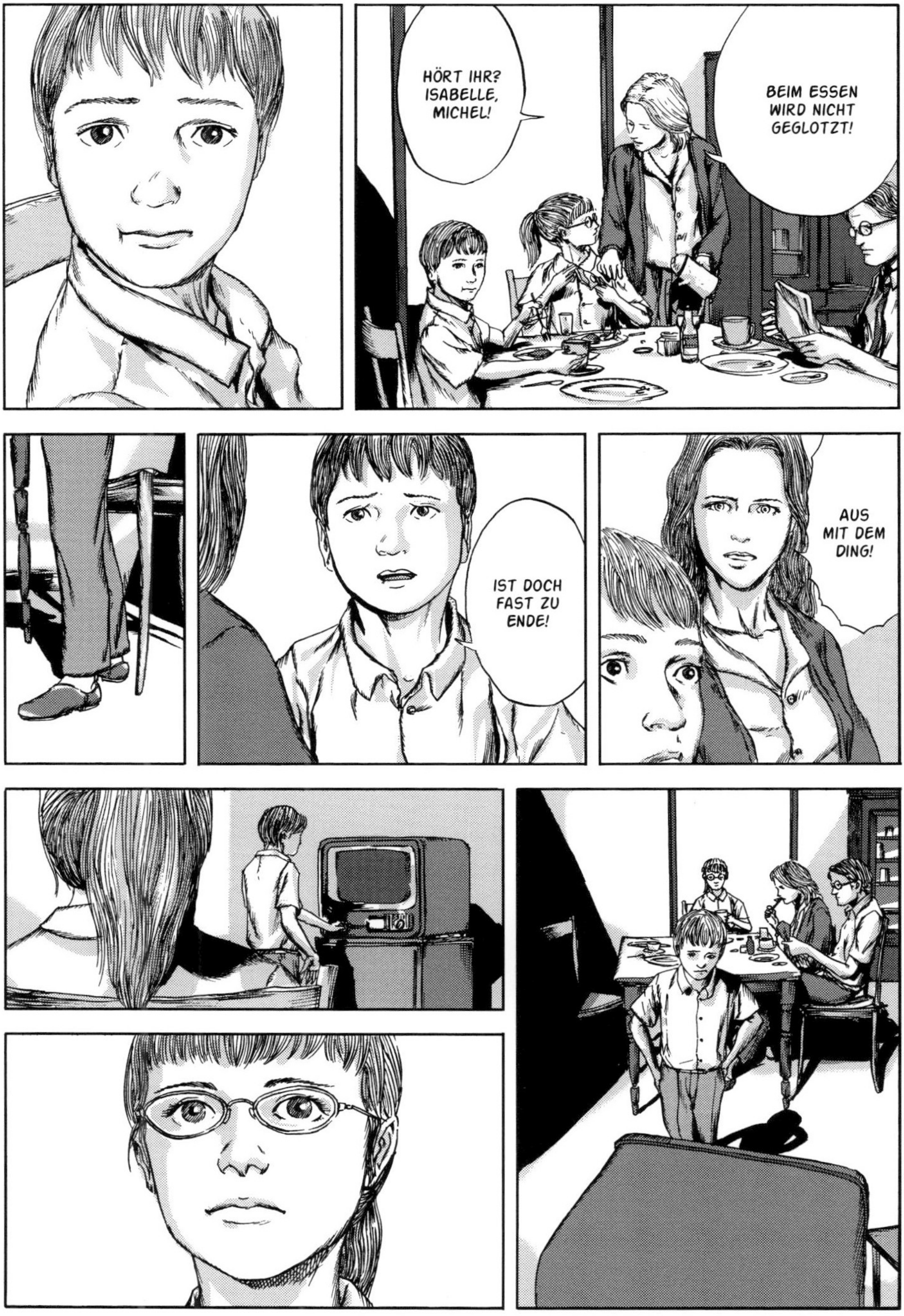
HÖRT IHR? ISABELLE, MICHEL!
BEIM ESSEN WIRD NICHT GEGLOTZT!
IST DOCH FAST ZU ENDE!
AUS MIT DEM DING!

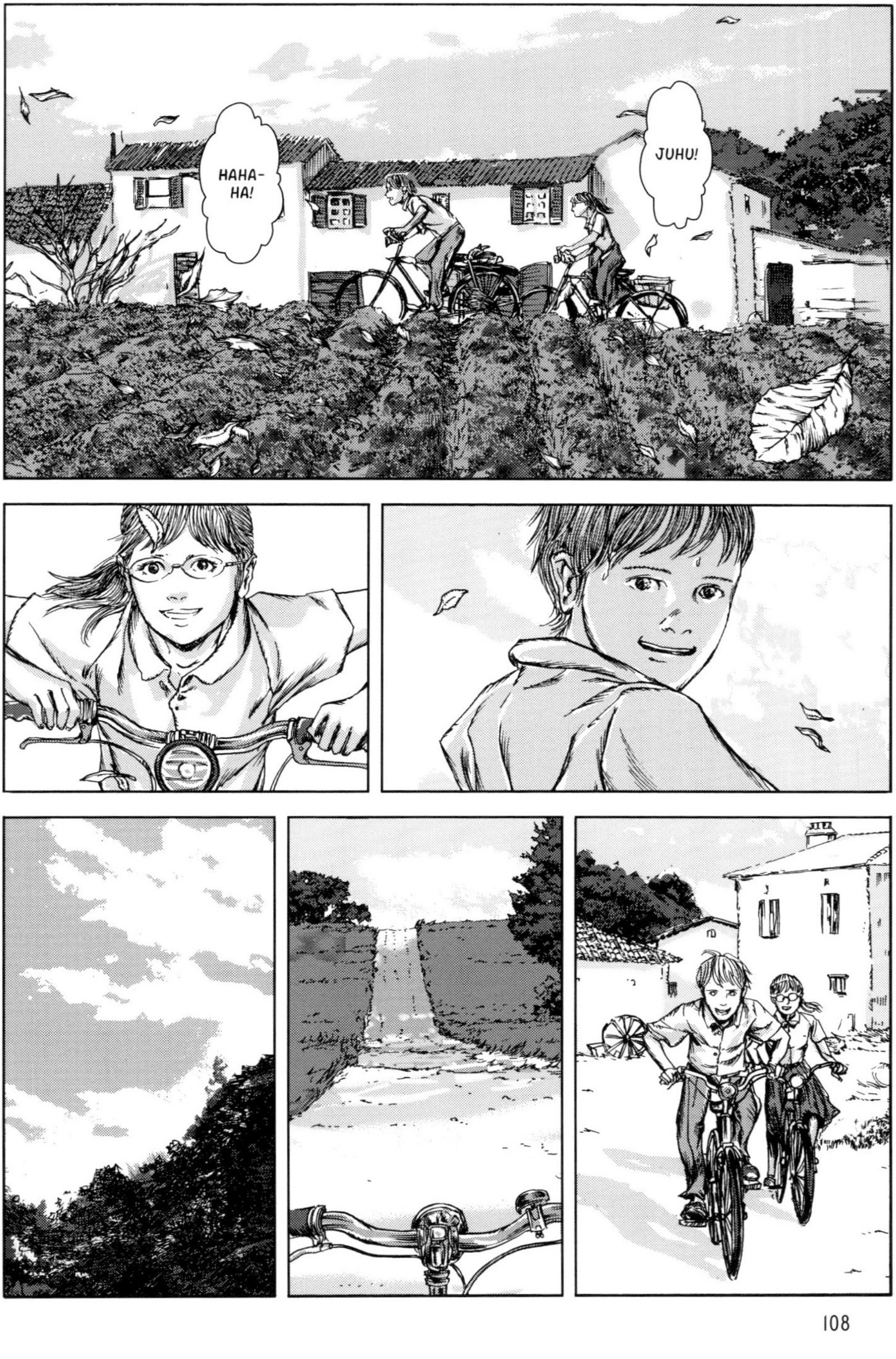
HAHA-
HA!
JUHU!

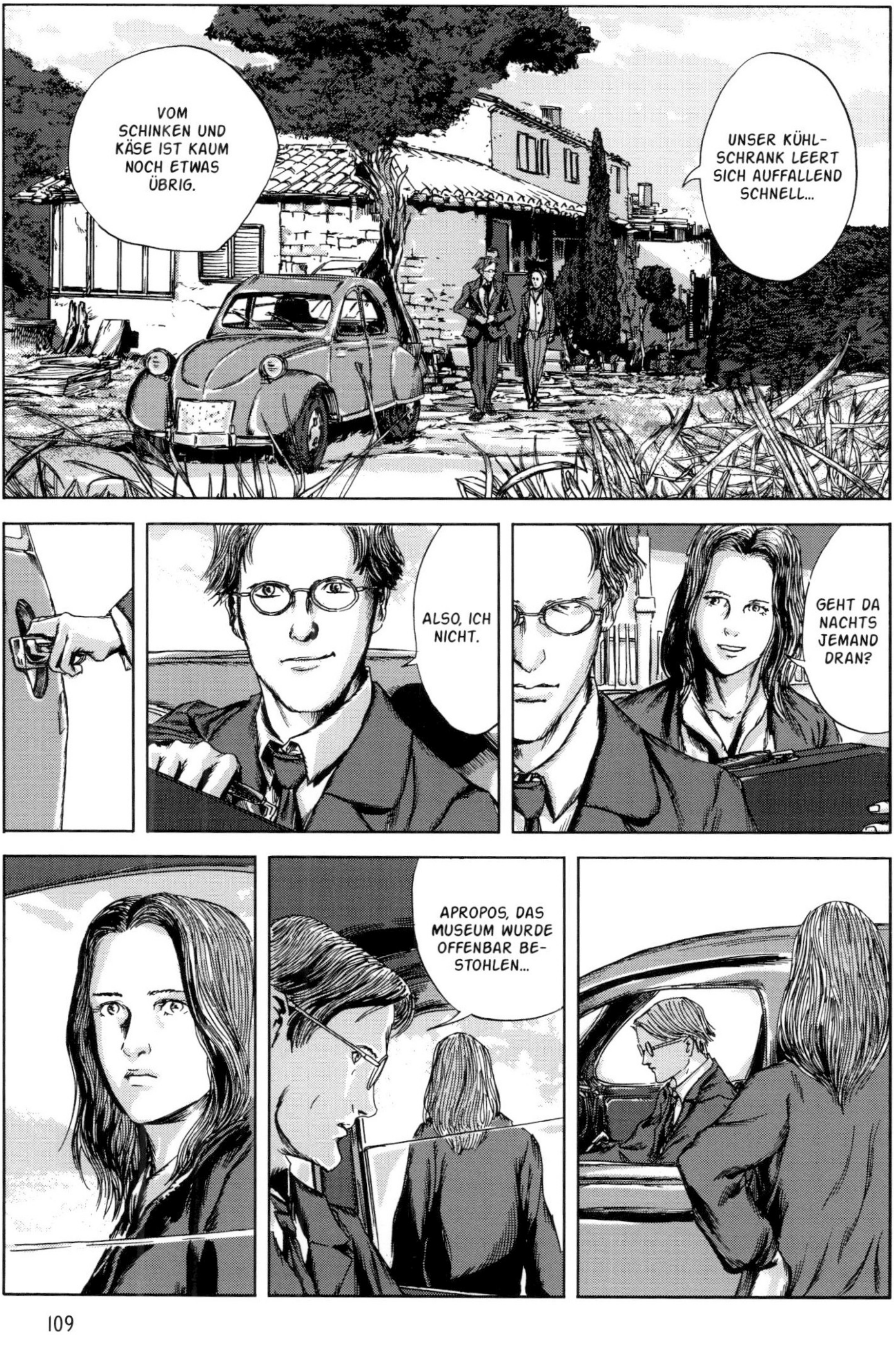
VOM SCHINKEN UND KÄSE IST KAUM NOCH ETWAS ÜBRIG.
UNSER KÜHLSCHRANK LEERT SICH AUFFALLEND SCHNELL...
ALSO, ICH NICHT.
GEHT DA NACHTS JEMAND DRAN?
APROPOS, DAS MUSEUM WURDE OFFENBAR BESTOHLEN...

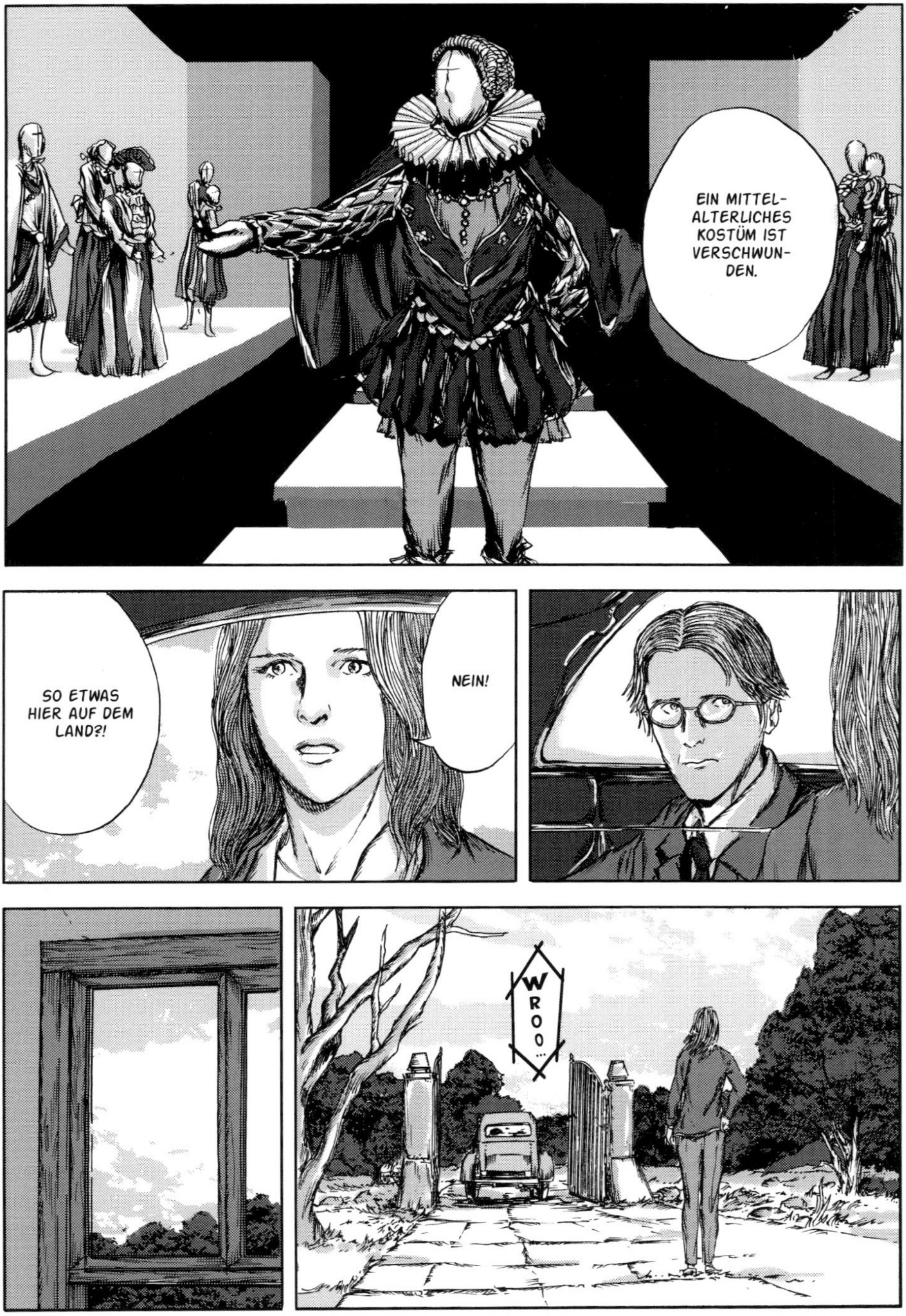
EIN MITTEL-
ALTERLICHES
KOSTÜM IST
VERSCHWUN-
DEN.
NEIN!
SO ETWAS
HIER AUF DEM
LAND?!
WROO...

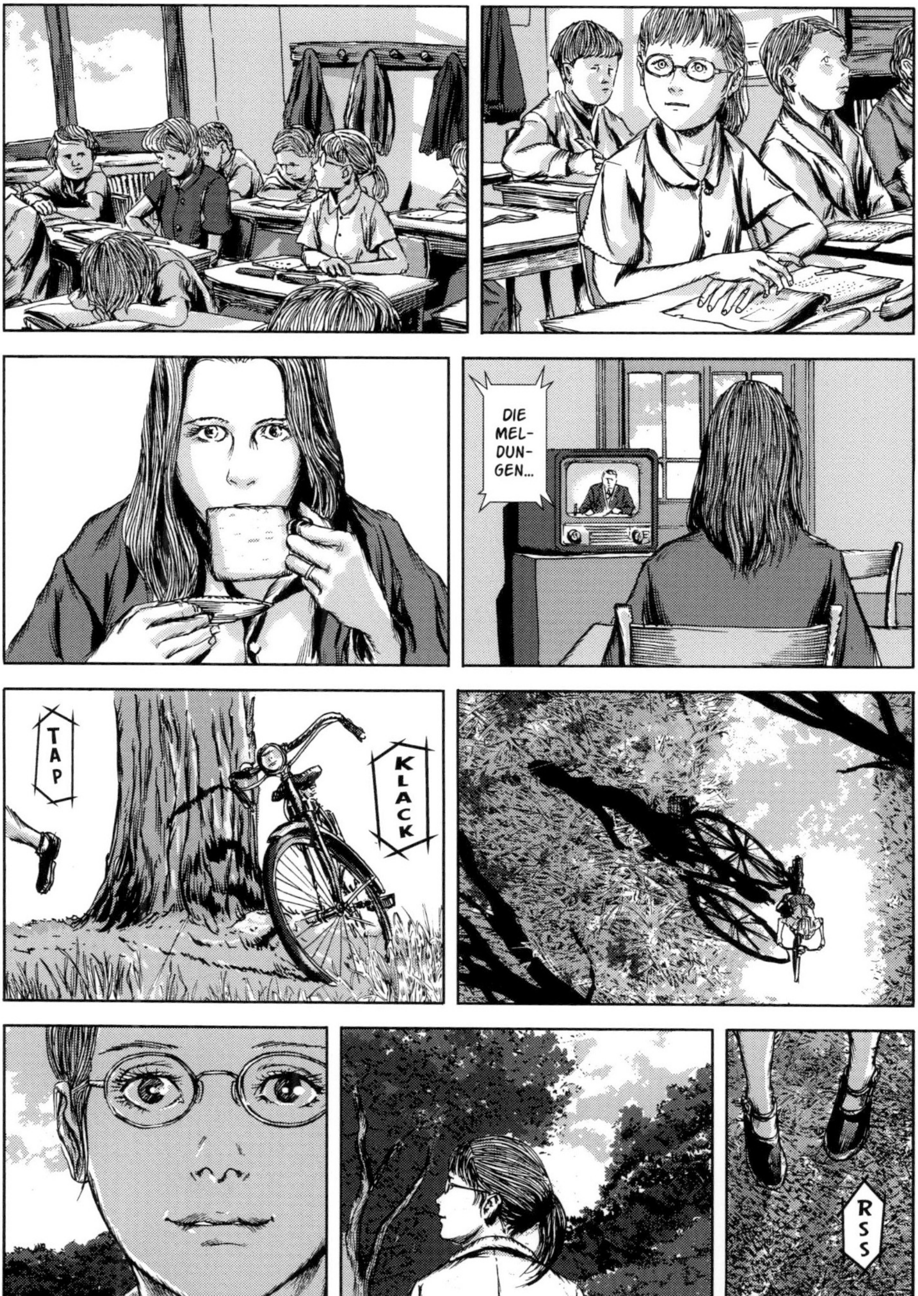
DIE MEL-DUN-GEN...
TAP
KLACK
RSS

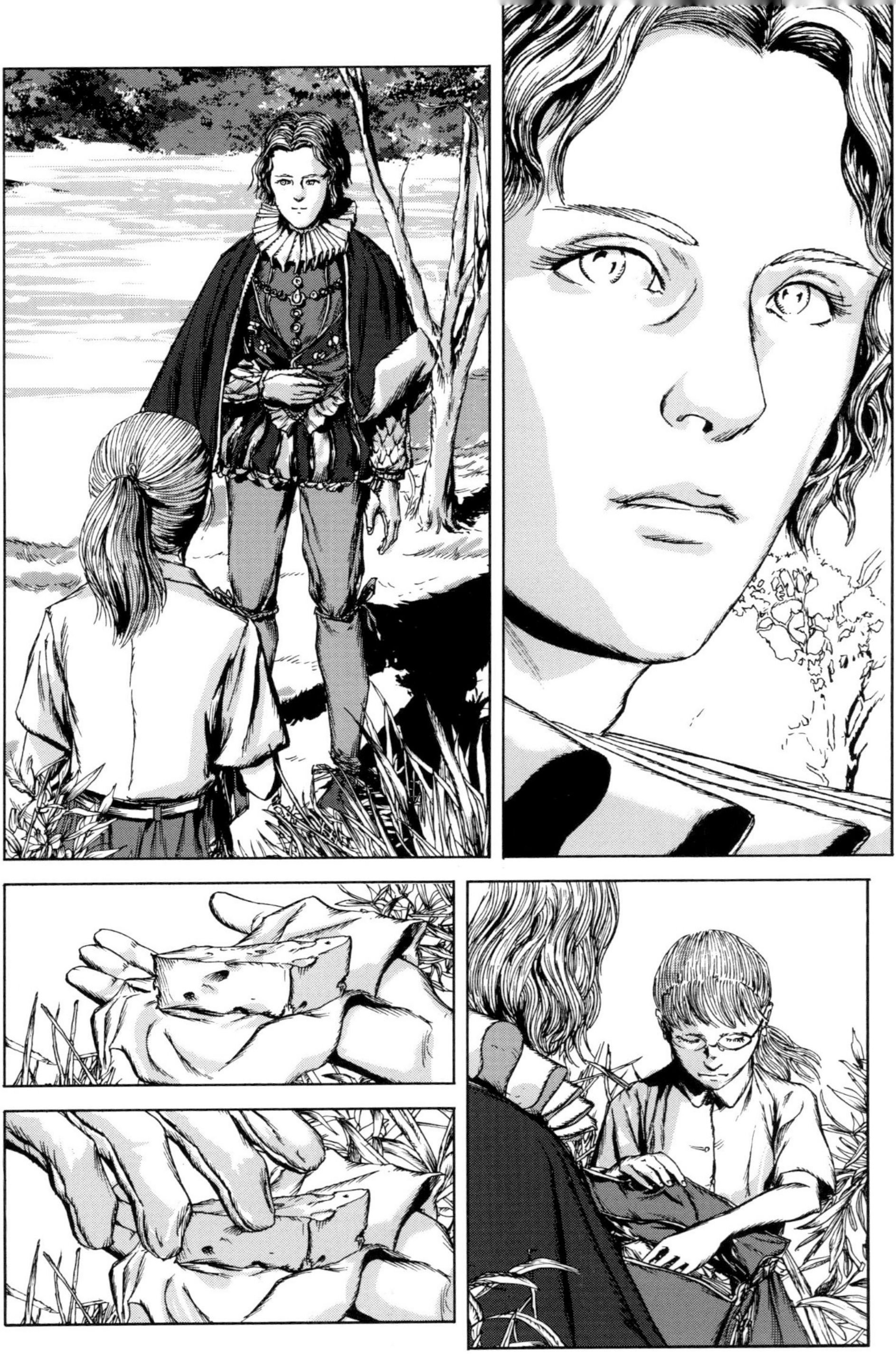

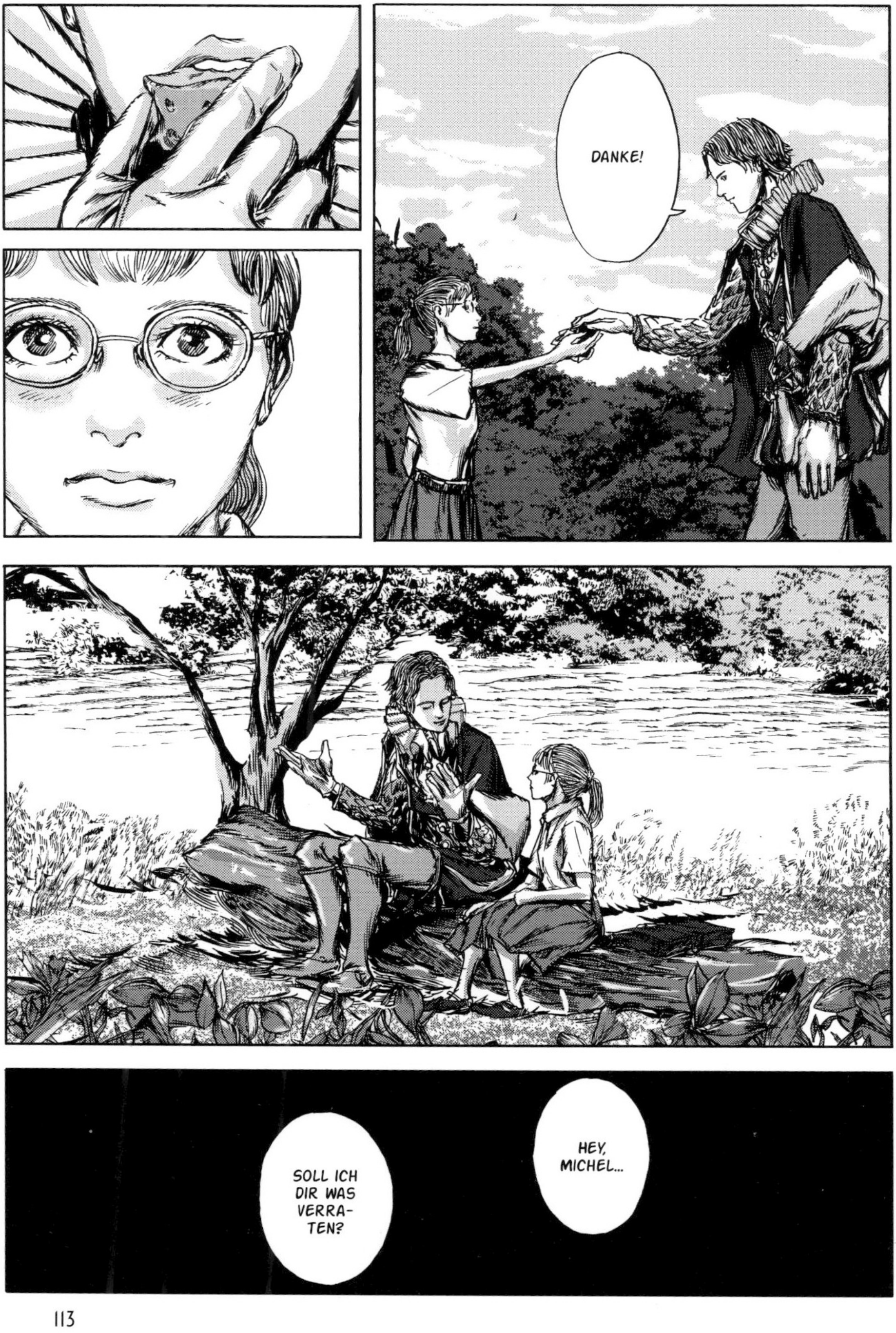
DANKE!
HEY, MICHEL...
SOLL ICH DIR WAS VERRA-TEN?

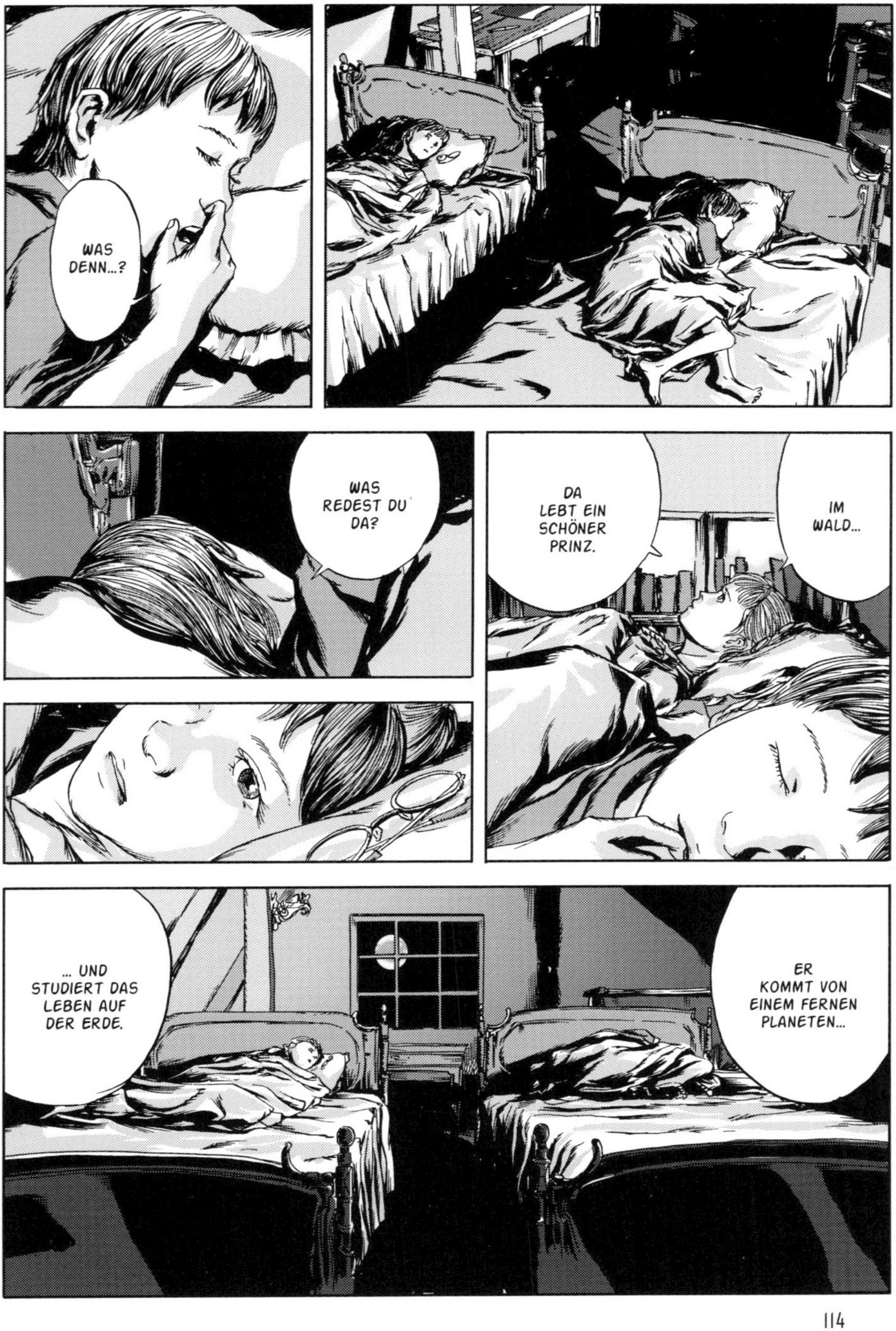
WAS DENN...?
IM WALD...
DA LEBT EIN SCHÖNER PRINZ.
WAS REDEST DU DA?
ER KOMMT VON EINEM FERNEN PLANETEN...
... UND STUDIERT DAS LEBEN AUF DER ERDE.

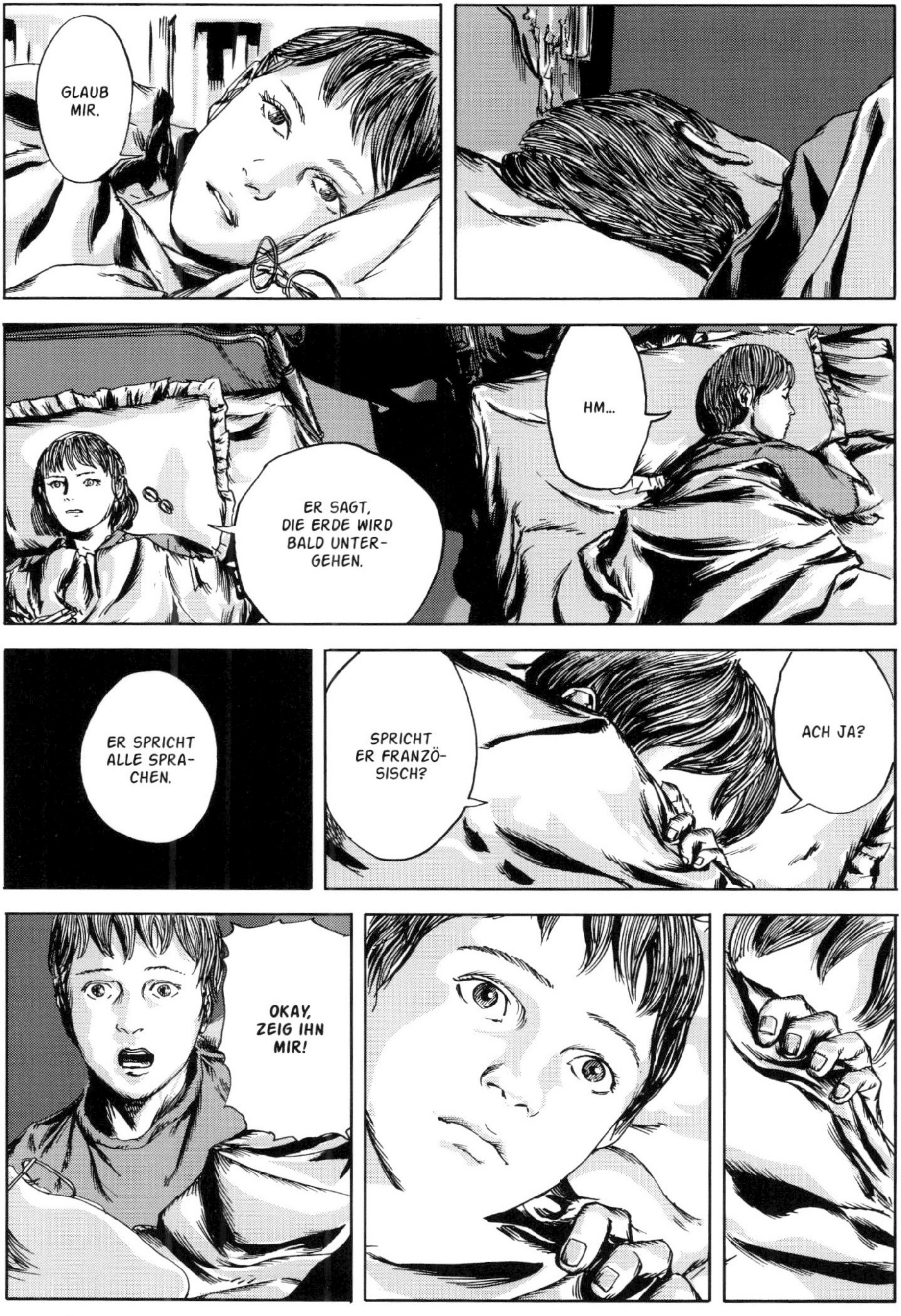
GLAUB MIR.
ER SAGT, DIE ERDE WIRD BALD UNTER-GEHEN.
HM...
ER SPRICHT ALLE SPRA-CHEN.
SPRICHT ER FRANZÖ-SISCH?
ACH JA?
OKAY, ZEIG IHN MIR!

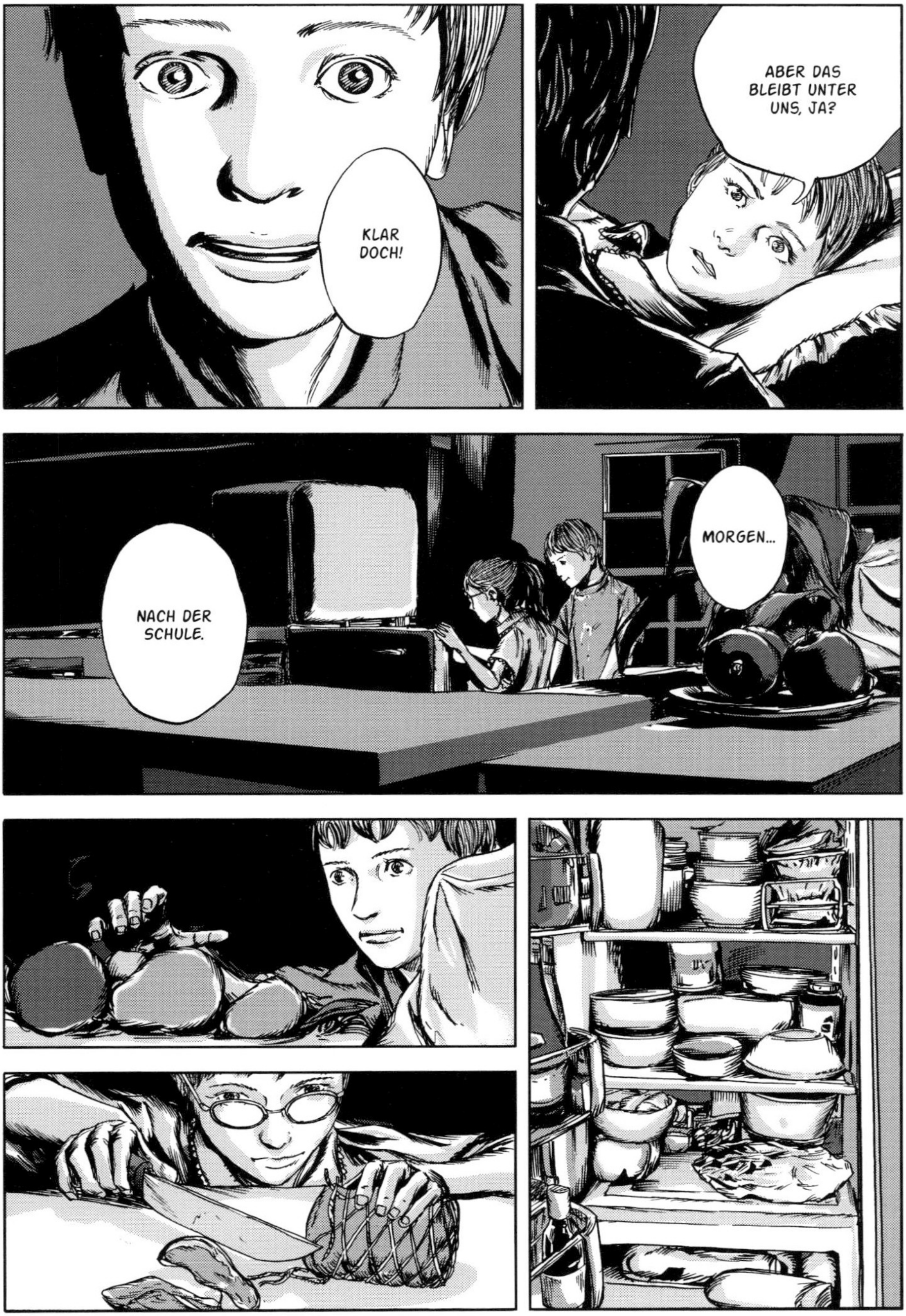
ABER DAS BLEIBT UNTER UNS, JA?
KLAR DOCH!
MORGEN...
NACH DER SCHULE.

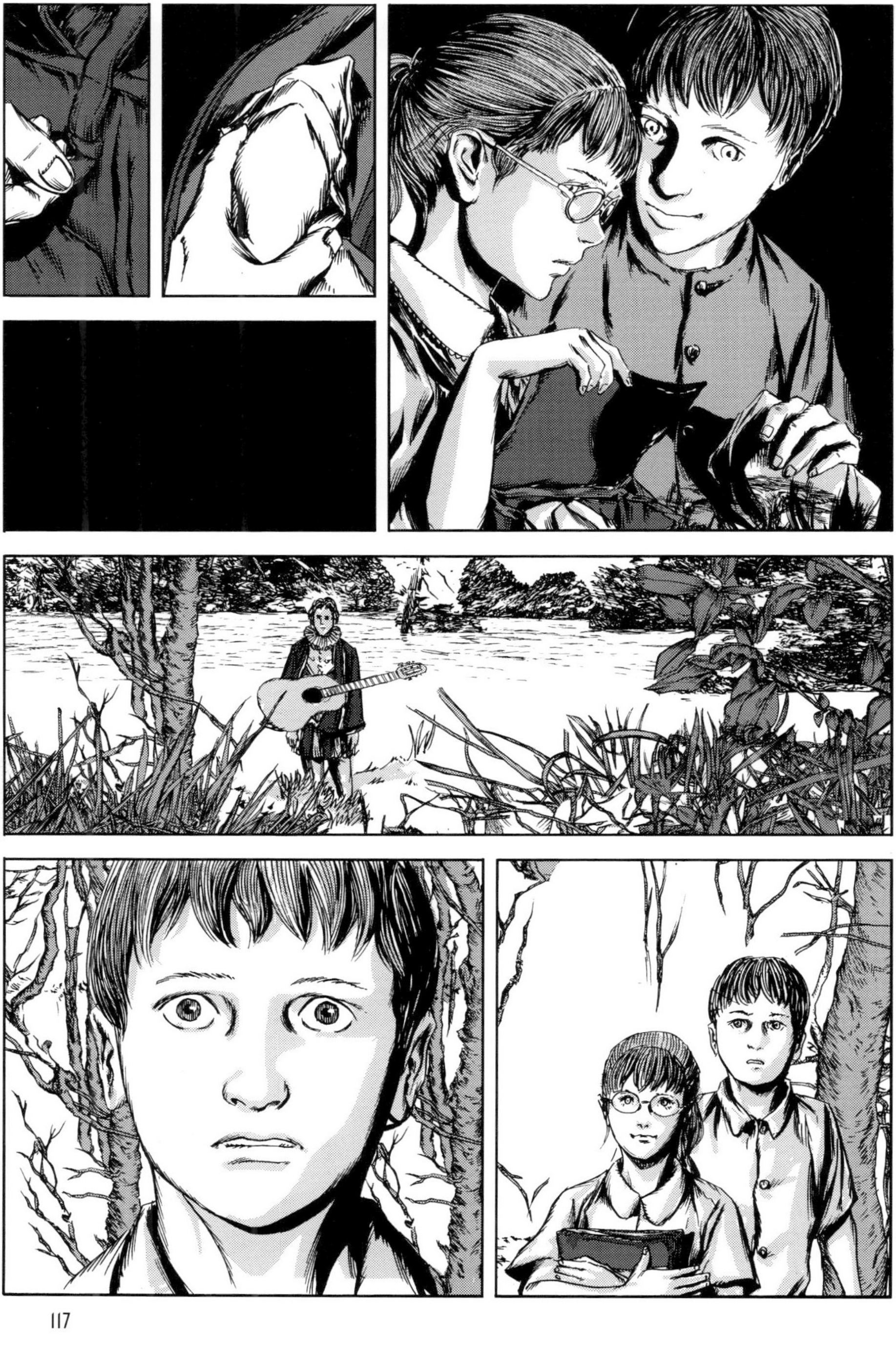

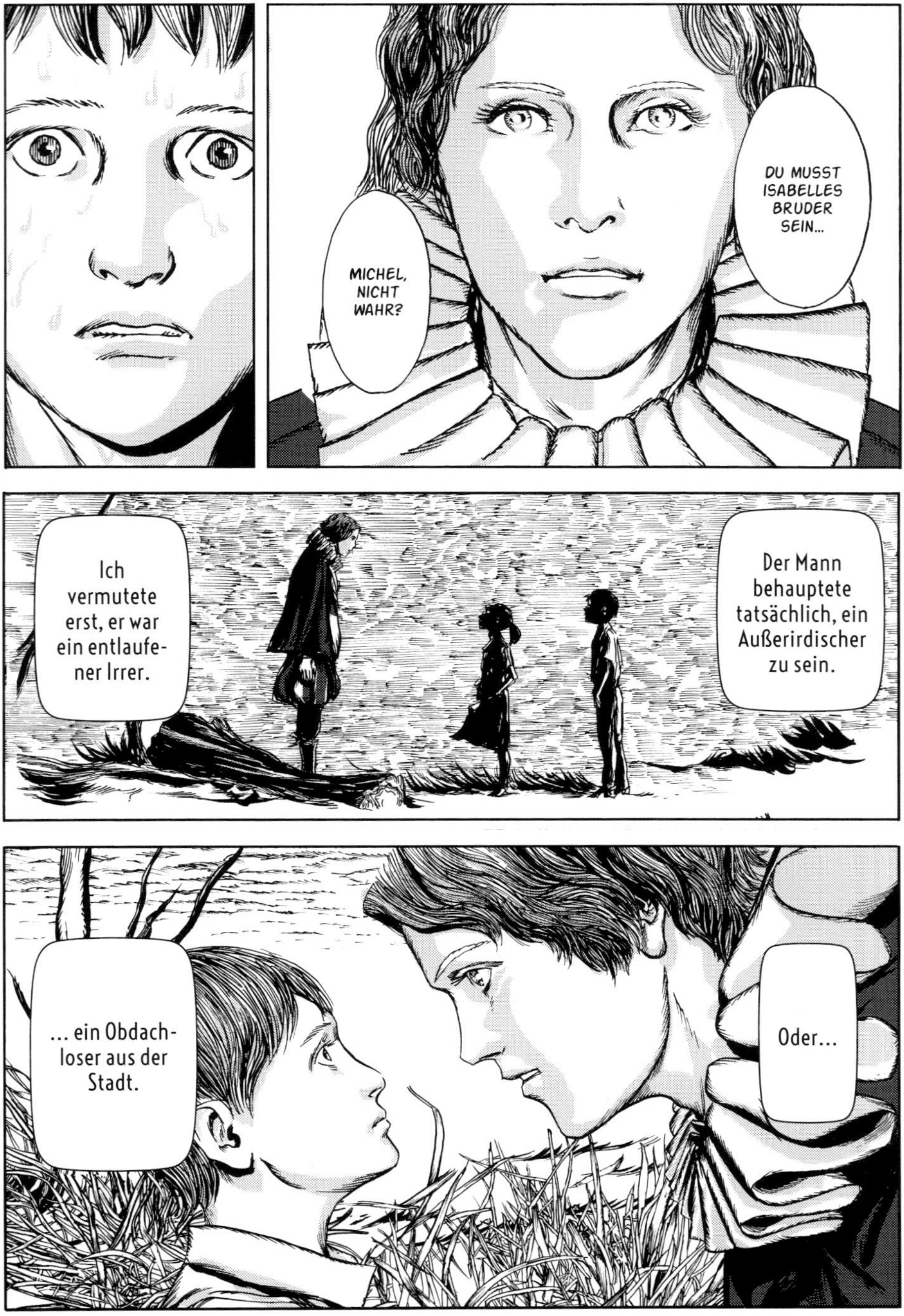
DU MUSST ISABELLES BRUDER SEIN…
MICHEL, NICHT WAHR?
Der Mann behauptete tatsächlich, ein Außerirdischer zu sein.
Ich vermutete erst, er war ein entlaufener Irrer.
Oder…
… ein Obdachloser aus der Stadt.

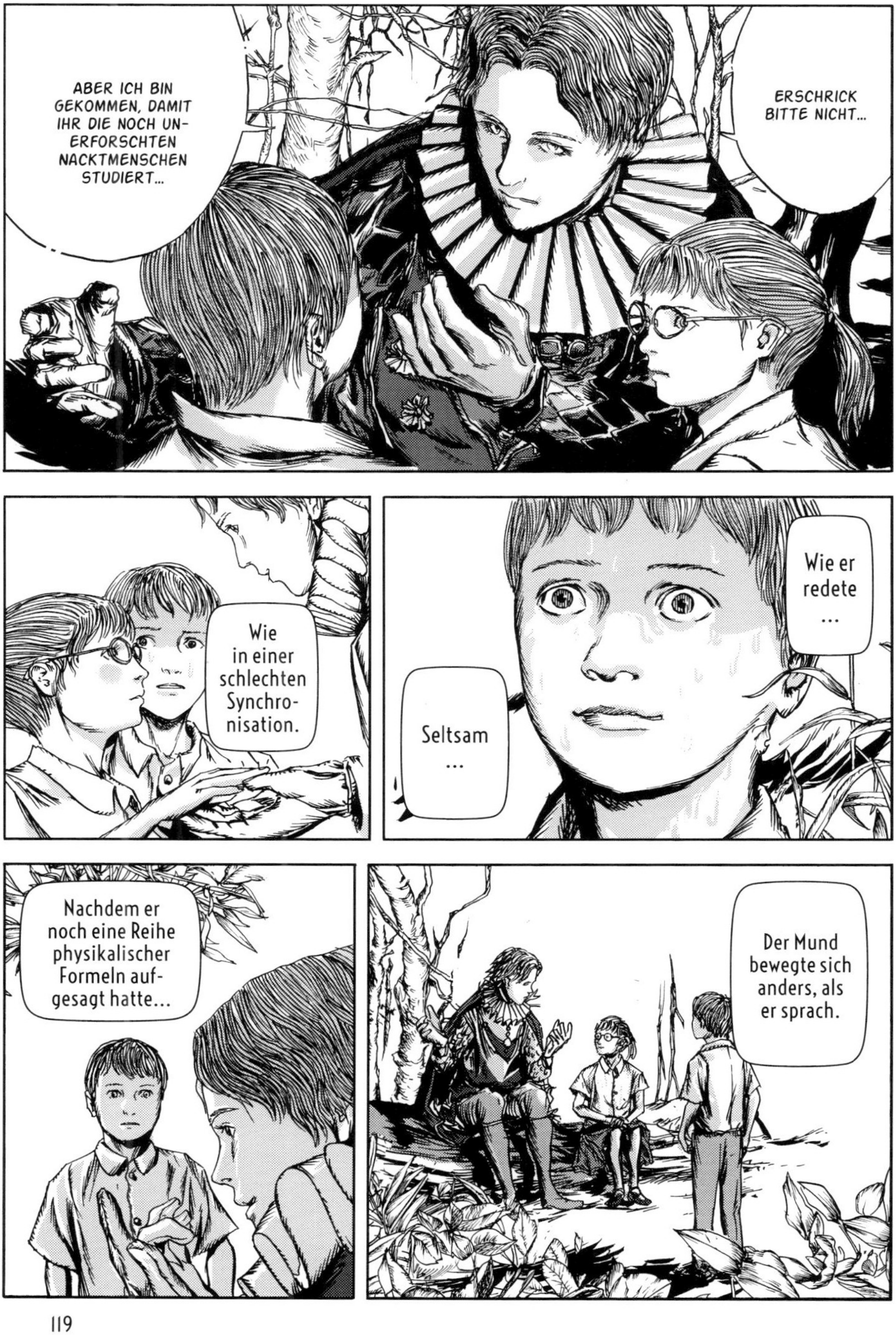
ERSCHRICK BITTE NICHT…
ABER ICH BIN GEKOMMEN, DAMIT IHR DIE NOCH UN-ERFORSCHTEN NACKTMENSCHEN STUDIERT…
Wie er redete …
Seltsam …
Wie in einer schlechten Synchro-nisation.
Der Mund bewegte sich anders, als er sprach.
Nachdem er noch eine Reihe physikalischer Formeln auf-gesagt hatte…

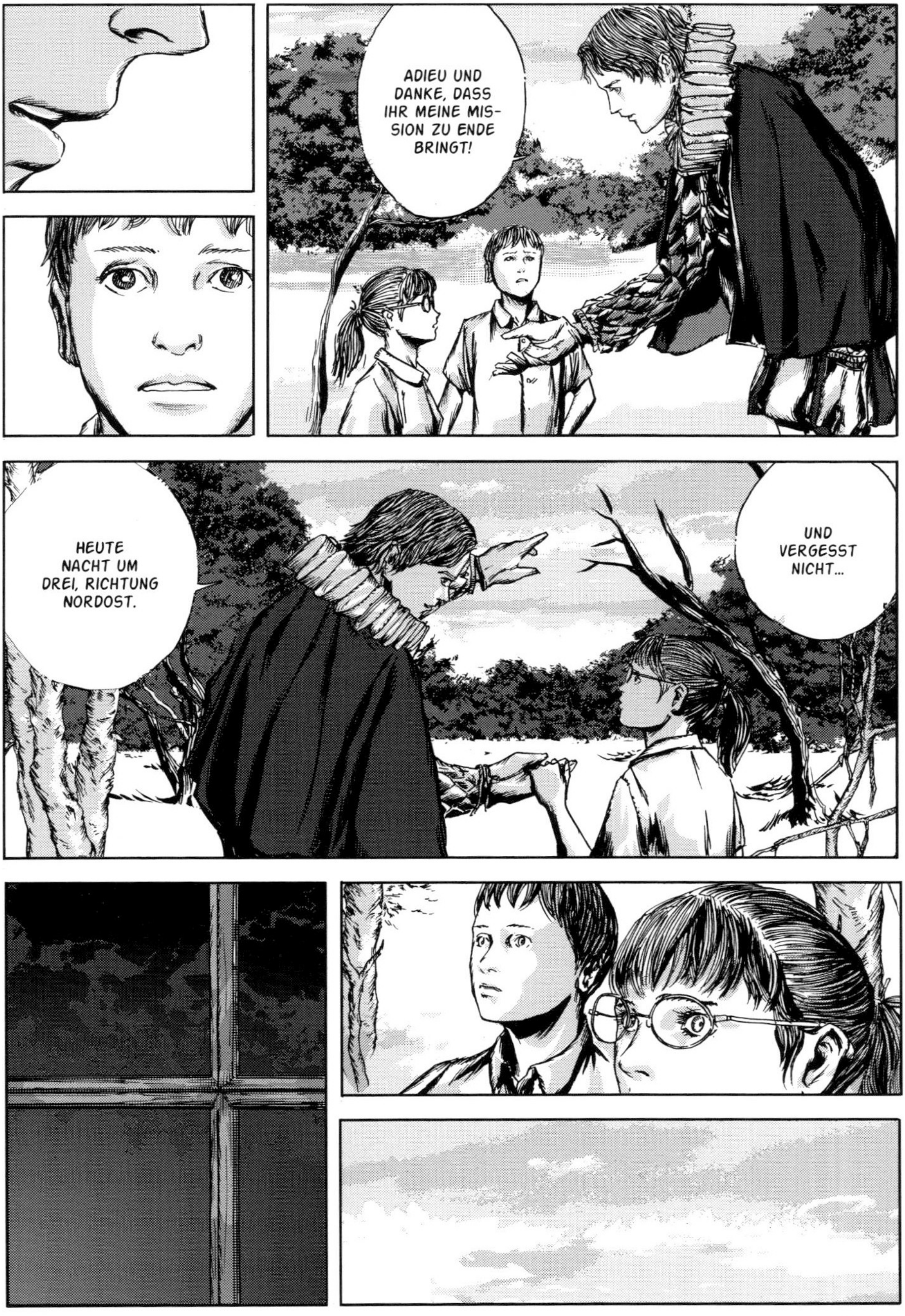
ADIEU UND DANKE, DASS IHR MEINE MISSION ZU ENDE BRINGT!
HEUTE NACHT UM DREI, RICHTUNG NORDOST.
UND VERGESST NICHT...

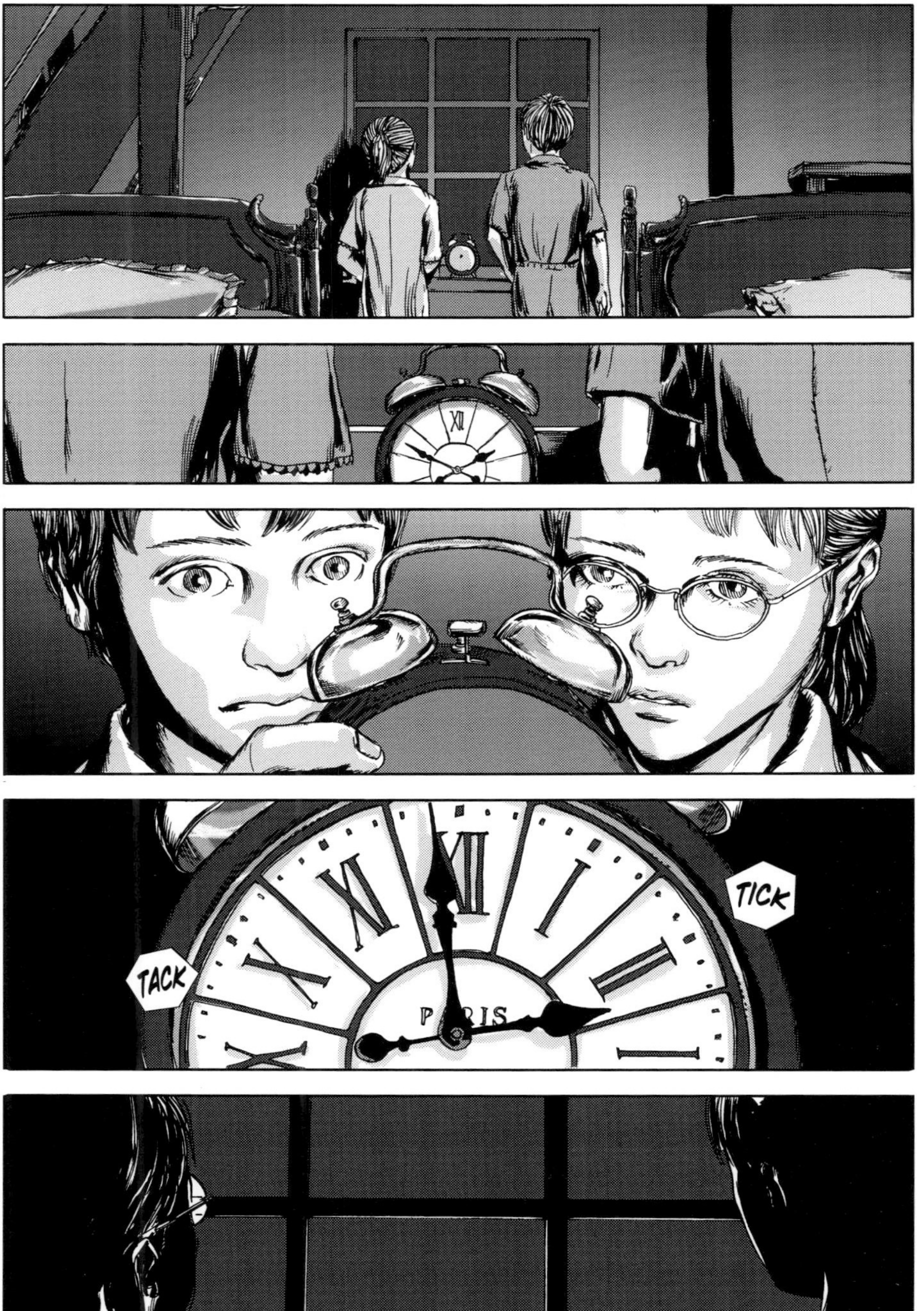
TICK
TACK

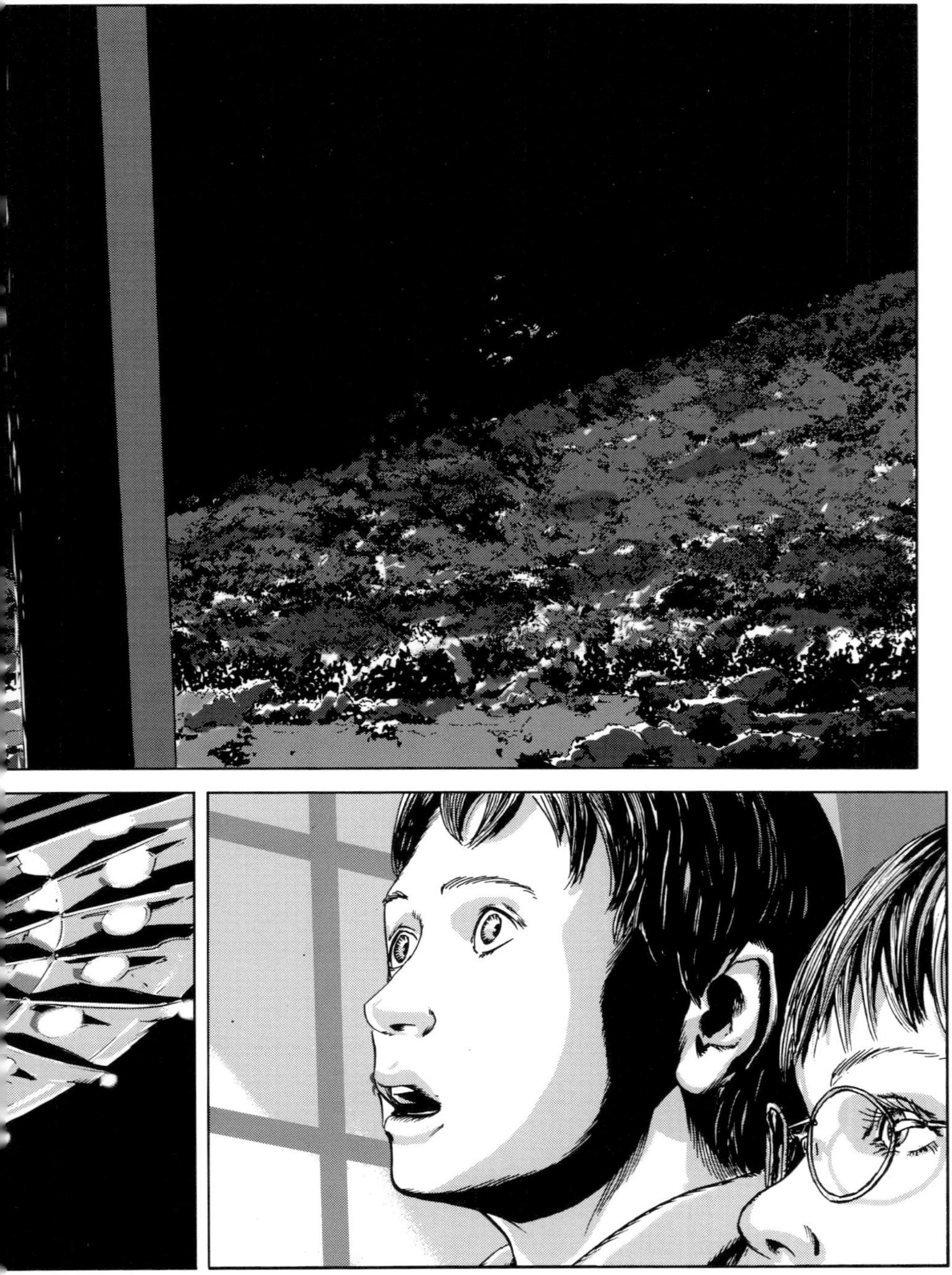

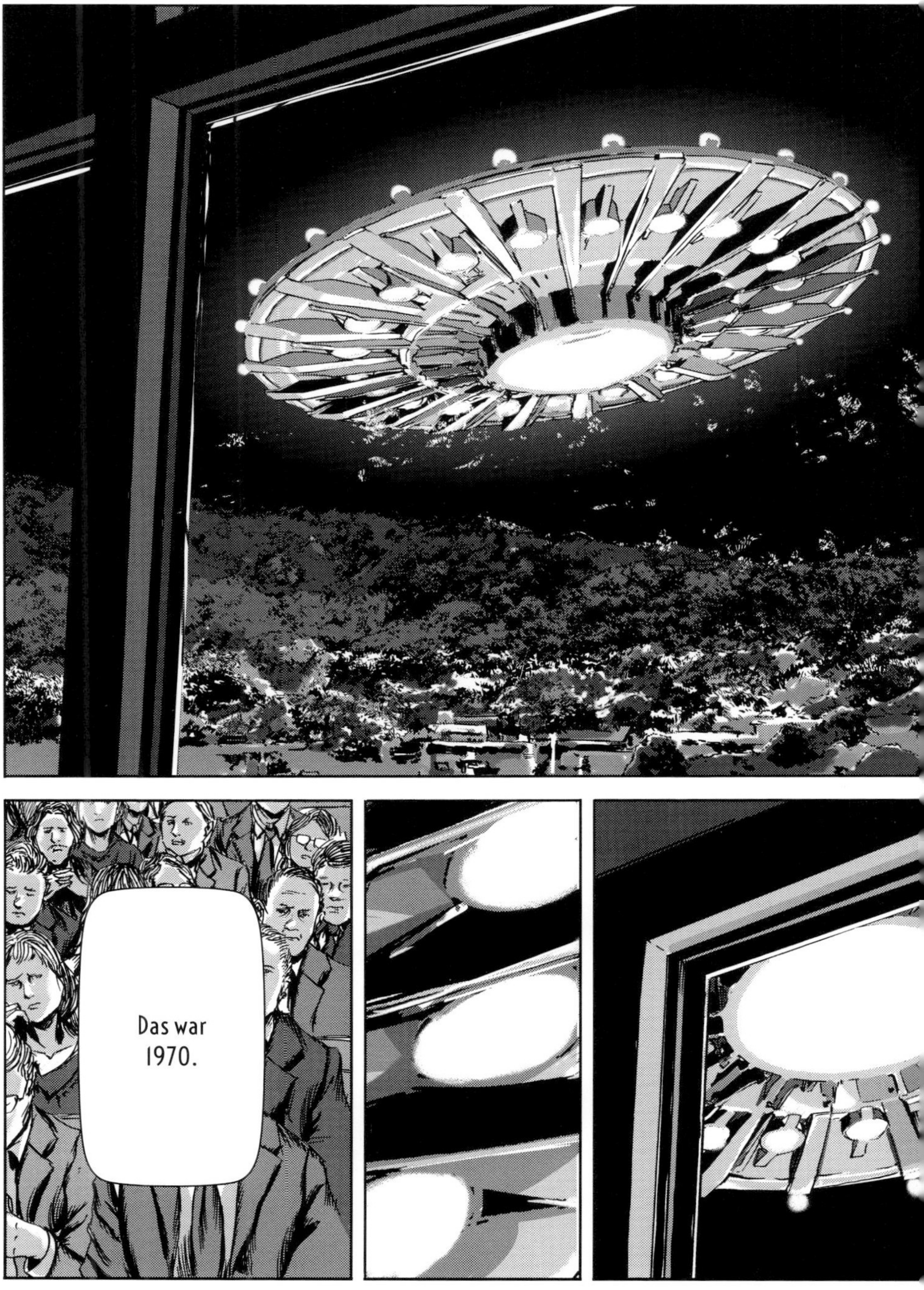
Das war
1970.

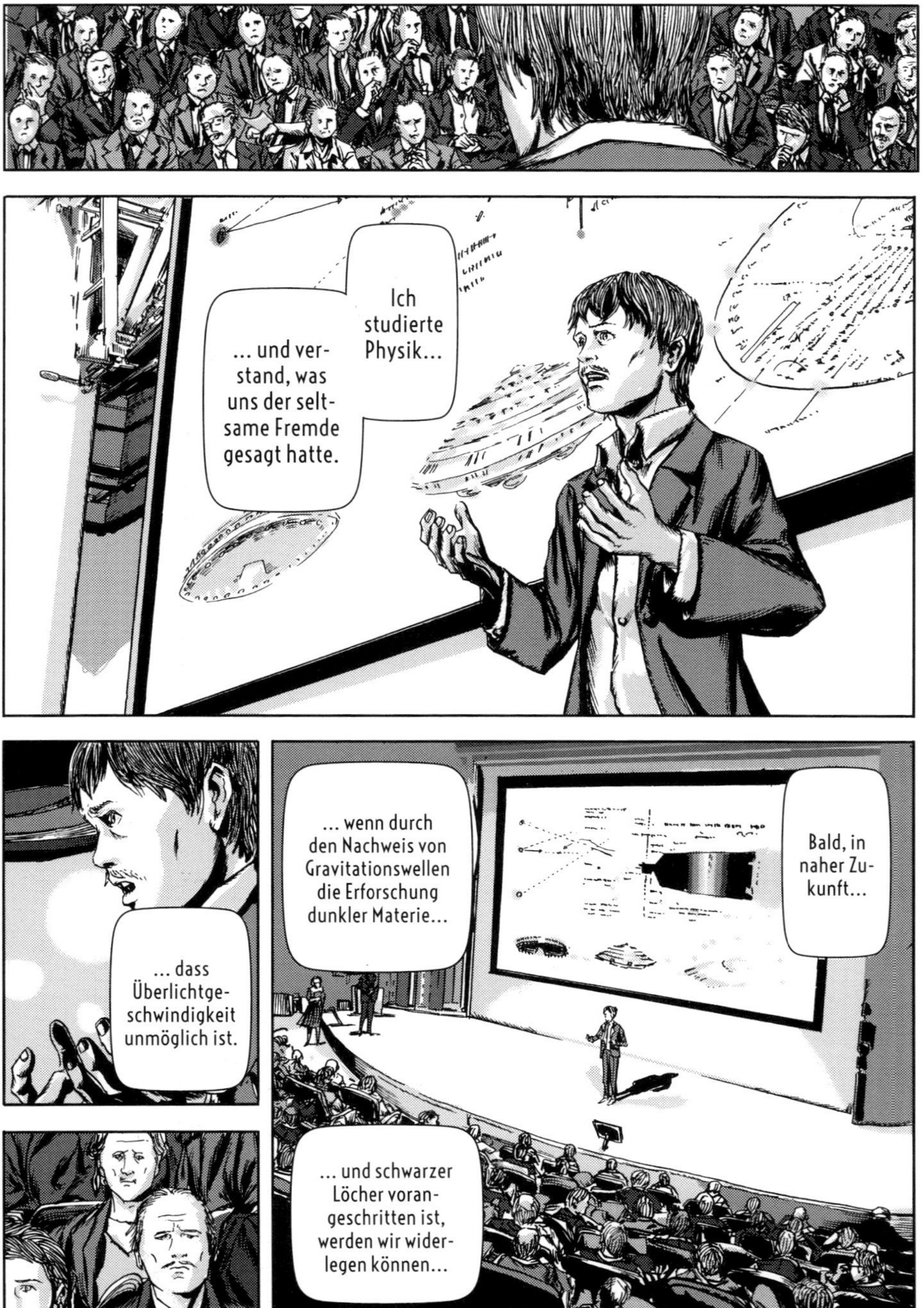

Ich studierte Physik…
… und verstand, was uns der seltsame Fremde gesagt hatte.
… dass Überlichtgeschwindigkeit unmöglich ist.
Bald, in naher Zukunft…
… wenn durch den Nachweis von Gravitationswellen die Erforschung dunkler Materie…
… und schwarzer Löcher vorangeschritten ist, werden wir widerlegen können…

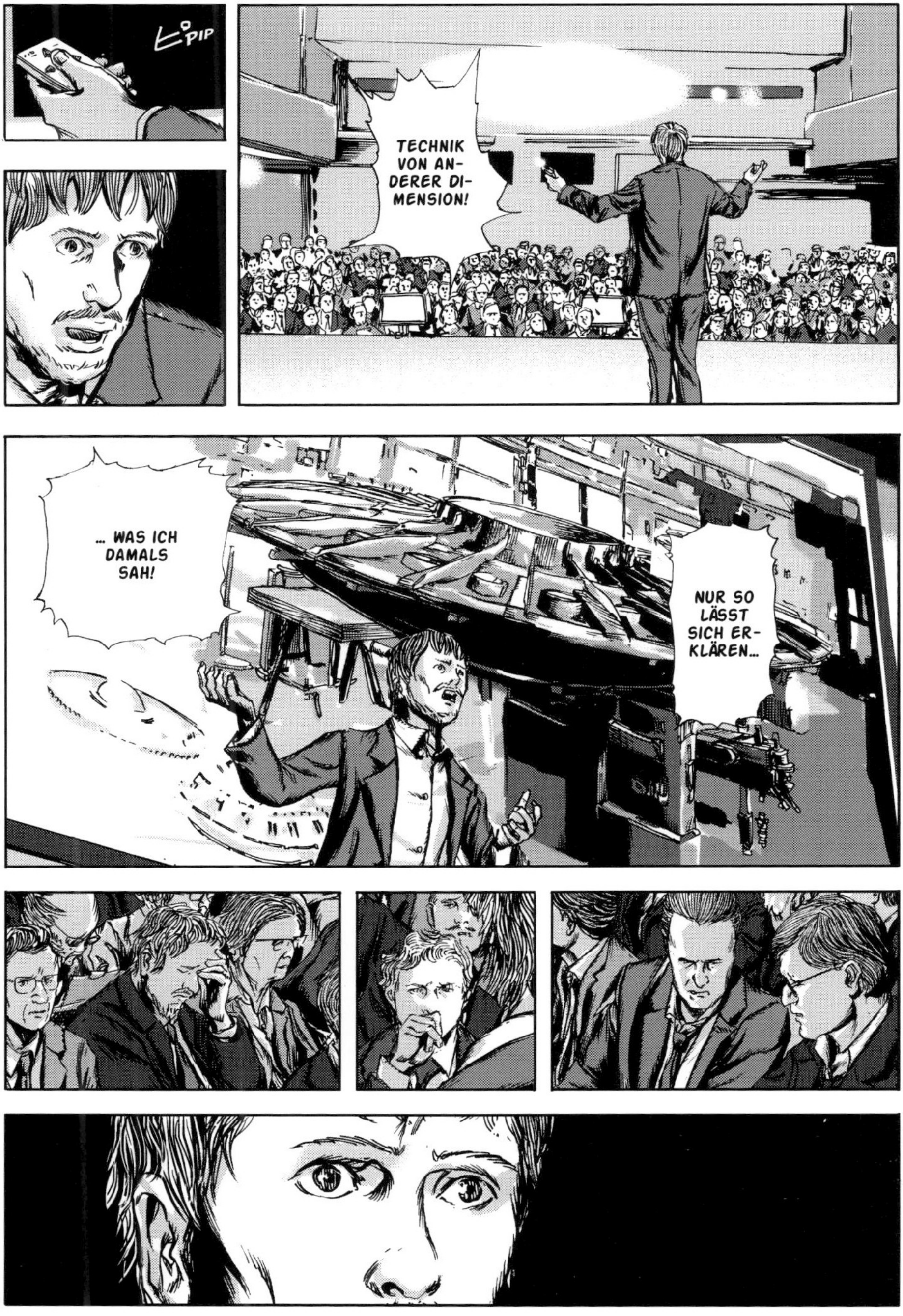

ピ PIP
TECHNIK VON ANDERER DIMENSION!
... WAS ICH DAMALS SAH!
NUR SO LÄSST SICH ERKLÄREN...

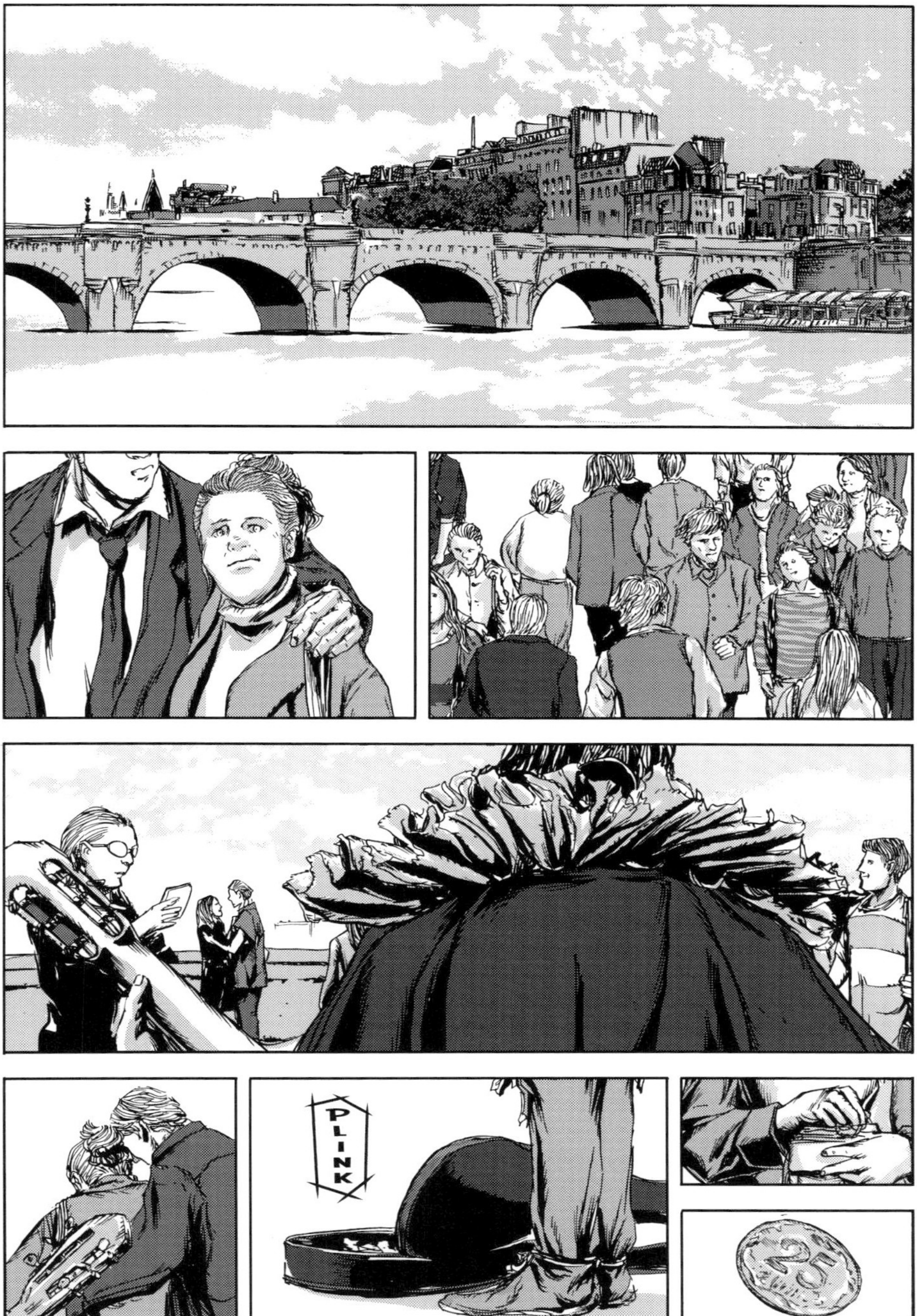
PLINK

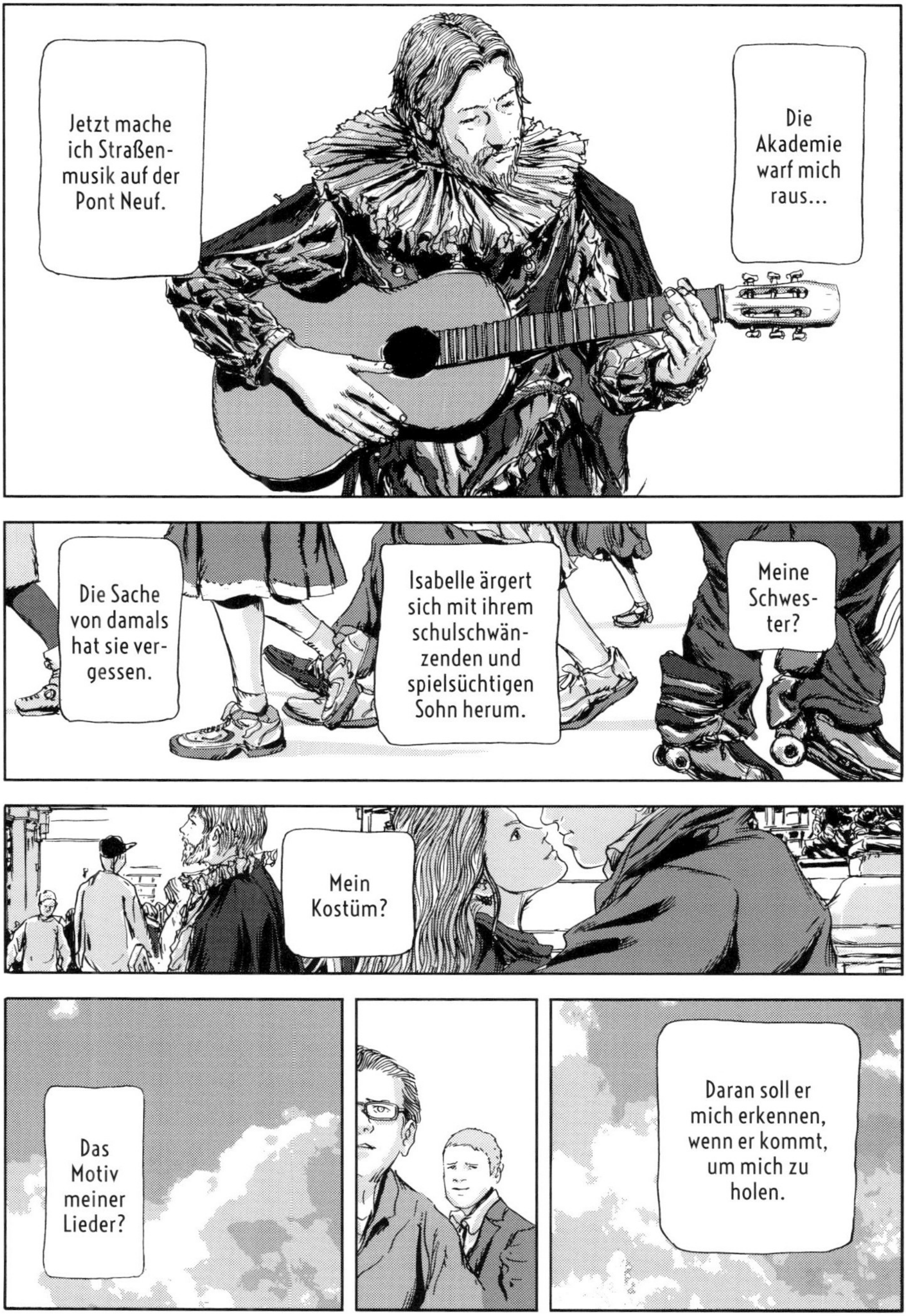
Die Akademie warf mich raus...
Jetzt mache ich Straßen-musik auf der Pont Neuf.
Meine Schwes-ter?
Isabelle ärgert sich mit ihrem schulschwän-zenden und spielsüchtigen Sohn herum.
Die Sache von damals hat sie ver-gessen.
Mein Kostüm?
Das Motiv meiner Lieder?
Daran soll er mich erkennen, wenn er kommt, um mich zu holen.

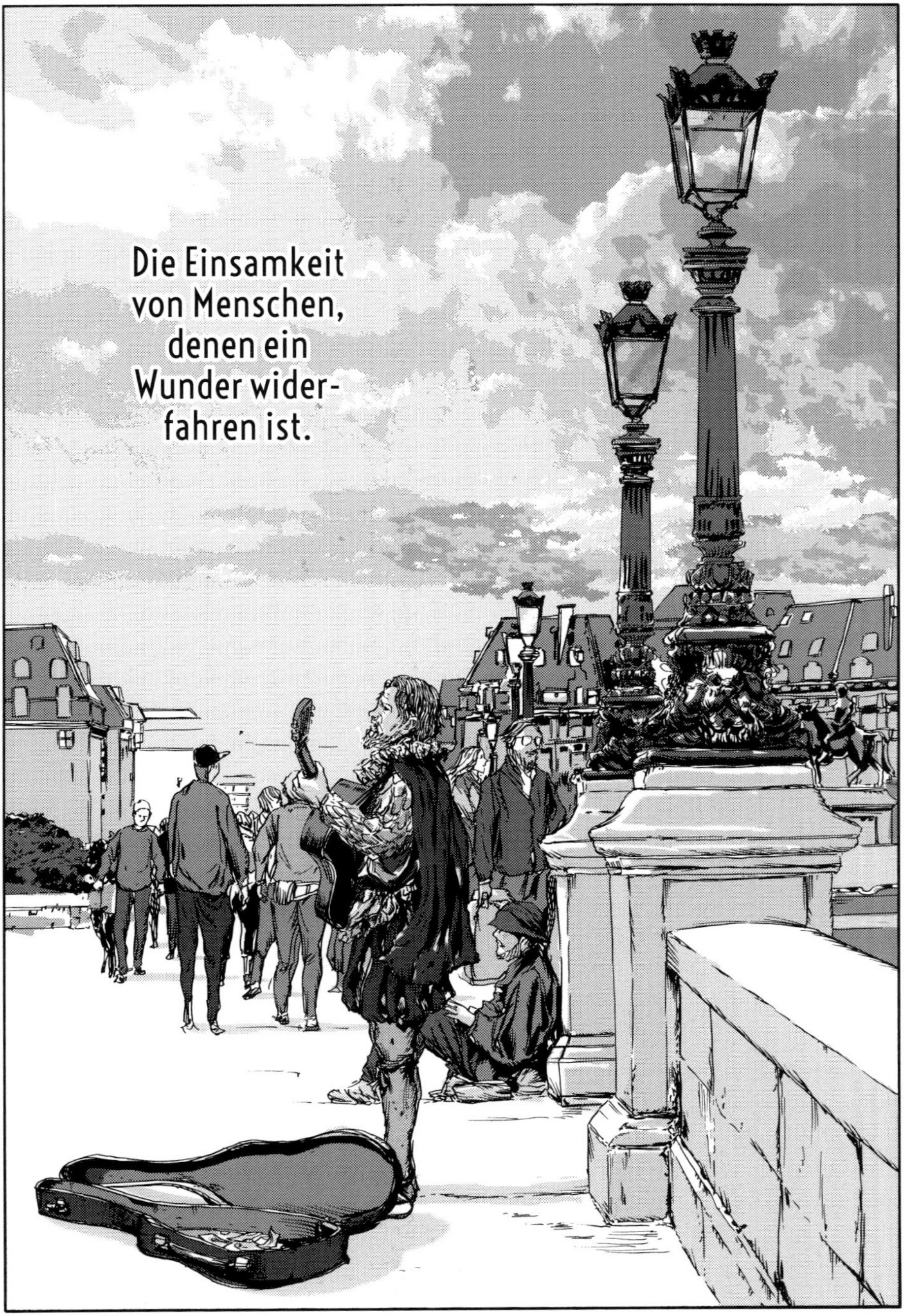
Die Einsamkeit von Menschen, denen ein Wunder widerfahren ist.

Erstmals erschienen in: Gekkan Comic Beam, Ausgabe April 2015

Diese Manga-Story ist in Zusammenarbeit mit dem Urheber Carib song (Marley Caribu) entstanden. Sie war gedacht als Teil einer Serie, zusammengefasst zu einem Band unter dem Titel »Saudade«. Aus produktionstechnischen Gründen konnte sie jedoch nicht in den Band aufgenommen werden.
(Die Redaktion, September 2009)

Carib song alias Marley Caribu
Mangaautor, *1947 in Tokyo, †2018. Hatte 1979 sein Debüt mit »East of the sun, west oft he moon« (Zeichnungen: Katsuhiro Otomo). Zu Caribs wichtigsten Werken zählen »Meiso'o Boda« (dt.: Die Grenze der Wanderkönige, Zeichnungen: Akio Tanaka) und »Hard & loose« (Zeichnungen: Kaiji Kawaguchi). Unter dem Namen Garon Tsuchiya schrieb er »Old Boy« (Zeichnungen: Nobuaki Minegishi), das zweimal verfilmt wurde, nämlich 2003 (gewann 2004 den Grand Prix von Cannes, Regie: Park Chan-Wook) und 2013 (Regie: Spike Lee). Eine weitere Verfilmung als TV-Drama gab es von »Yukemuri Sunaipa« (dt.: Der Wasserdampf-Sniper, Zeichnungen: Tadashi Matsumori), das Carib wiederum unter dem Namen Umine Hijikata veröffentlicht hatte. Die Serie lief von 2009 bis 2010, Regie führte Hitoshi One. Eine Sammlung mit sämtlichen Werken von Carib song gibt es bei ebookjapan.

KASANE

Der Mord an Soetsu – Episode 1

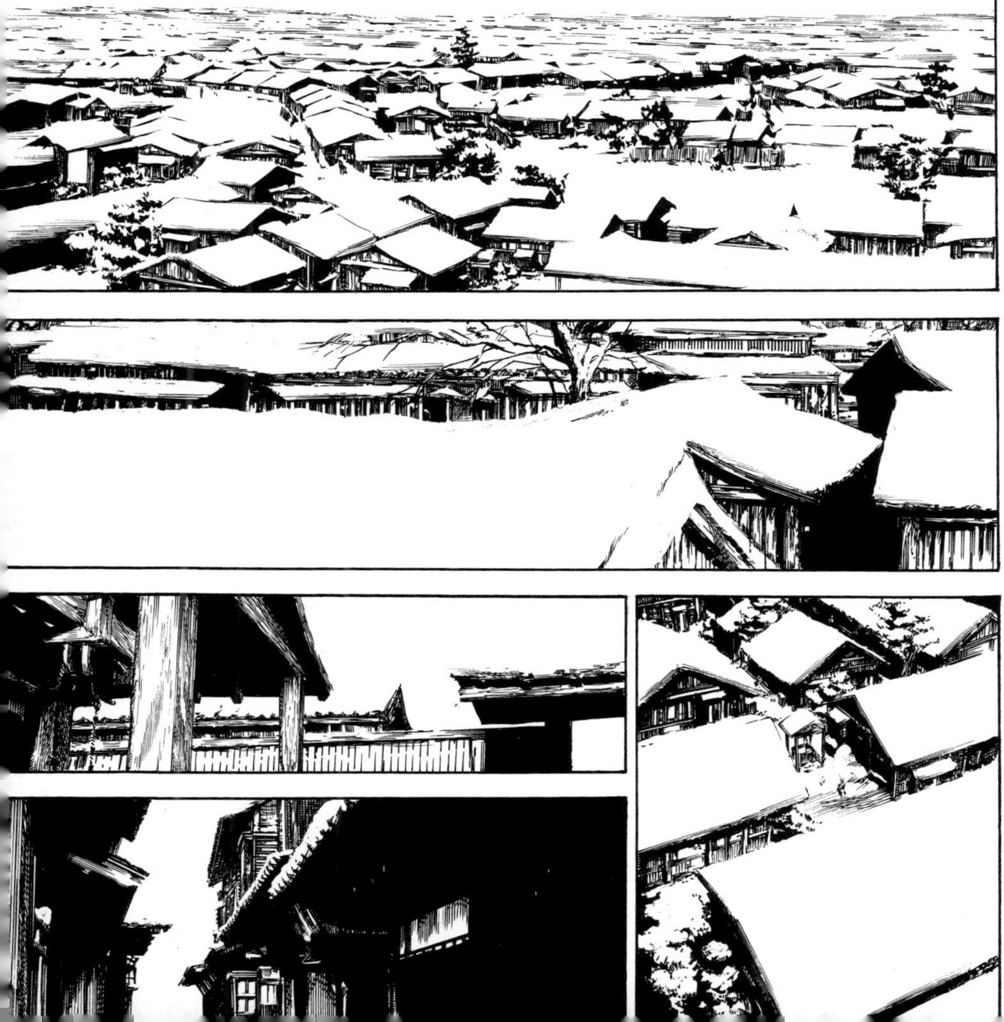

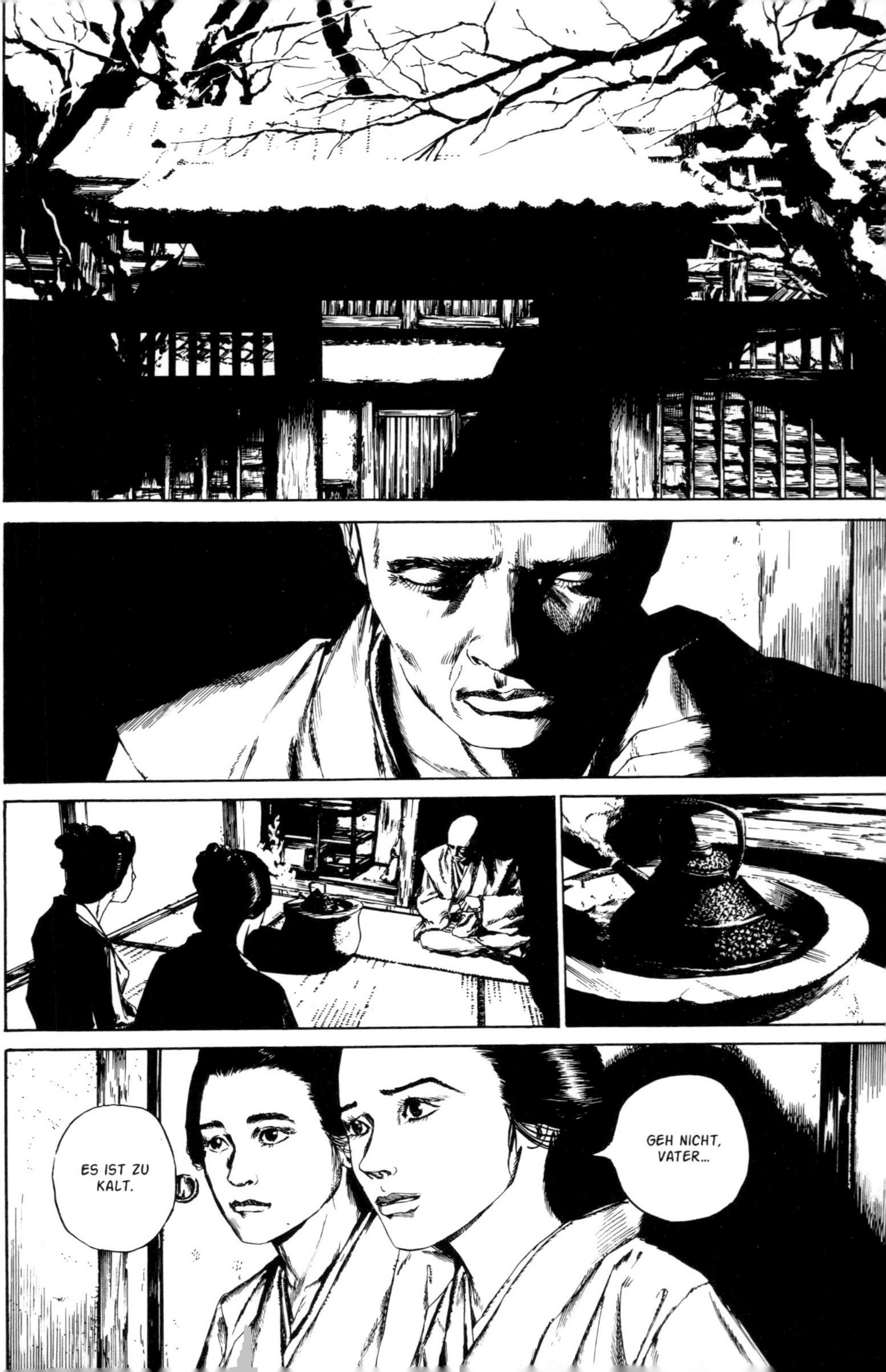
GEH NICHT, VATER...
ES IST ZU KALT.

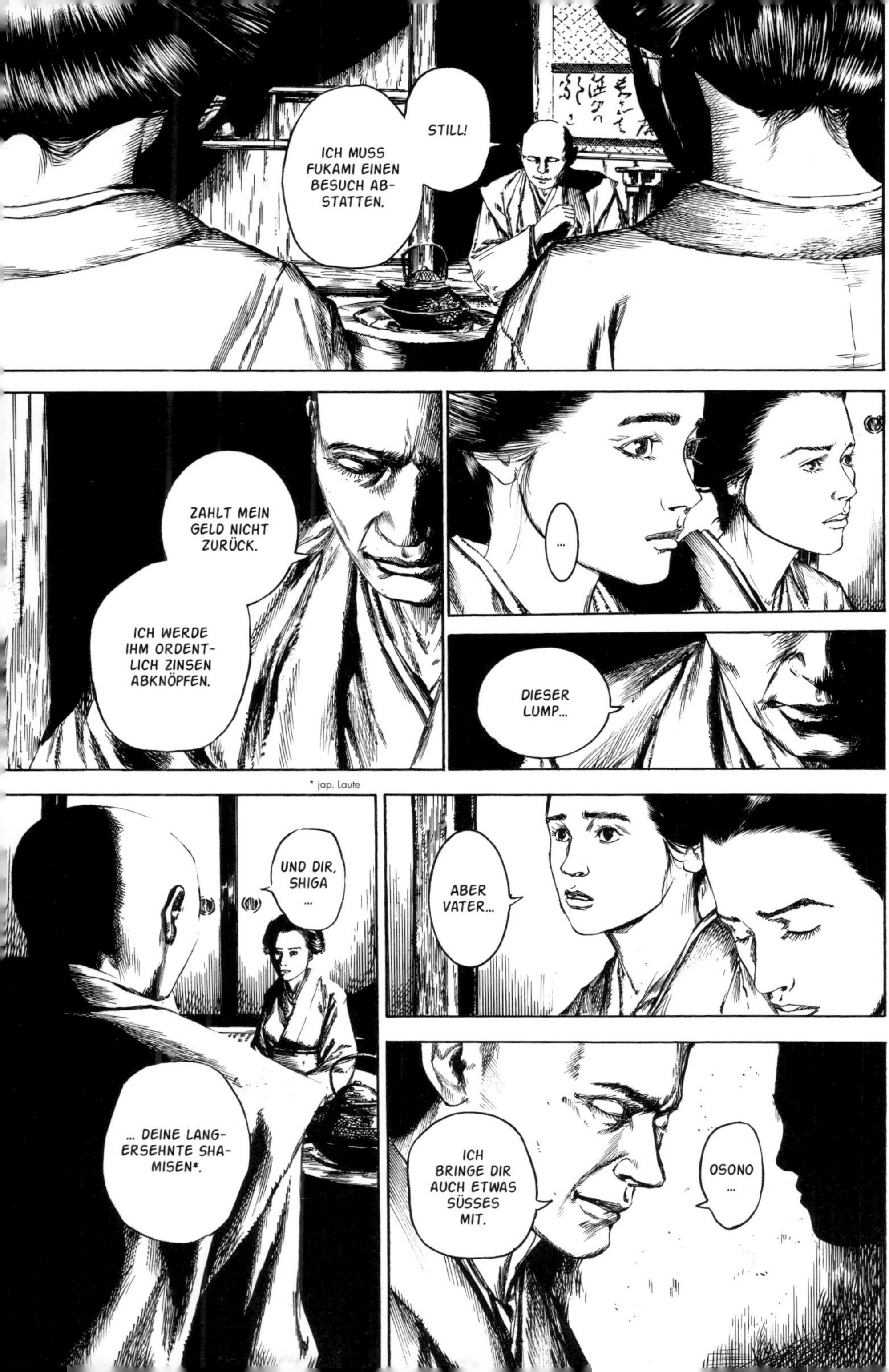
STILL!
ICH MUSS FUKAMI EINEN BESUCH AB-STATTEN.
...
DIESER LUMP...
ZAHLT MEIN GELD NICHT ZURÜCK.
ICH WERDE IHM ORDENT-LICH ZINSEN ABKNÖPFEN.
ABER VATER...
OSONO ...
ICH BRINGE DIR AUCH ETWAS SÜSSES MIT.
UND DIR, SHIGA ...
... DEINE LANG-ERSEHNTE SHA-MISEN*.

* jap. Laute

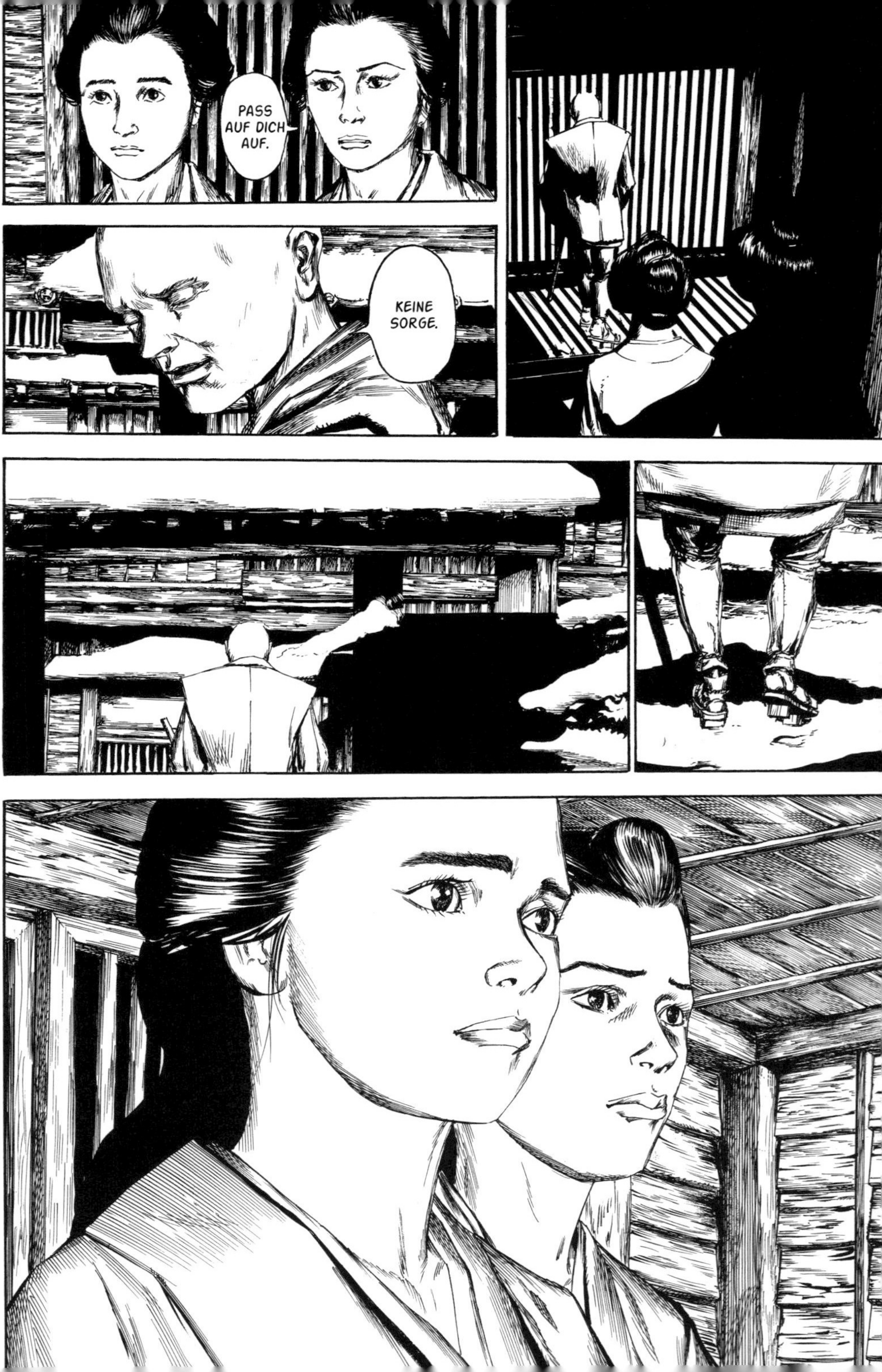
PASS AUF DICH AUF.
KEINE SORGE.

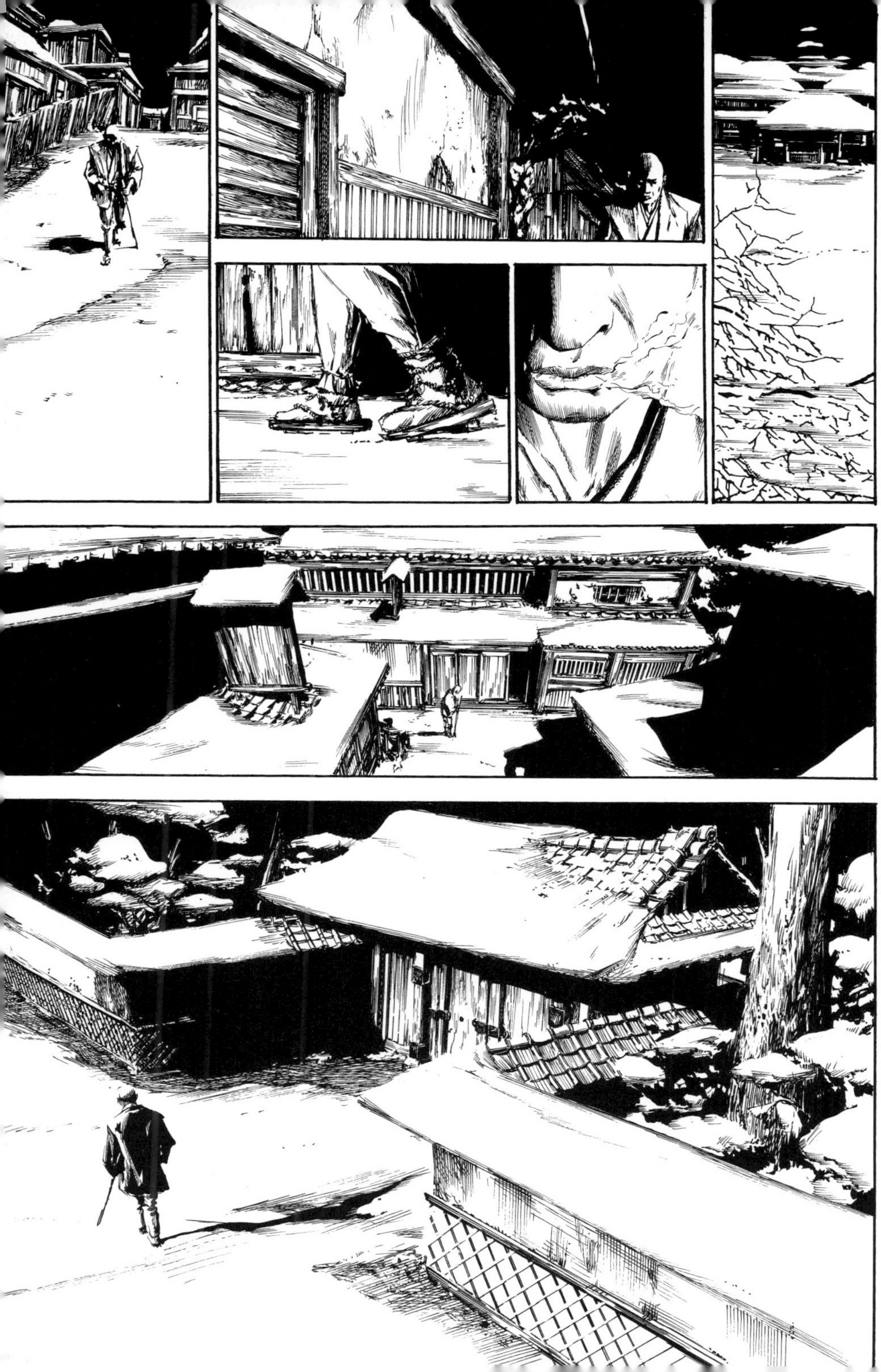

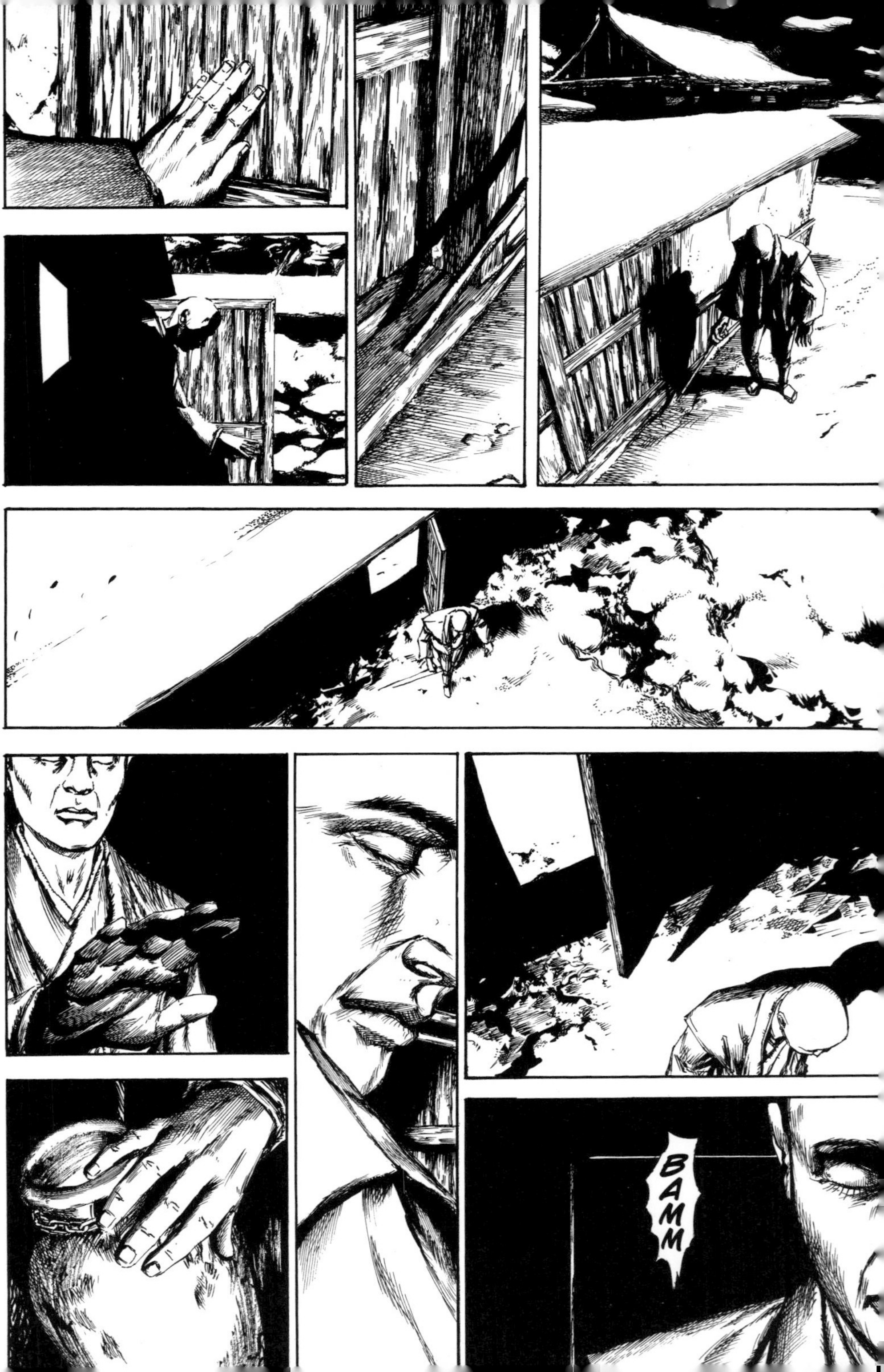
BAMM

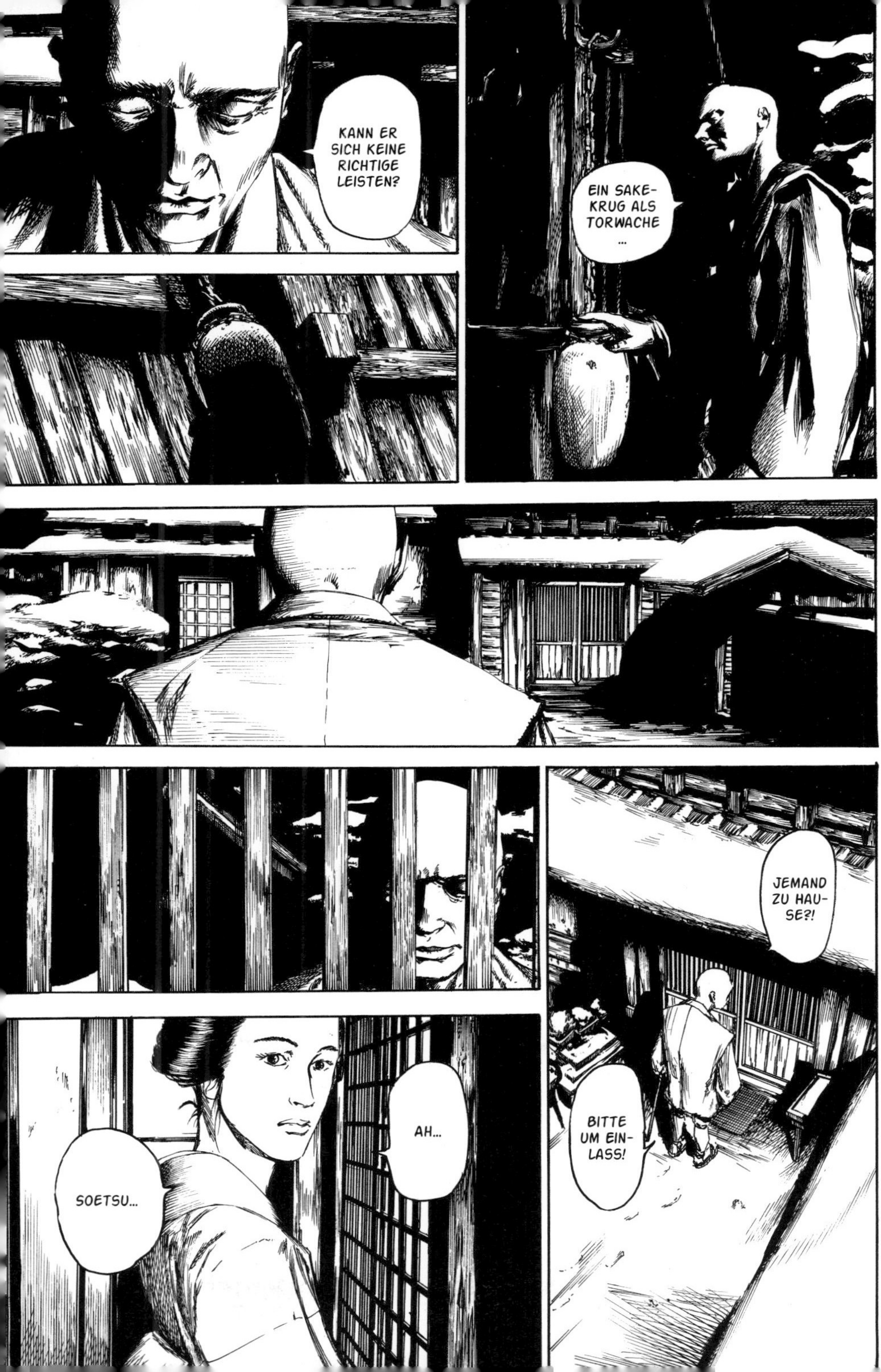
EIN SAKE-KRUG ALS TORWACHE ...
KANN ER SICH KEINE RICHTIGE LEISTEN?
JEMAND ZU HAUSE?!
BITTE UM EINLASS!
AH...
SOETSU...

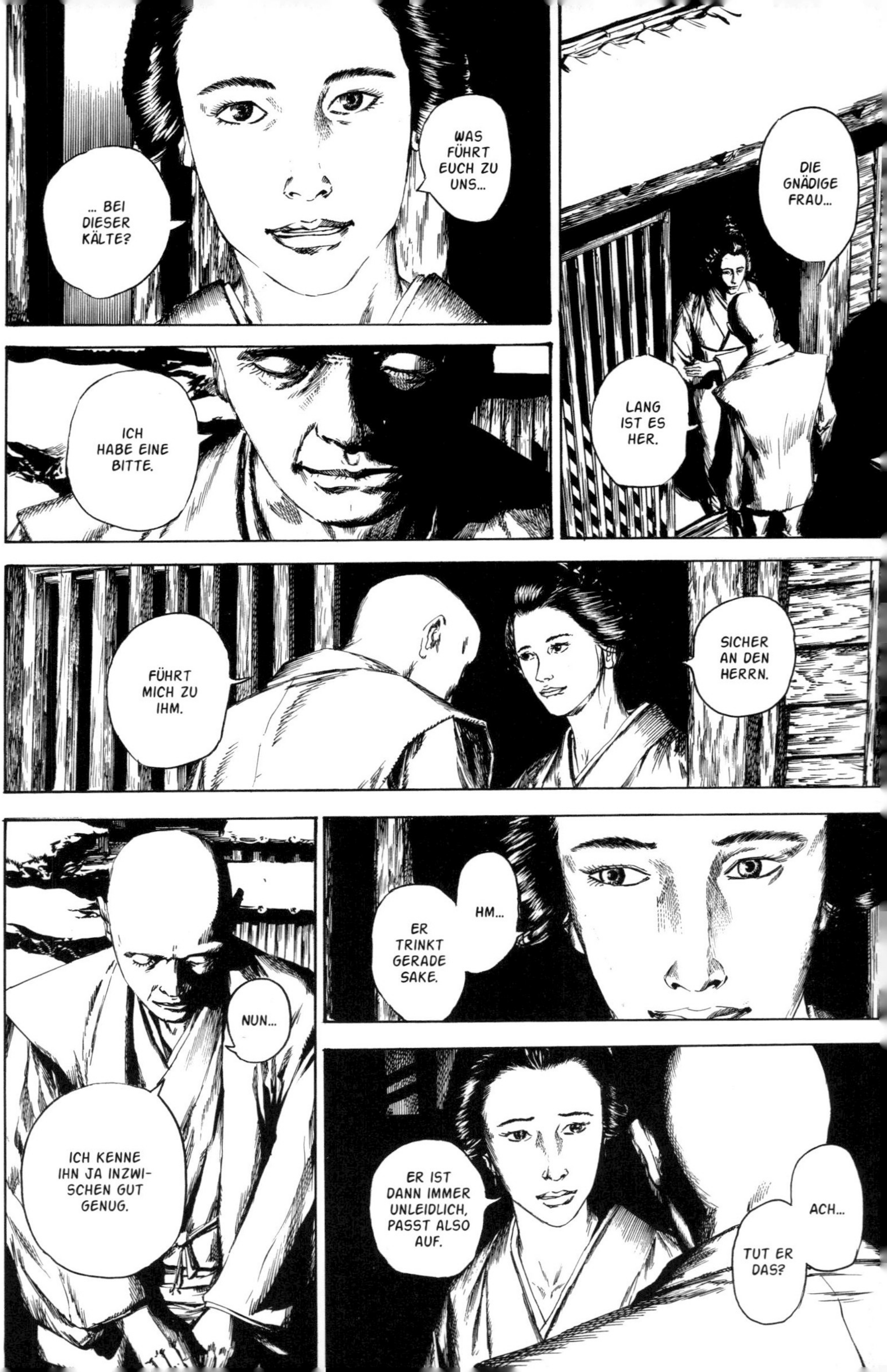
DIE GNÄDIGE FRAU...
LANG IST ES HER.
WAS FÜHRT EUCH ZU UNS...
... BEI DIESER KÄLTE?
ICH HABE EINE BITTE.
SICHER AN DEN HERRN.
FÜHRT MICH ZU IHM.
HM...
ER TRINKT GERADE SAKE.
ACH...
TUT ER DAS?
ER IST DANN IMMER UNLEIDLICH, PASST ALSO AUF.
NUN...
ICH KENNE IHN JA INZWI-SCHEN GUT GENUG.

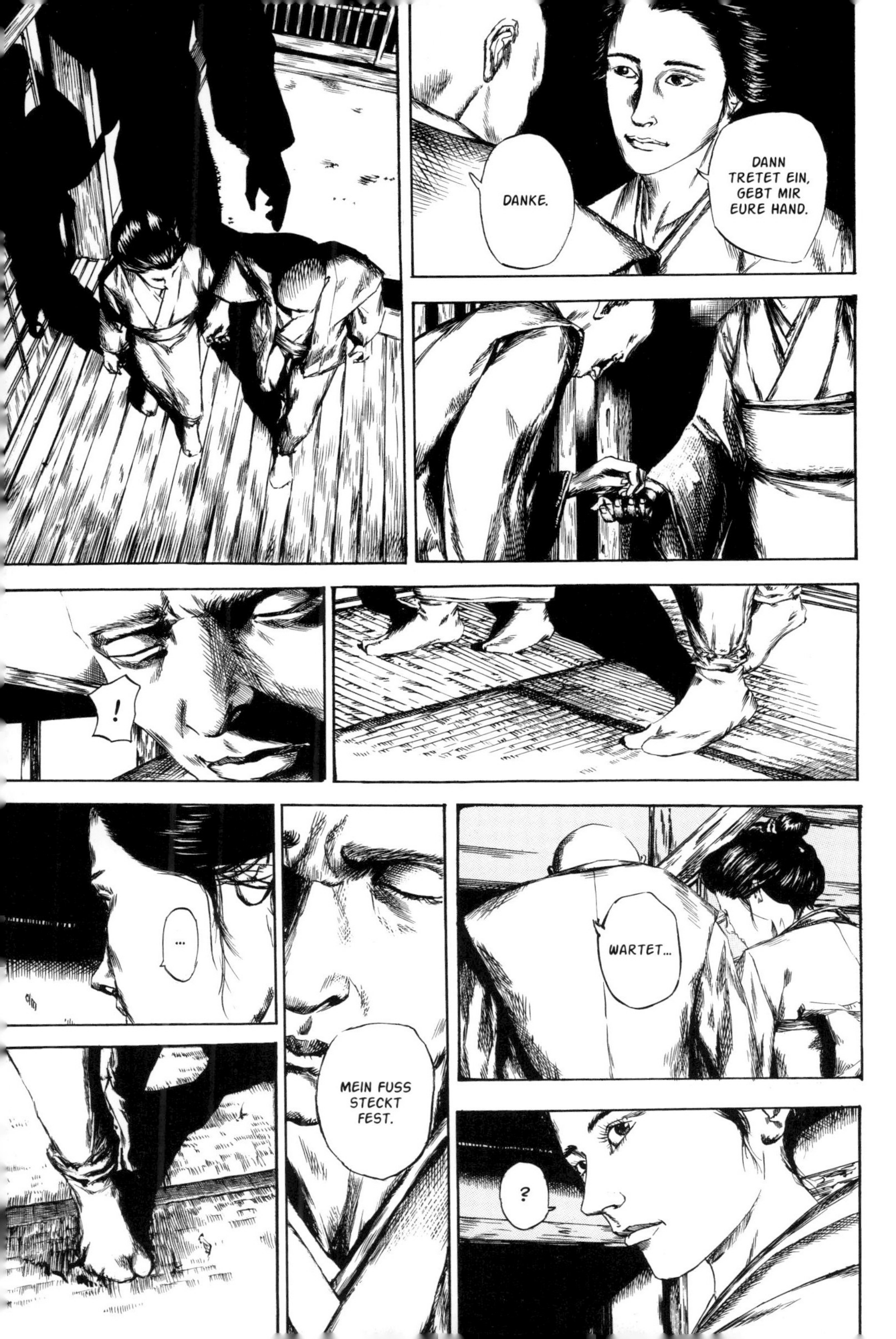
DANN TRETET EIN, GEBT MIR EURE HAND.
DANKE.
!
WARTET...
...
MEIN FUSS STECKT FEST.
?

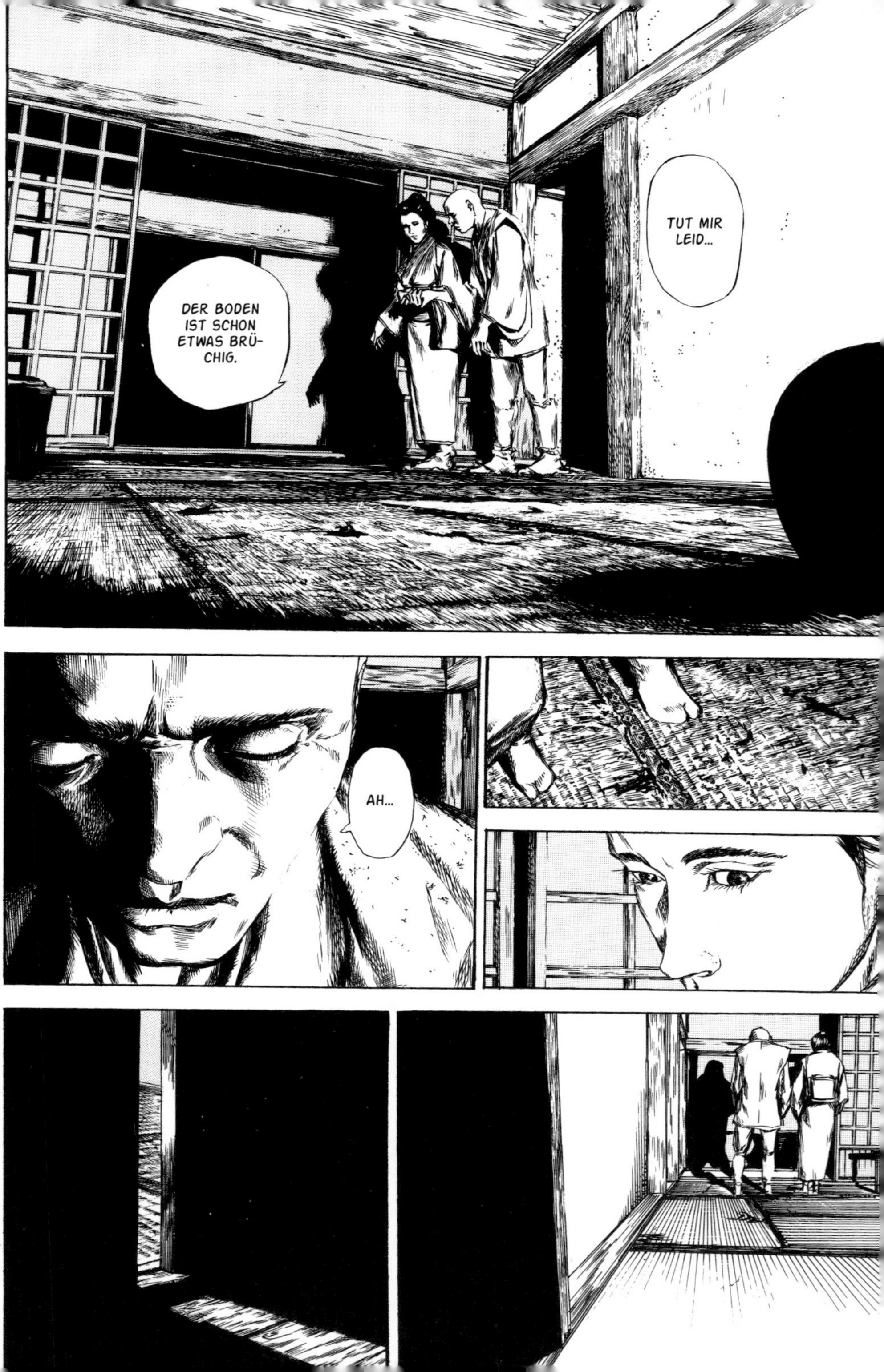
TUT MIR LEID...
DER BODEN IST SCHON ETWAS BRÜCHIG.
AH...

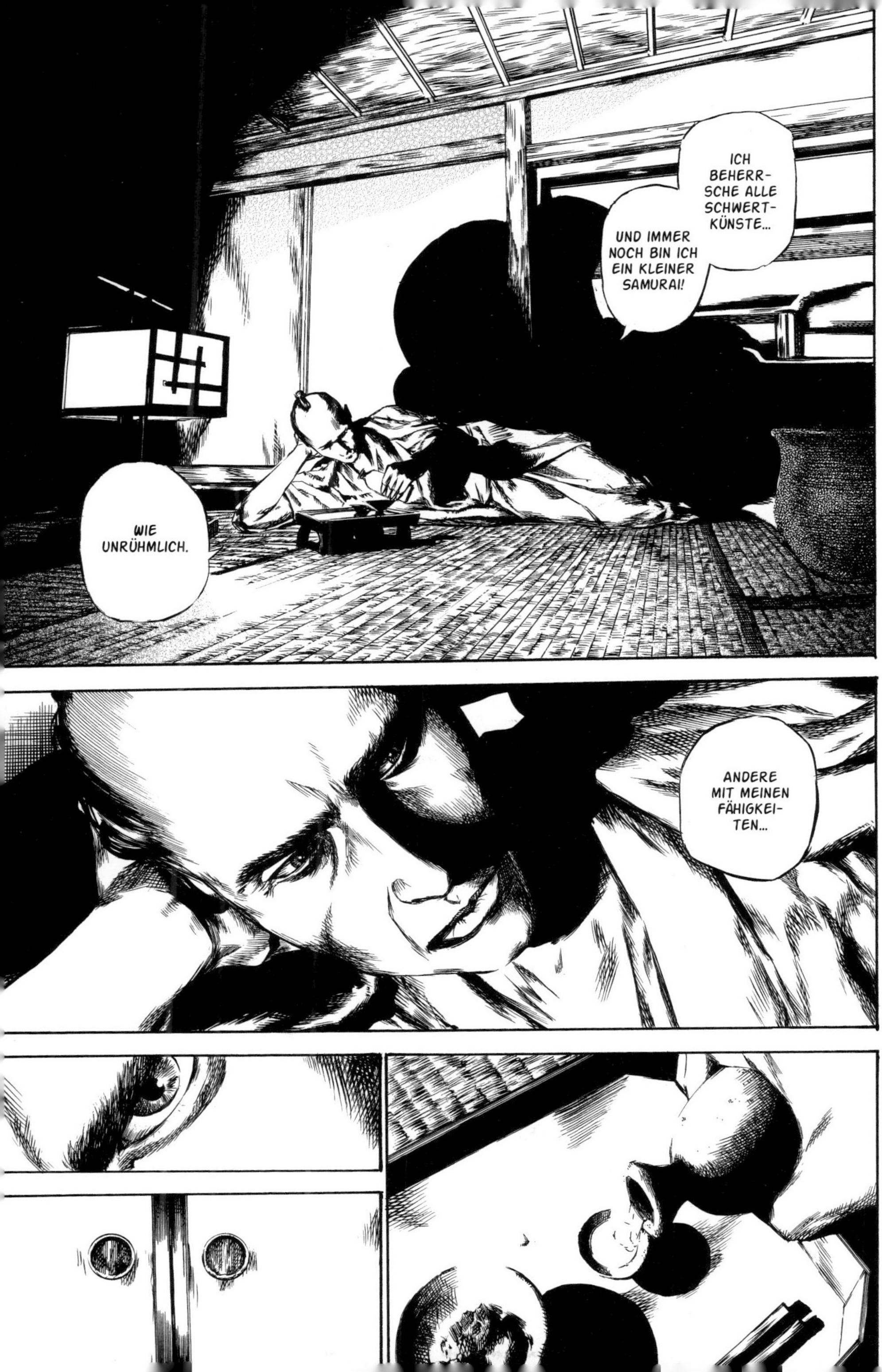
ICH BEHERR-SCHE ALLE SCHWERT-KÜNSTE...
UND IMMER NOCH BIN ICH EIN KLEINER SAMURAI!
WIE UNRÜHMLICH.
ANDERE MIT MEINEN FÄHIGKEI-TEN...

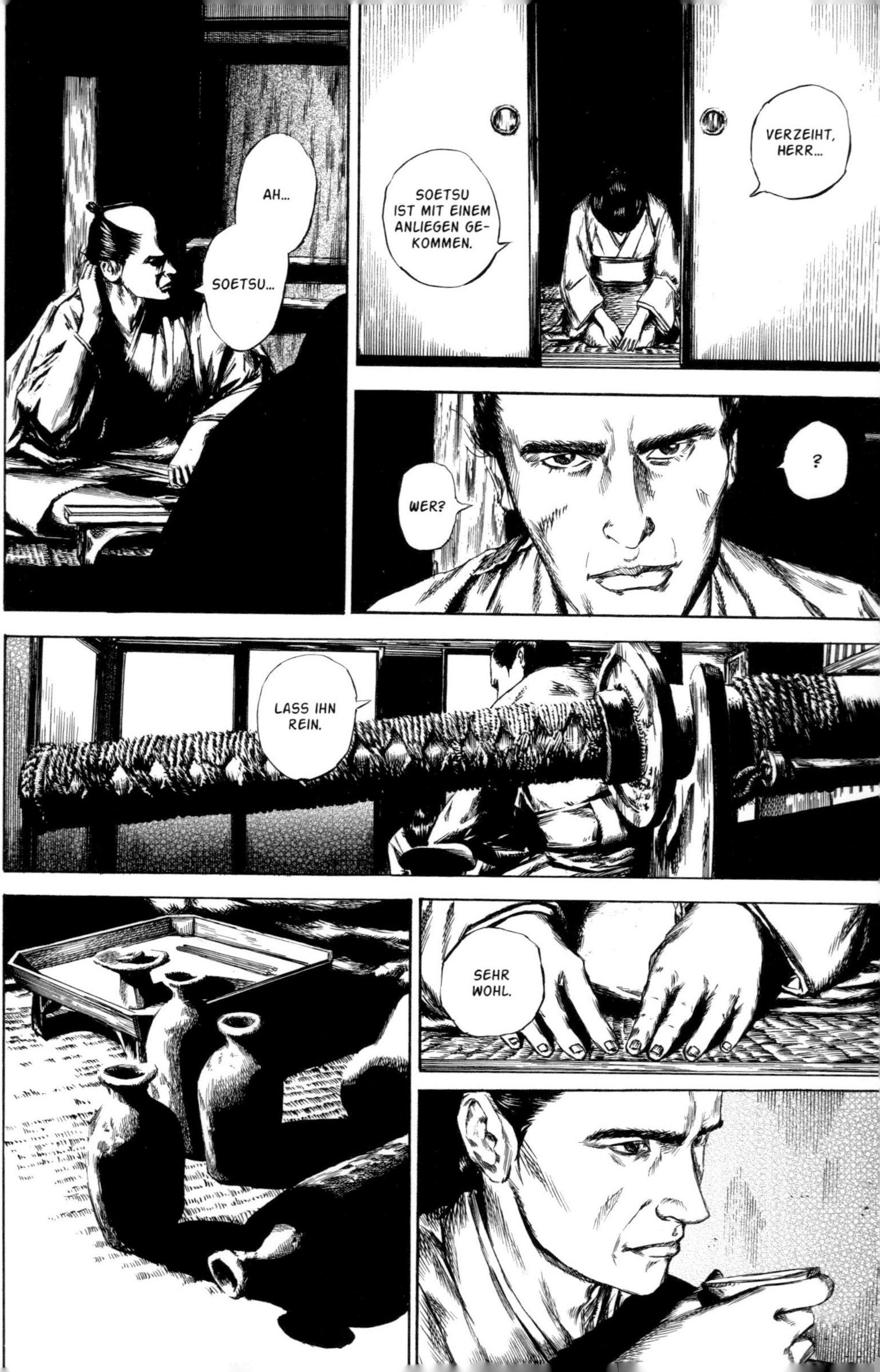
VERZEIHT, HERR…
SOETSU IST MIT EINEM ANLIEGEN GE-KOMMEN.
?
WER?
AH…
SOETSU…
LASS IHN REIN.
SEHR WOHL.

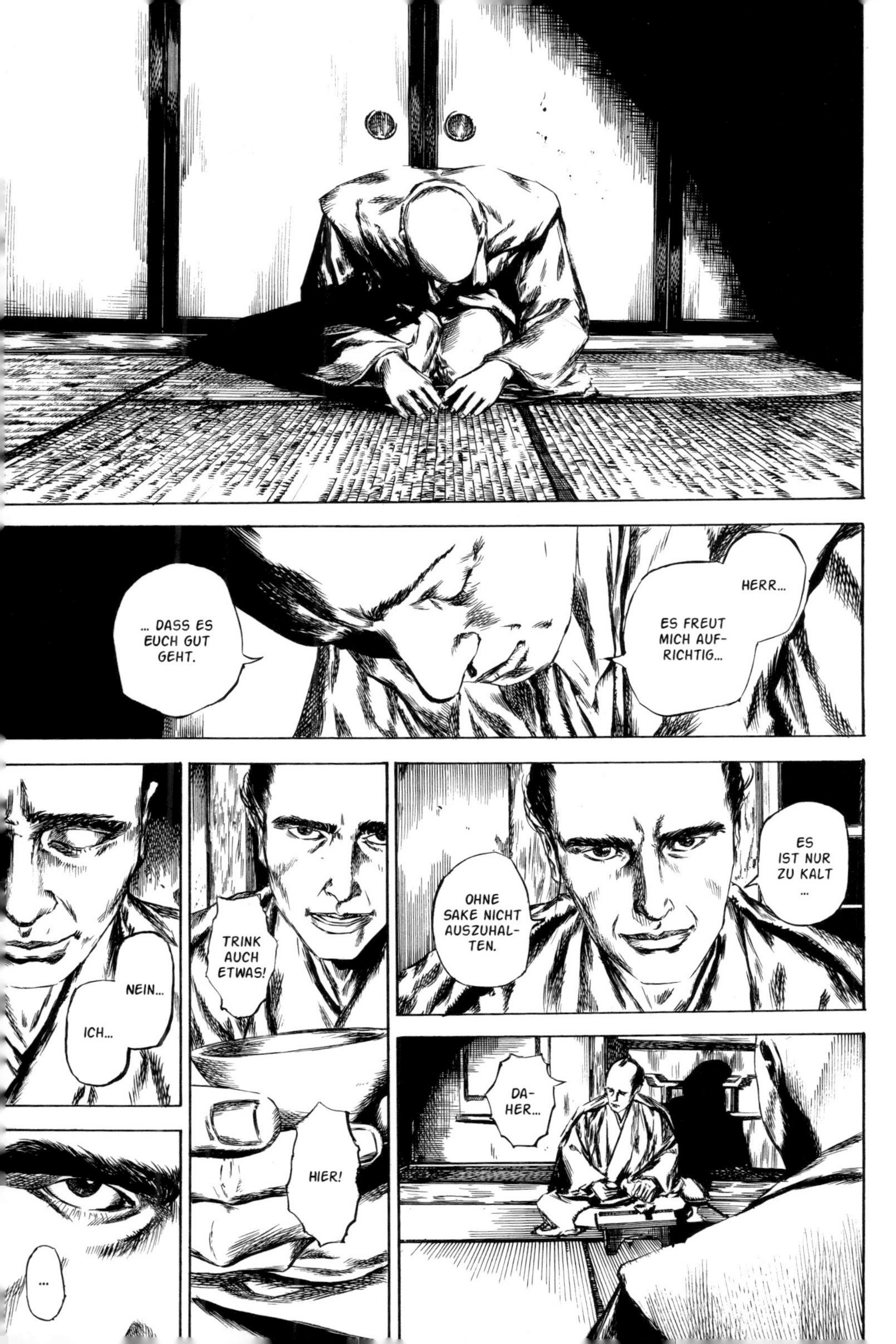
HERR...
ES FREUT MICH AUF-RICHTIG...
... DASS ES EUCH GUT GEHT.
ES IST NUR ZU KALT ...
OHNE SAKE NICHT AUSZUHAL-TEN.
DA-HER...
TRINK AUCH ETWAS!
HIER!
NEIN...
ICH...
...

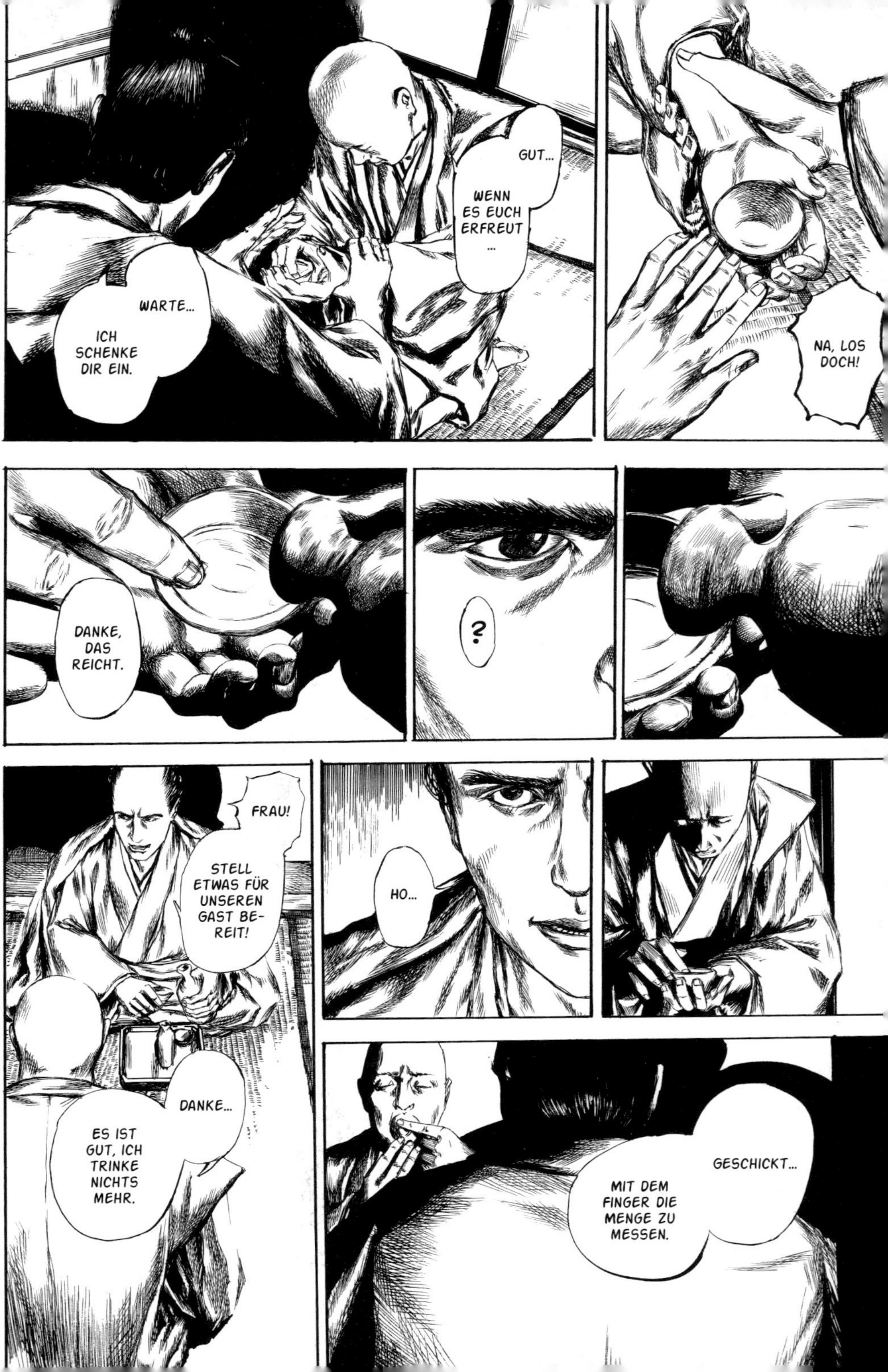
NA, LOS DOCH!
GUT...
WENN ES EUCH ERFREUT ...
WARTE...
ICH SCHENKE DIR EIN.
?
DANKE, DAS REICHT.
HO...
GESCHICKT...
MIT DEM FINGER DIE MENGE ZU MESSEN.
FRAU!
STELL ETWAS FÜR UNSEREN GAST BE-REIT!
DANKE...
ES IST GUT, ICH TRINKE NICHTS MEHR.

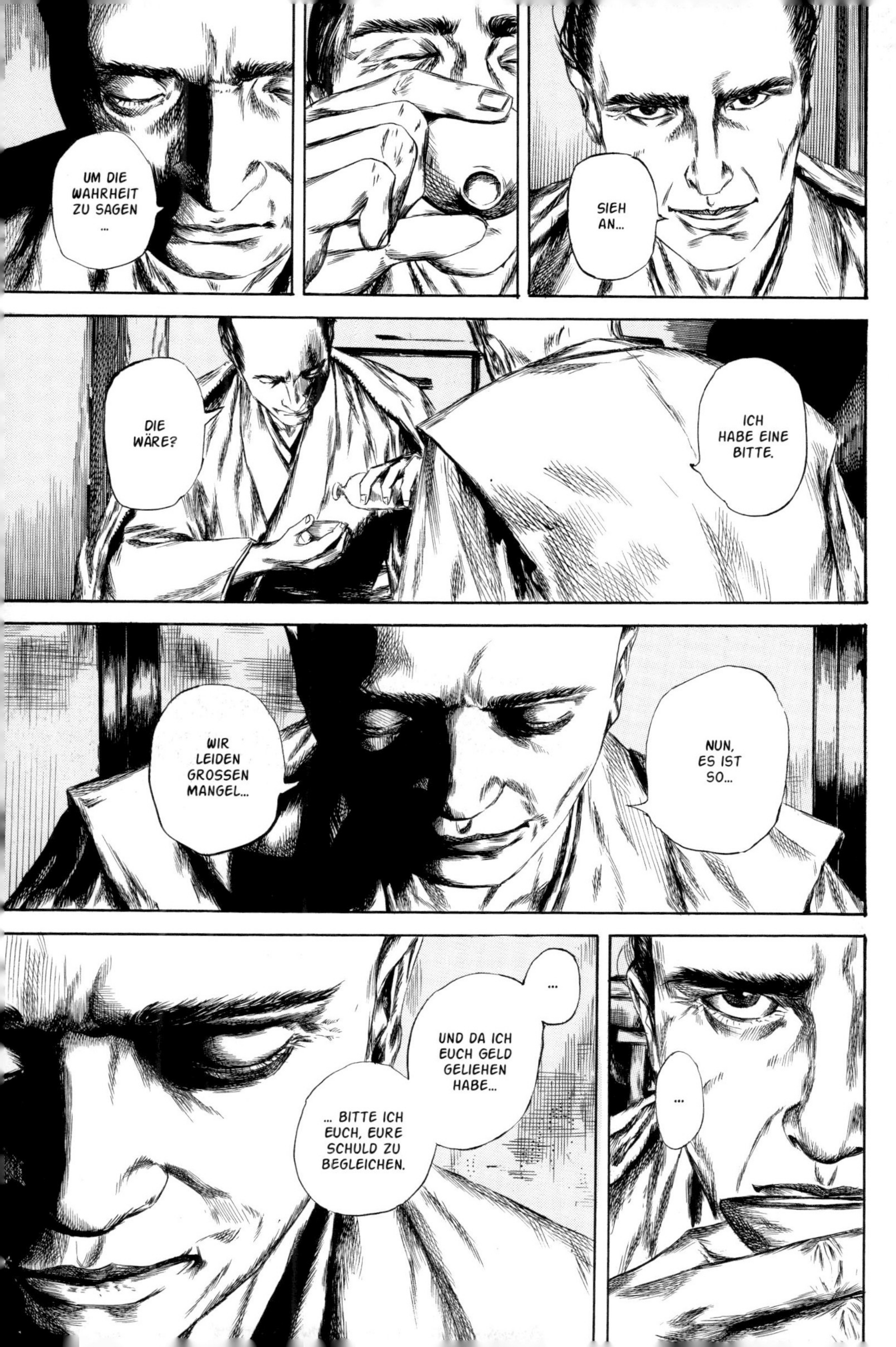
SIEH AN...
UM DIE WAHRHEIT ZU SAGEN ...
ICH HABE EINE BITTE.
DIE WÄRE?
NUN, ES IST SO...
WIR LEIDEN GROSSEN MANGEL...
...
...
UND DA ICH EUCH GELD GELIEHEN HABE...
... BITTE ICH EUCH, EURE SCHULD ZU BEGLEICHEN.

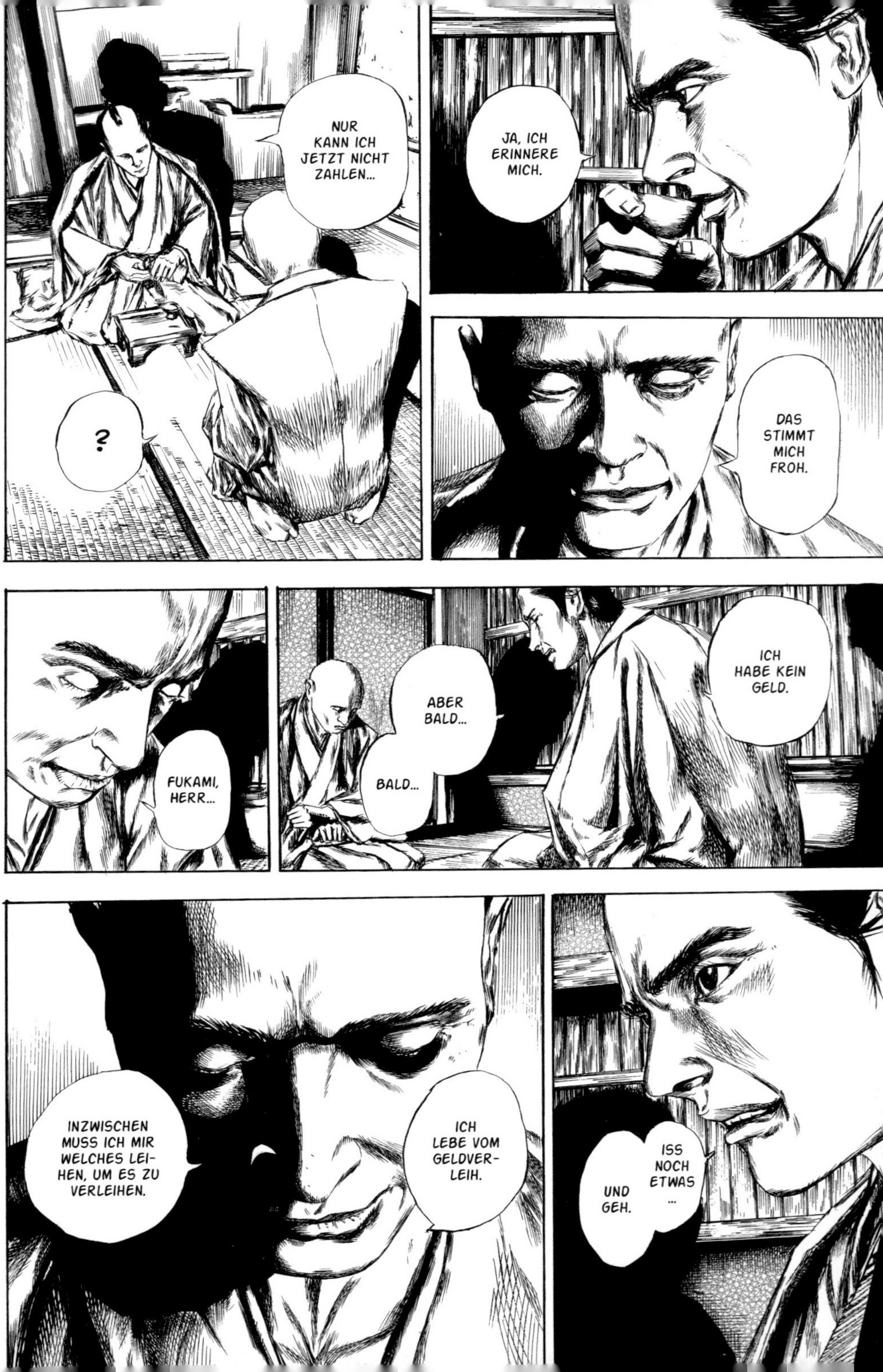
JA, ICH ERINNERE MICH.
DAS STIMMT MICH FROH.
NUR KANN ICH JETZT NICHT ZAHLEN...
?
ICH HABE KEIN GELD.
ABER BALD...
BALD...
FUKAMI, HERR...
ISS NOCH ETWAS ...
UND GEH.
ICH LEBE VOM GELDVERLEIH.
INZWISCHEN MUSS ICH MIR WELCHES LEIHEN, UM ES ZU VERLEIHEN.

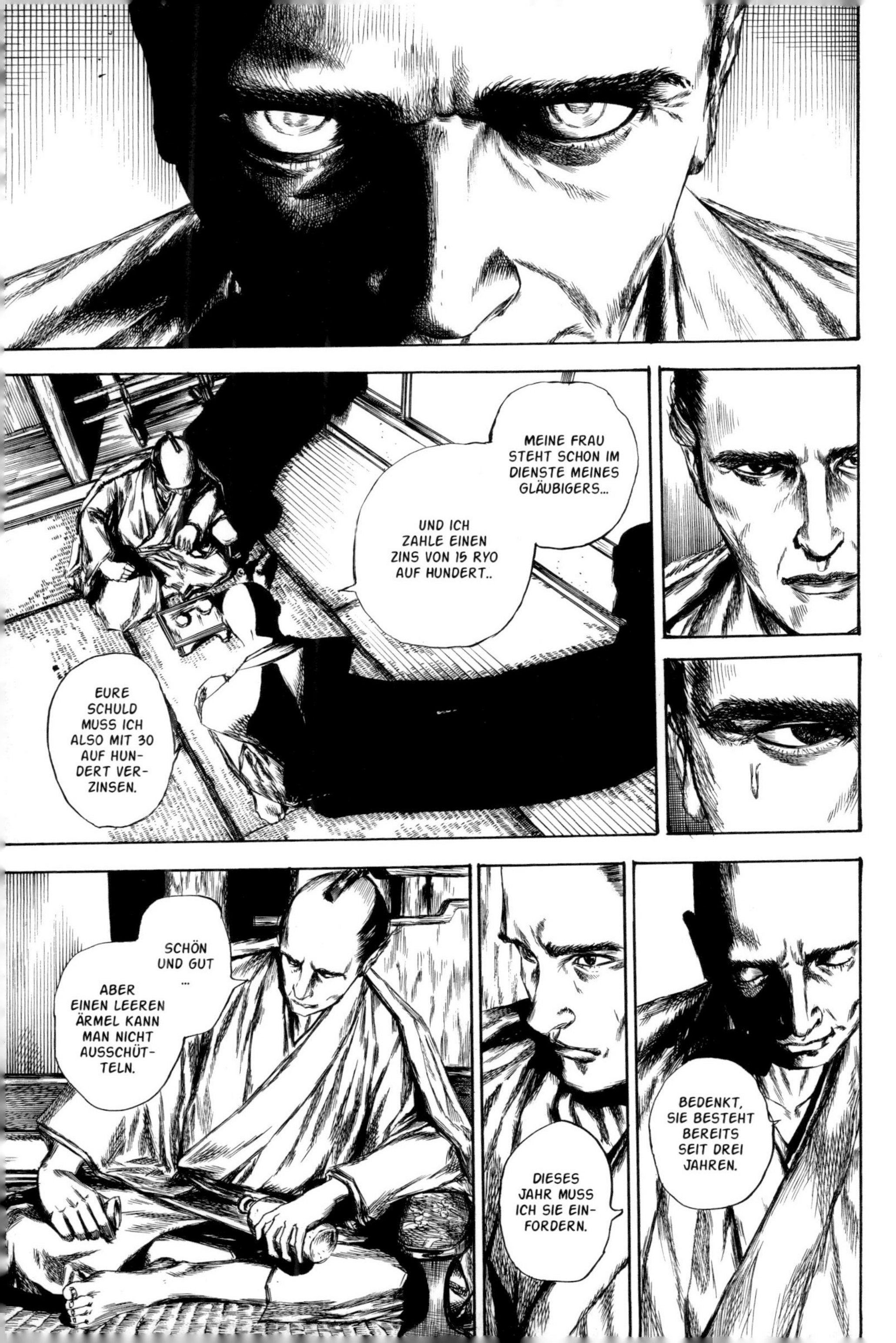
MEINE FRAU STEHT SCHON IM DIENSTE MEINES GLÄUBIGERS...
UND ICH ZAHLE EINEN ZINS VON 15 RYO AUF HUNDERT..
EURE SCHULD MUSS ICH ALSO MIT 30 AUF HUNDERT VERZINSEN.
BEDENKT, SIE BESTEHT BEREITS SEIT DREI JAHREN.
DIESES JAHR MUSS ICH SIE EINFORDERN.
SCHÖN UND GUT ...
ABER EINEN LEEREN ÄRMEL KANN MAN NICHT AUSSCHÜTTELN.

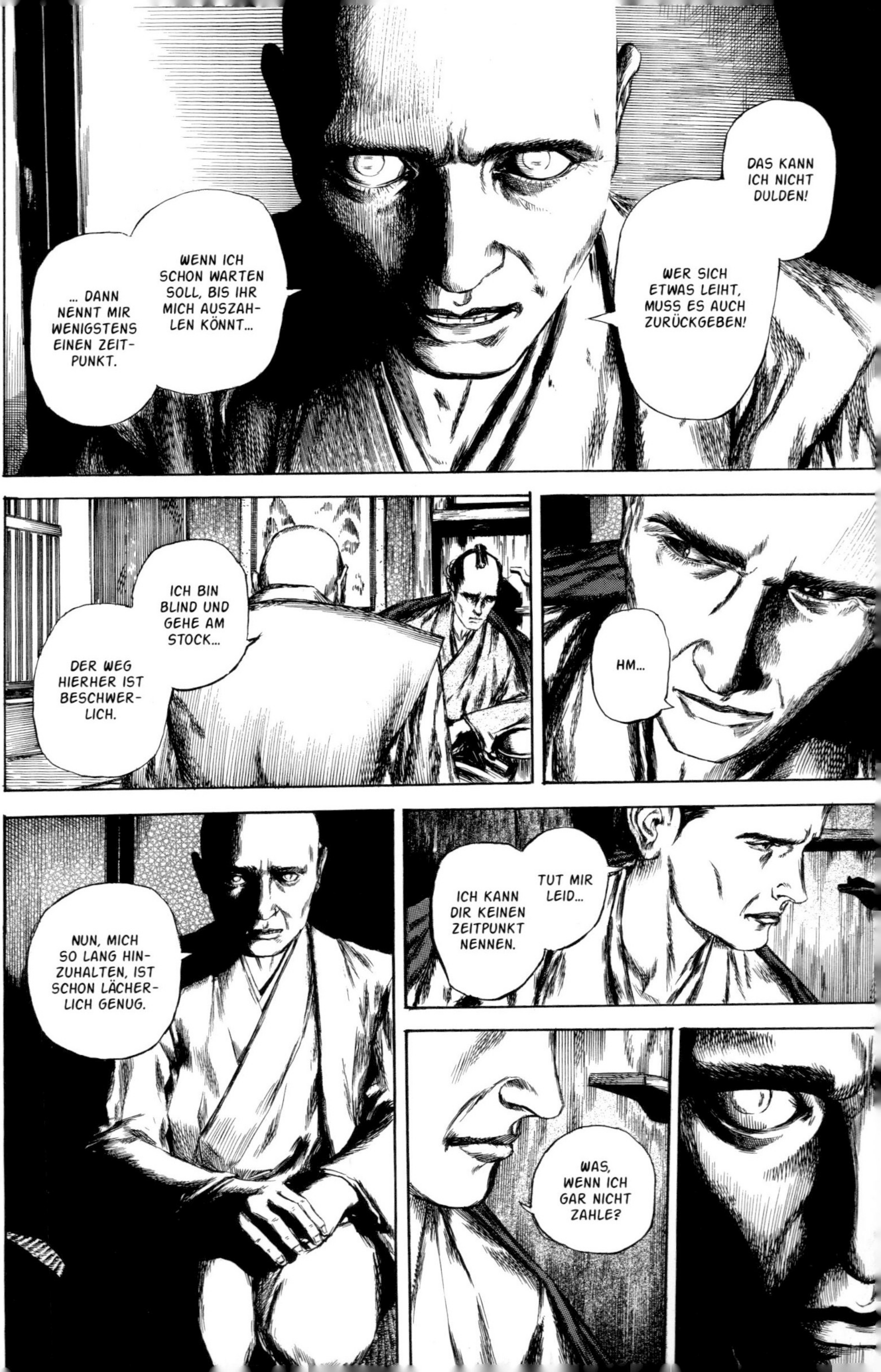
DAS KANN ICH NICHT DULDEN!
WER SICH ETWAS LEIHT, MUSS ES AUCH ZURÜCKGEBEN!
WENN ICH SCHON WARTEN SOLL, BIS IHR MICH AUSZAHLEN KÖNNT...
... DANN NENNT MIR WENIGSTENS EINEN ZEITPUNKT.
HM...
ICH BIN BLIND UND GEHE AM STOCK...
DER WEG HIERHER IST BESCHWERLICH.
TUT MIR LEID...
ICH KANN DIR KEINEN ZEITPUNKT NENNEN.
WAS, WENN ICH GAR NICHT ZAHLE?
NUN, MICH SO LANG HINZUHALTEN, IST SCHON LÄCHERLICH GENUG.

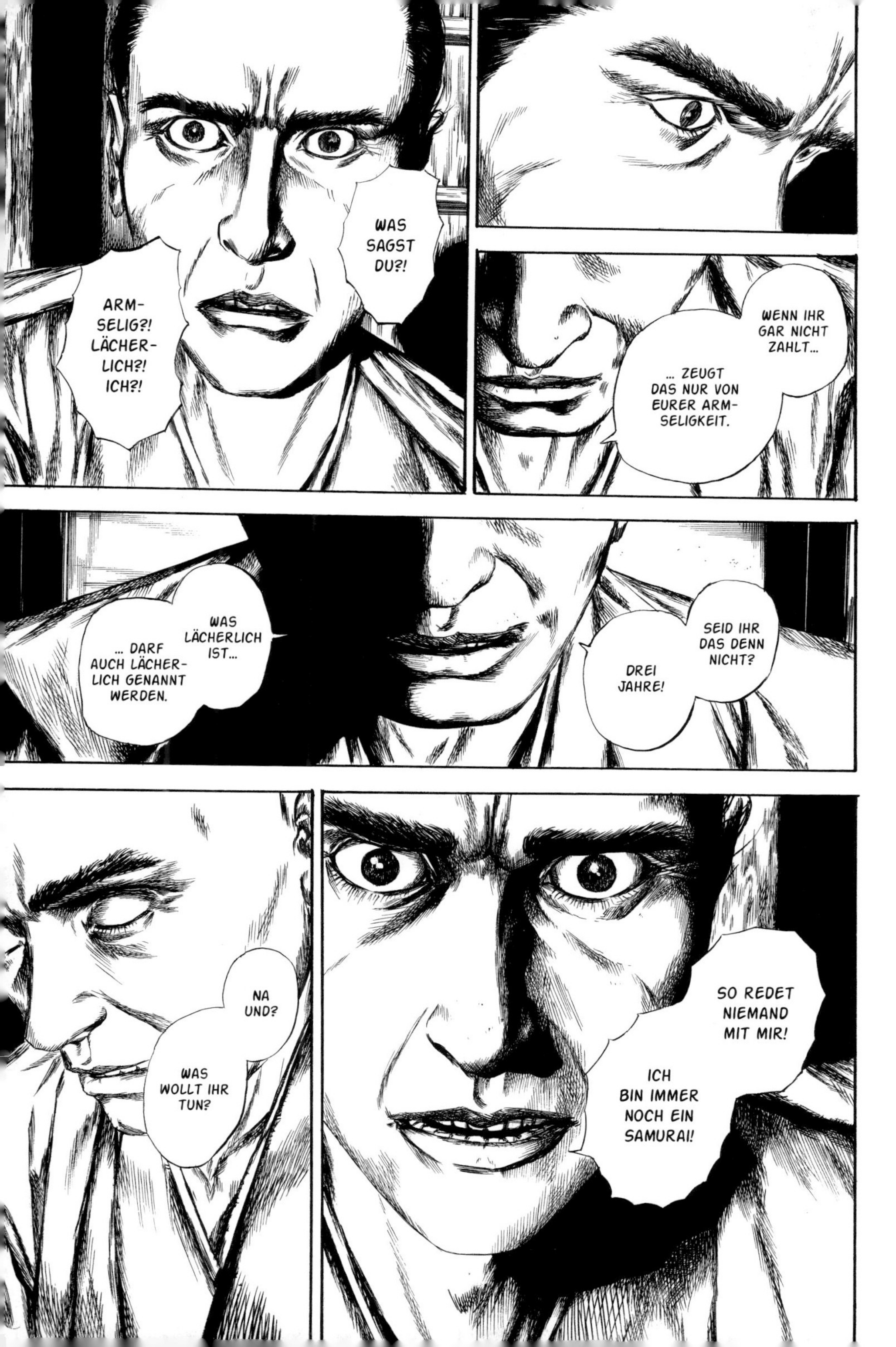
WENN IHR GAR NICHT ZAHLT...
... ZEUGT DAS NUR VON EURER ARMSELIGKEIT.
WAS SAGST DU?!
ARMSELIG?! LÄCHERLICH?! ICH?!
SEID IHR DAS DENN NICHT?
DREI JAHRE!
WAS LÄCHERLICH IST...
... DARF AUCH LÄCHERLICH GENANNT WERDEN.
SO REDET NIEMAND MIT MIR!
ICH BIN IMMER NOCH EIN SAMURAI!
NA UND?
WAS WOLLT IHR TUN?

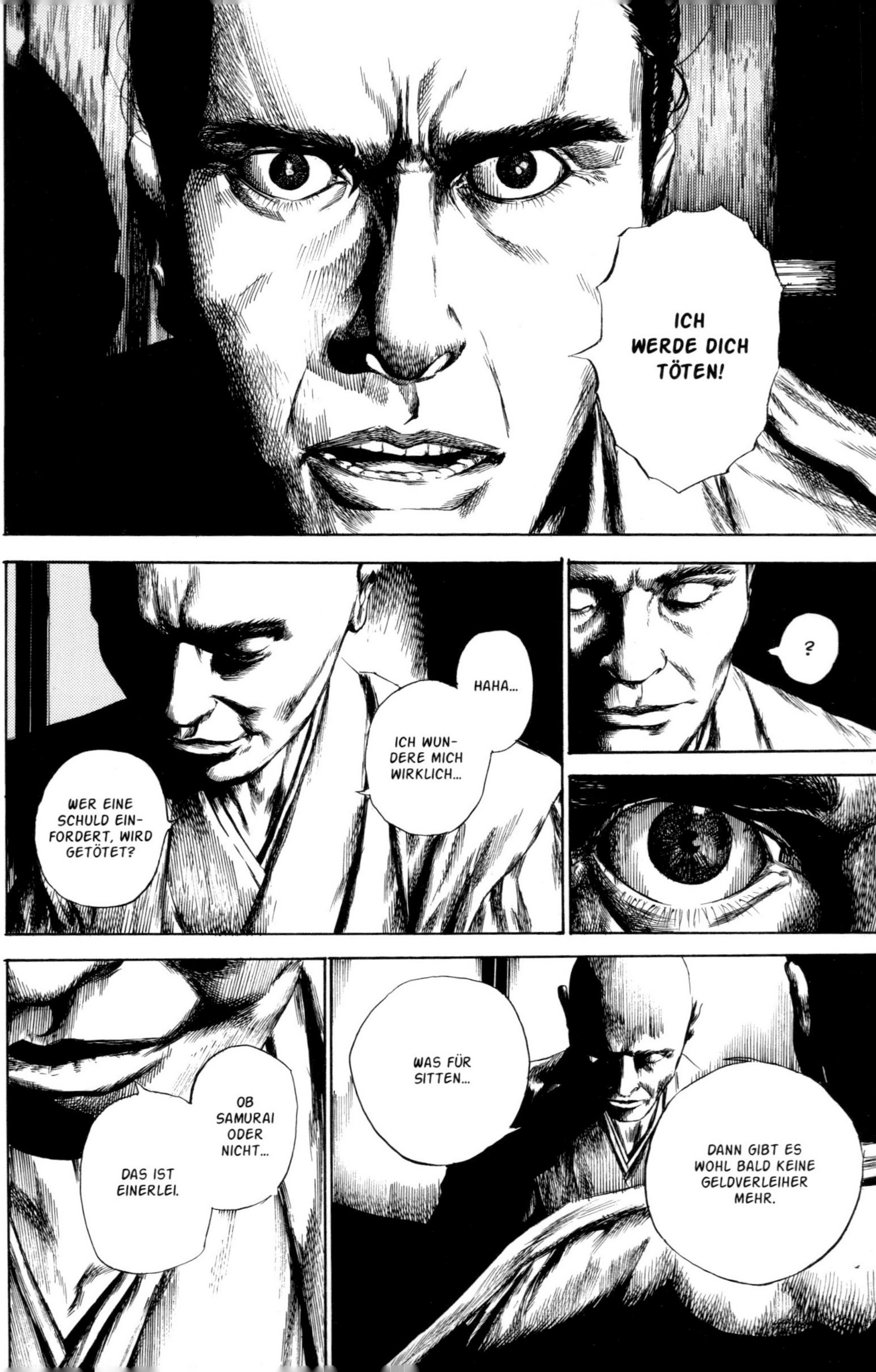
ICH WERDE DICH TÖTEN!
?
HAHA...
ICH WUNDERE MICH WIRKLICH...
WER EINE SCHULD EINFORDERT, WIRD GETÖTET?
WAS FÜR SITTEN...
DANN GIBT ES WOHL BALD KEINE GELDVERLEIHER MEHR.
OB SAMURAI ODER NICHT...
DAS IST EINERLEI.

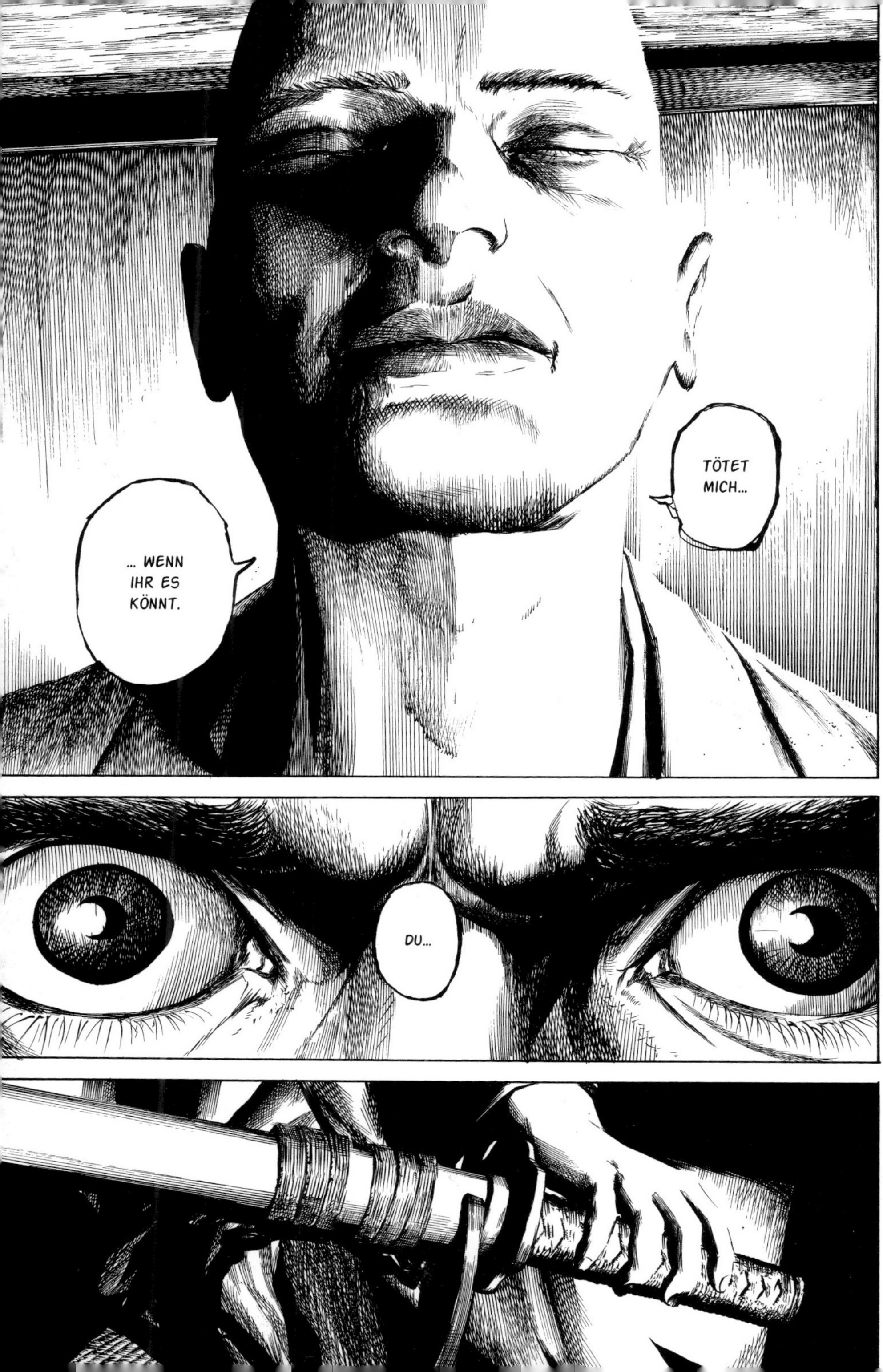
TÖTET MICH...
... WENN IHR ES KÖNNT.
DU...

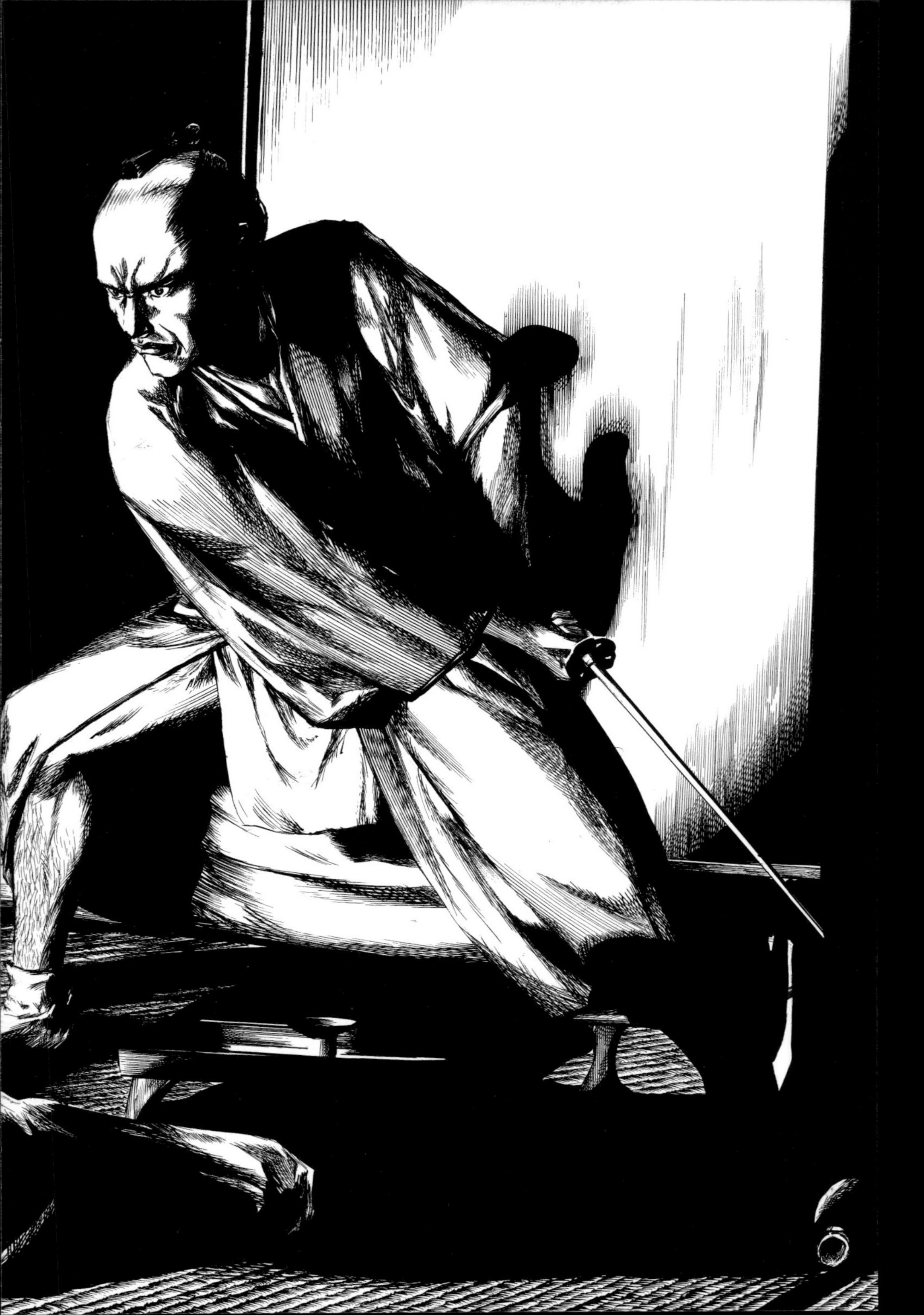

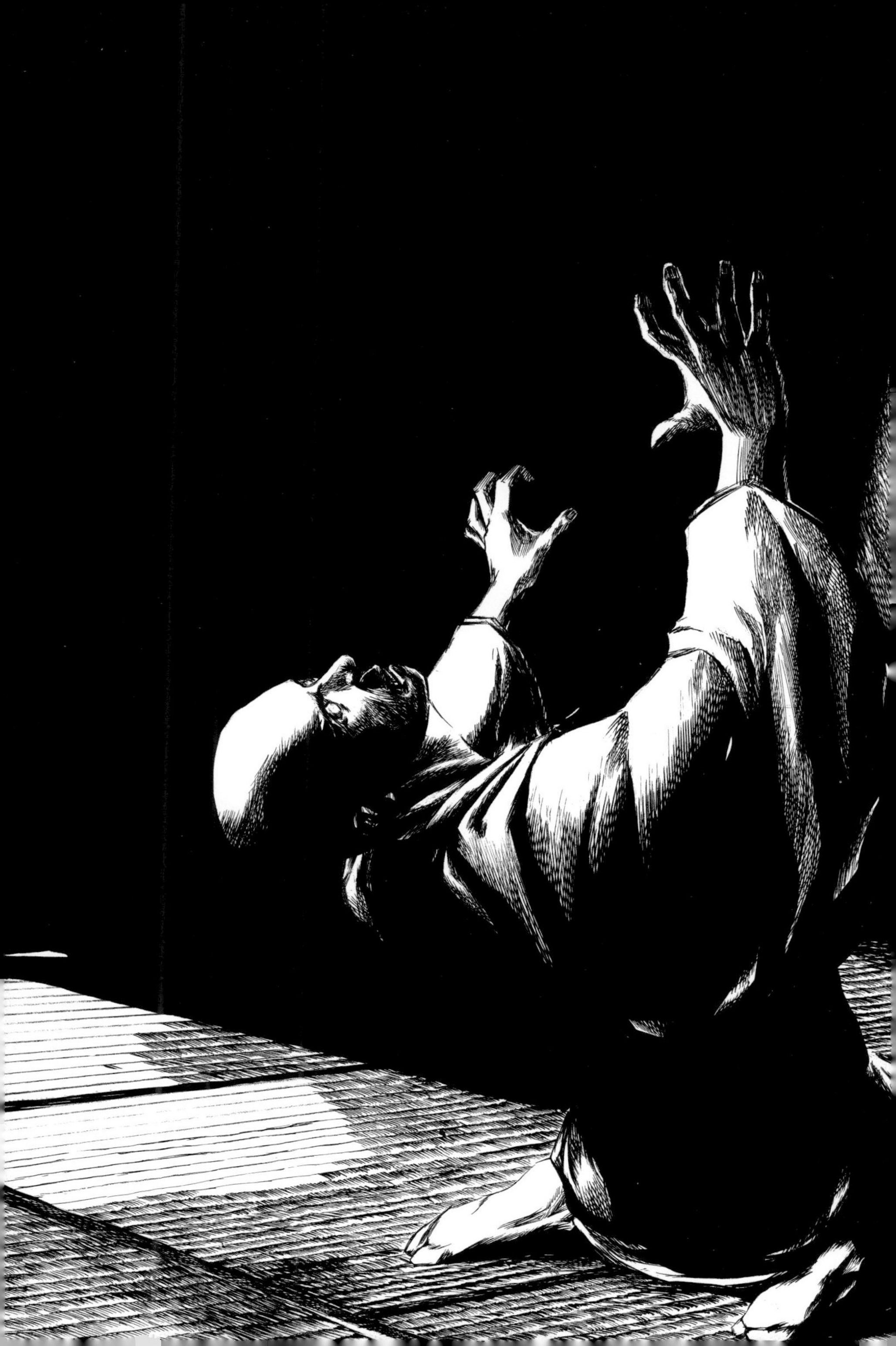

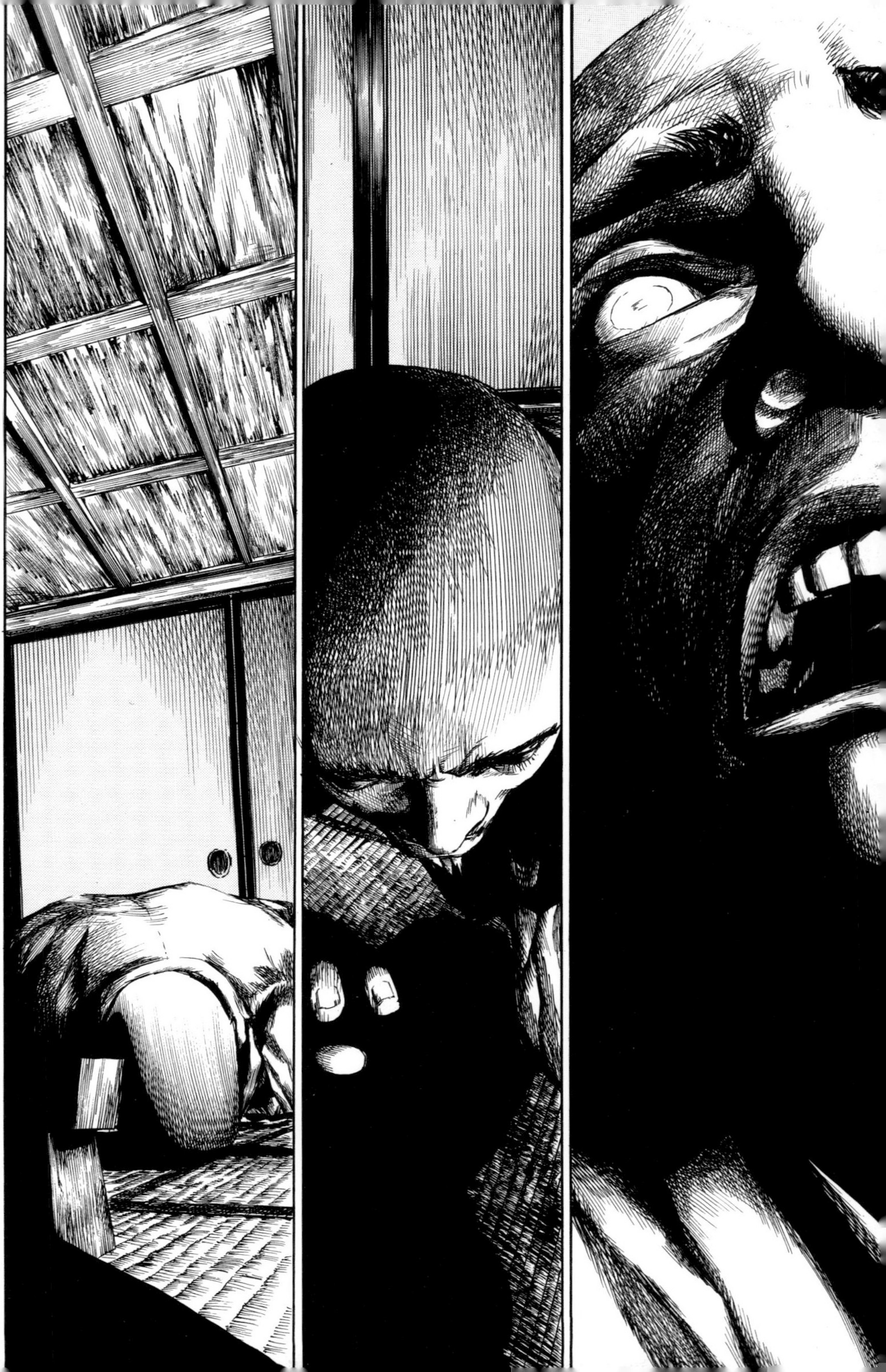

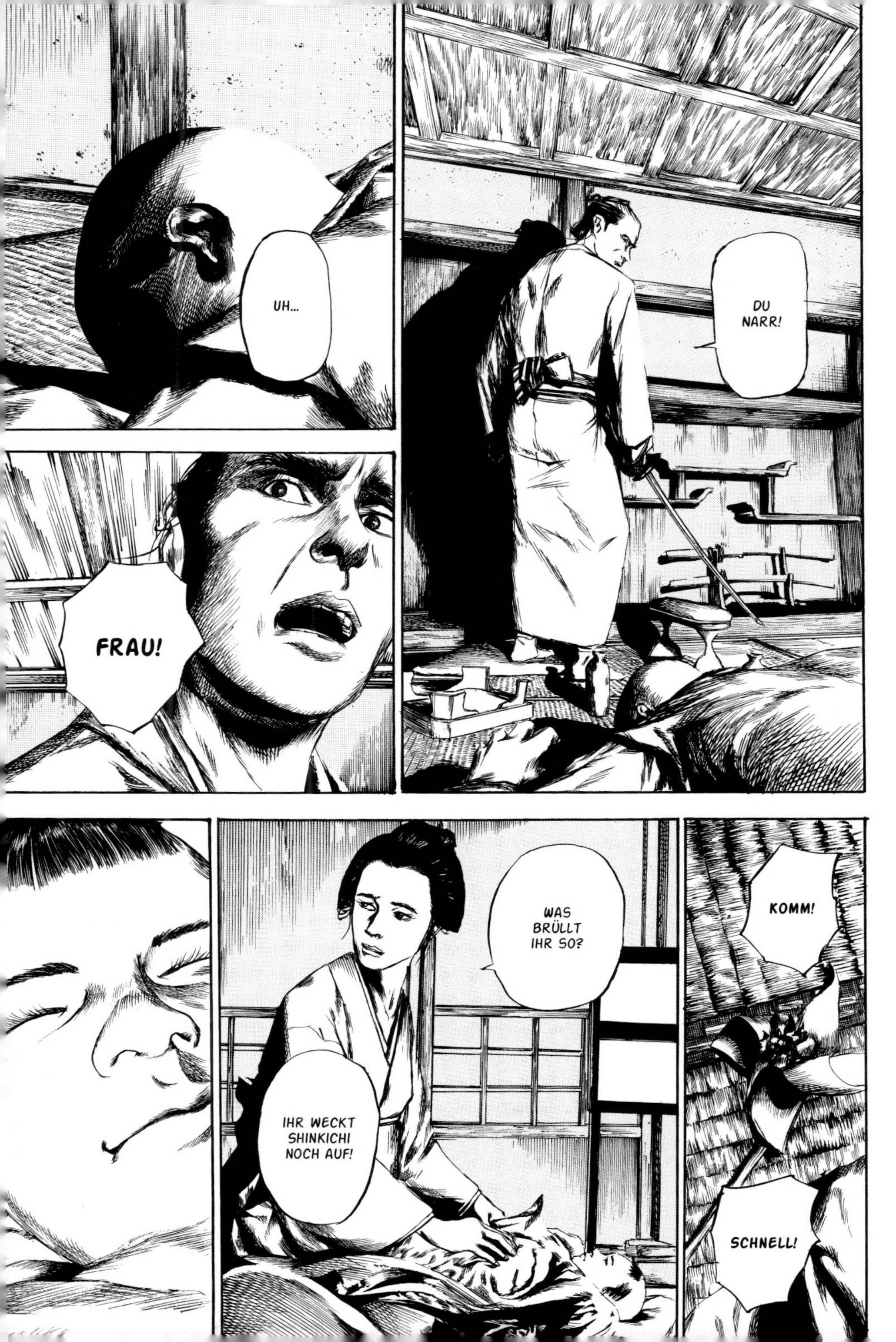
DU NARR!
UH...
FRAU!
KOMM!
SCHNELL!
WAS BRÜLLT IHR SO?
IHR WECKT SHINKICHI NOCH AUF!

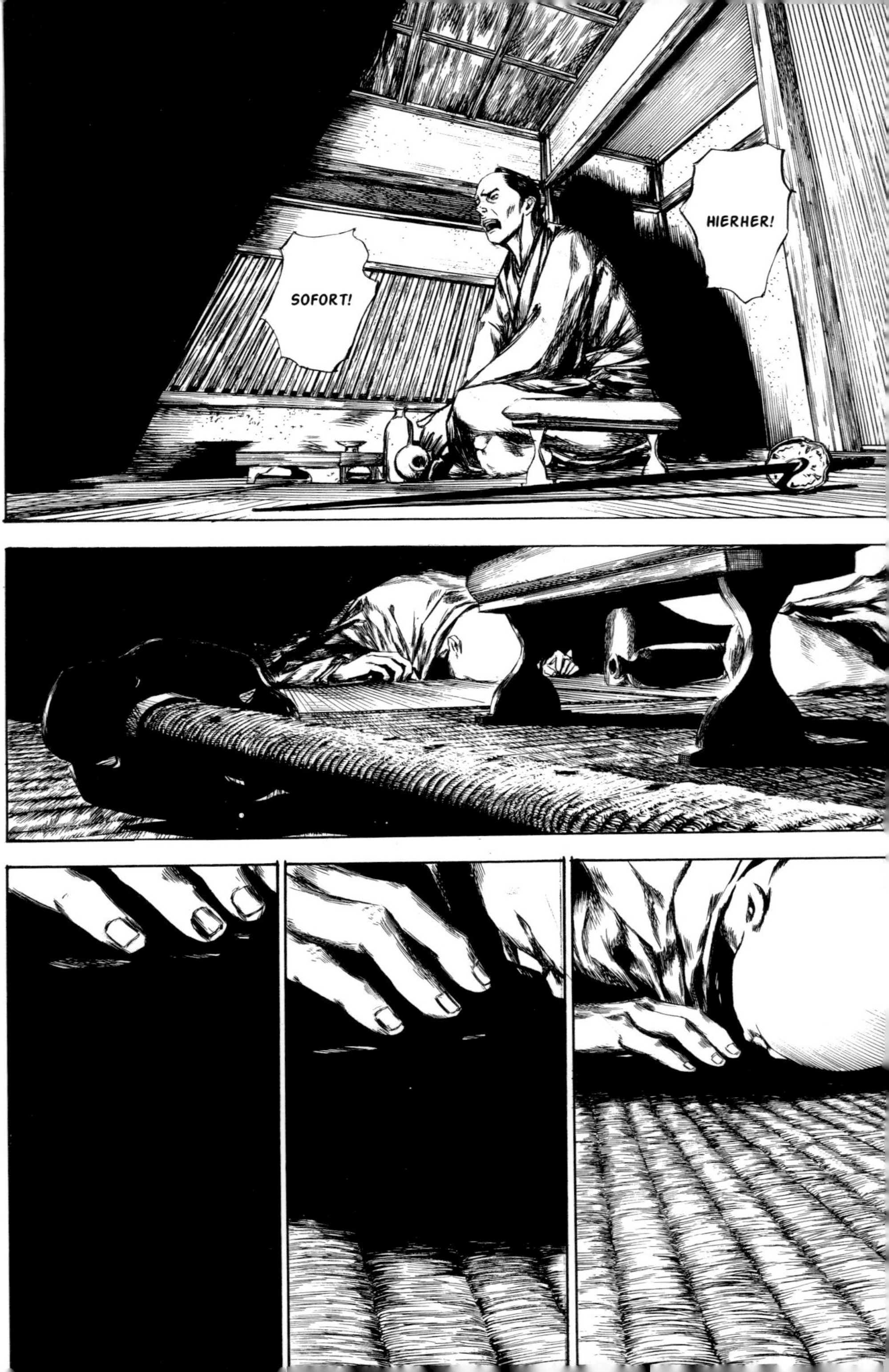
HIERHER!
SOFORT!

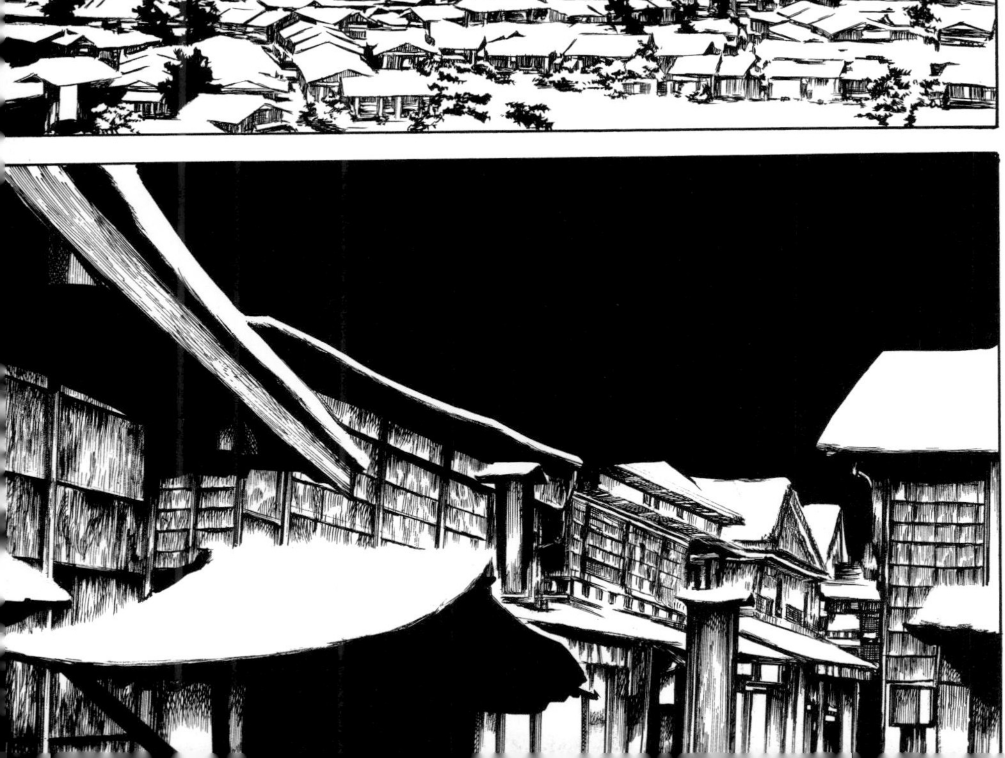

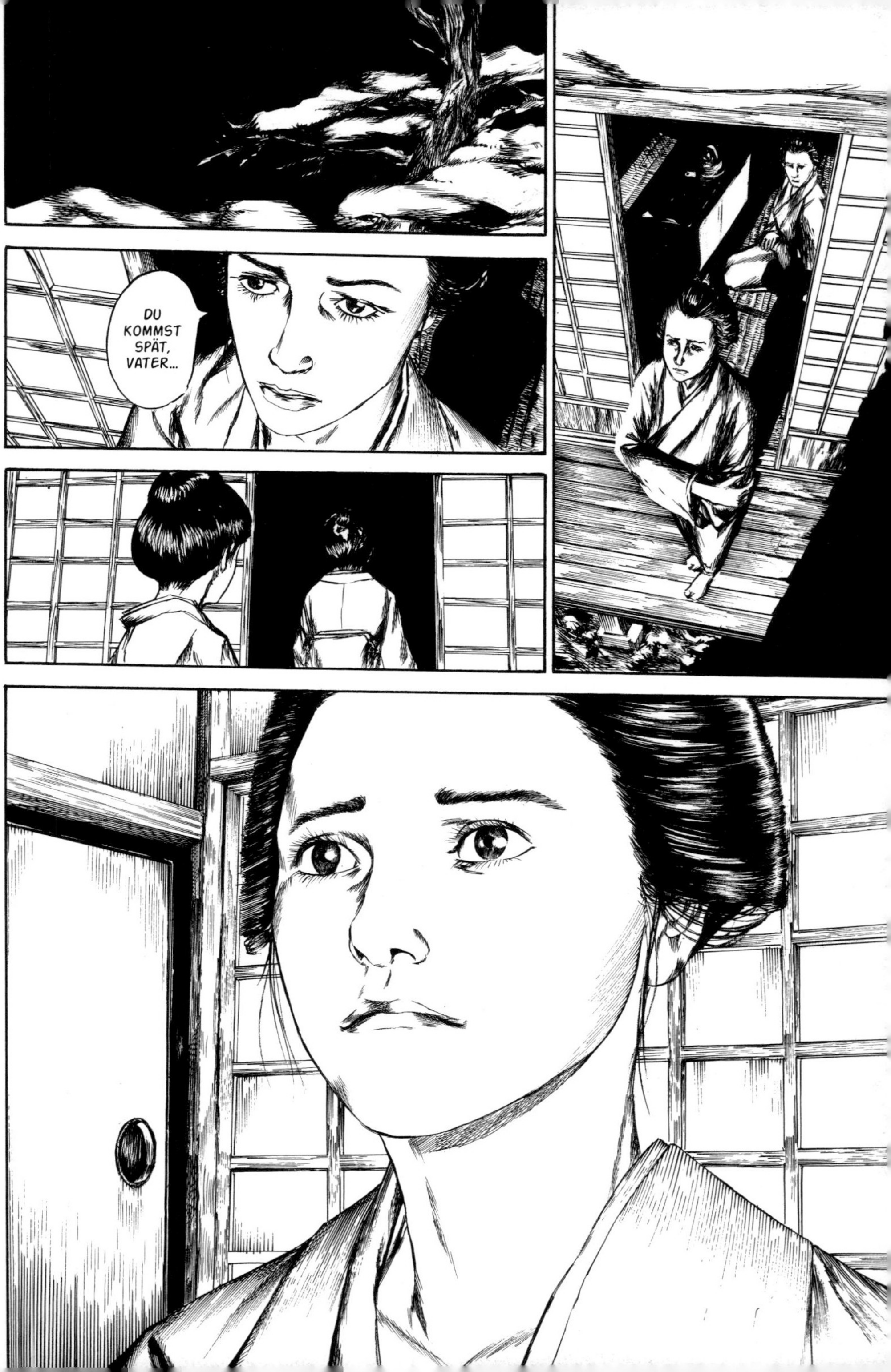
DU KOMMST SPÄT, VATER...

Bislang unveröffentlicht

Dies ist die erste Episode und Vorgeschichte der Kasane-Erzählung »Shinkei Kasanegafuchi« von Sanyutei Encho. Sie soll die Beziehung der Charaktere zueinander verdeutlichen. Aus verschiedenen Gründen steht die Fortsetzung noch aus. (Die Redaktion, September 2016)

Shodai Sanyutei Encho (1839–1900)
Autor und Rakugo-Künstler. Genoss als solcher den Ruf *Vater des modernen Rakugo*. Encho trug die Geschichten nicht nur vor, er verfasste auch jede Menge. Auf Grundlage der in Japan bekannten Legenden des Geistes Kasane schuf er die Horrorgeschichte »Shinkei Kasanegafuchi«, (dt.: Das wahre Kasanegafuchi), und erlangte damit große Popularität. Sie gilt als Enchos Meisterwerk und wird heute noch von Rakugo-Interpreten ins Programm genommen. Weiter stützten sich große Erzähler wie etwa Futabatei Shimei auf seine Handschriften, wodurch Encho nicht nur in der Welt des Rakugo tiefe Spuren hinterließ.

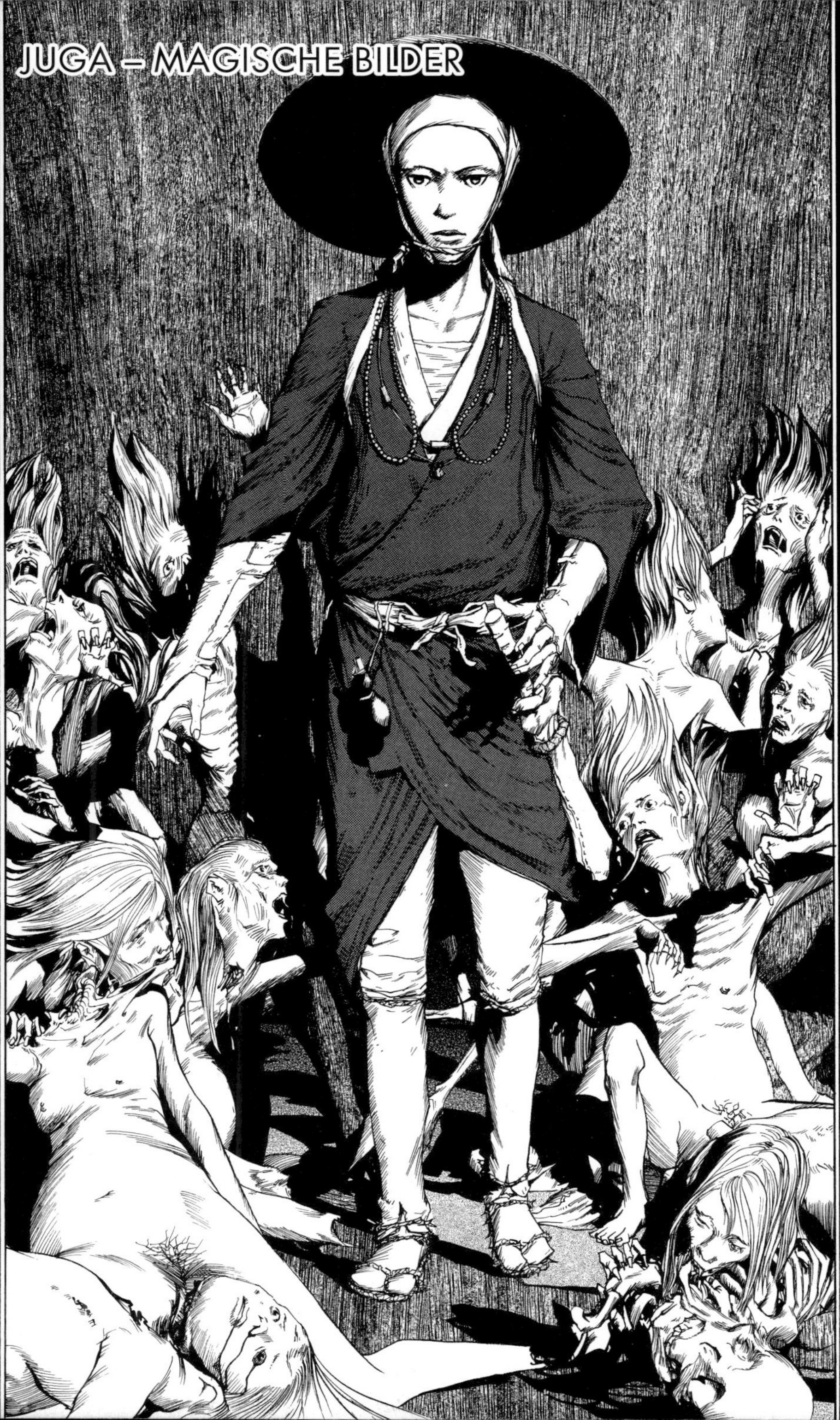
JUGA – MAGISCHE BILDER

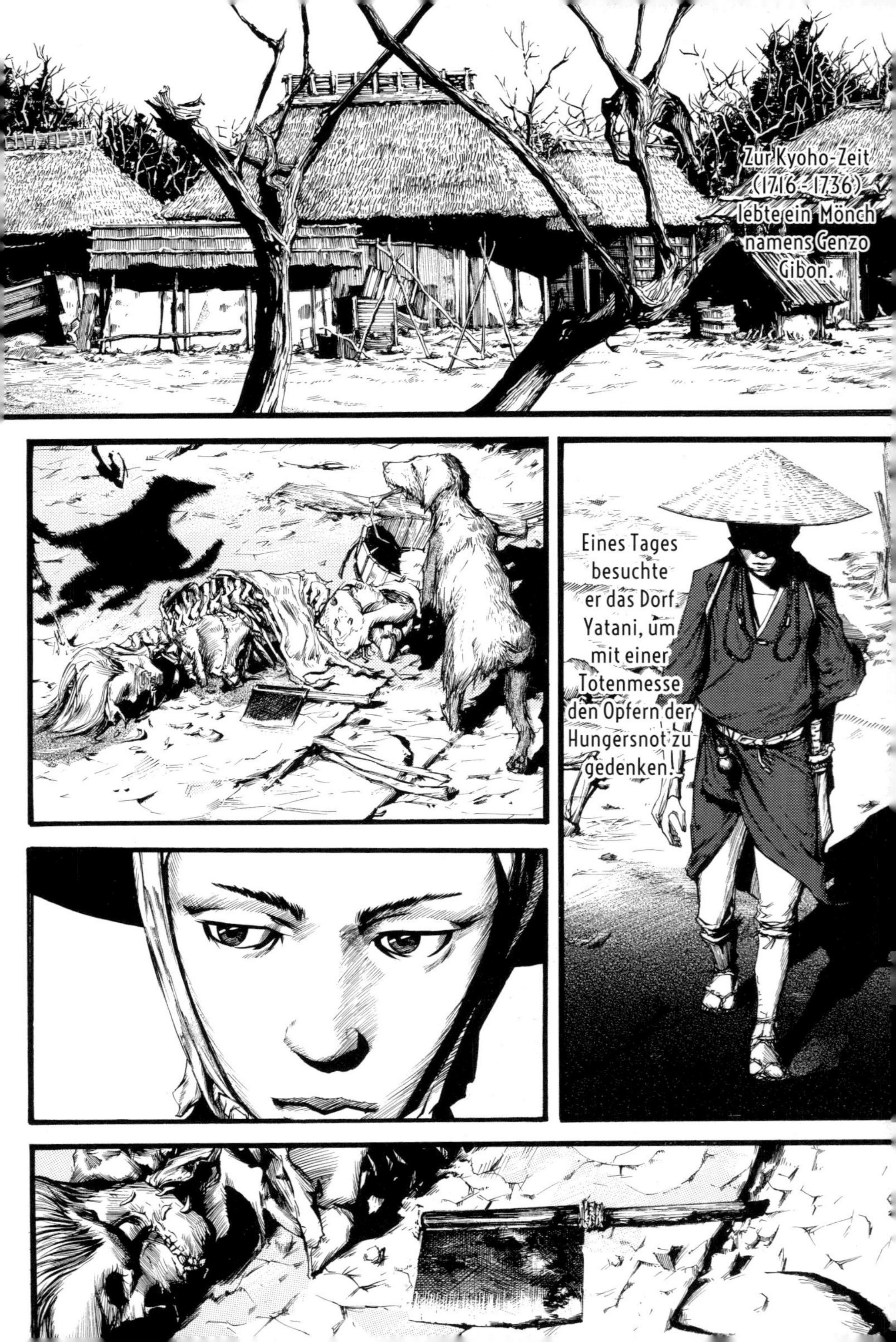
Zur Kyoho-Zeit (1716 - 1736) lebte ein Mönch namens Genzo Gibon.
Eines Tages besuchte er das Dorf Yatani, um mit einer Totenmesse den Opfern der Hungersnot zu gedenken.

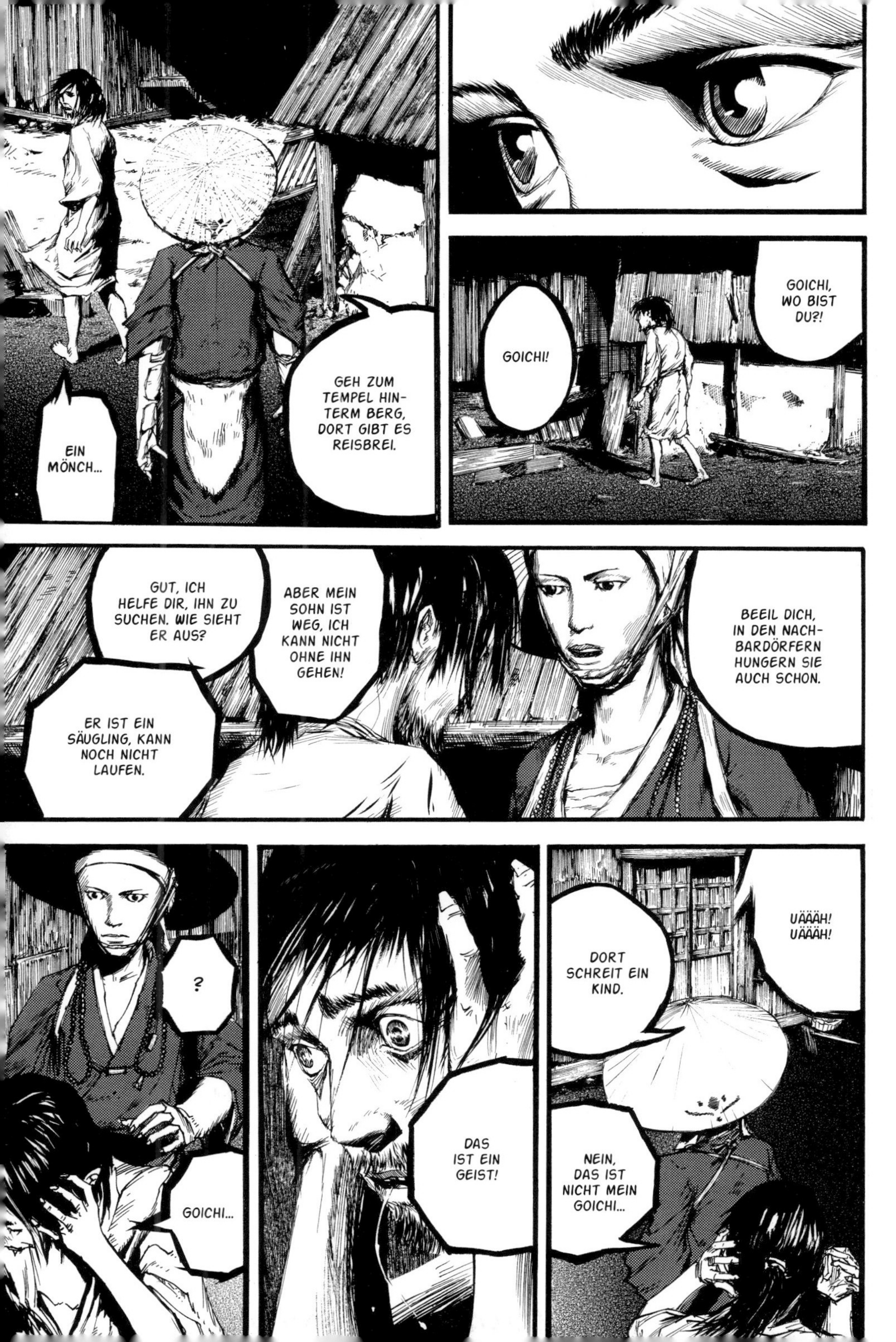
GOICHI, WO BIST DU?!
GOICHI!
GEH ZUM TEMPEL HINTERM BERG, DORT GIBT ES REISBREI.
EIN MÖNCH...
BEEIL DICH, IN DEN NACHBARDÖRFERN HUNGERN SIE AUCH SCHON.
ABER MEIN SOHN IST WEG, ICH KANN NICHT OHNE IHN GEHEN!
GUT, ICH HELFE DIR, IHN ZU SUCHEN. WIE SIEHT ER AUS?
ER IST EIN SÄUGLING, KANN NOCH NICHT LAUFEN.
UÄÄÄH! UÄÄÄH!
DORT SCHREIT EIN KIND.
NEIN, DAS IST NICHT MEIN GOICHI...
DAS IST EIN GEIST!
?
GOICHI...

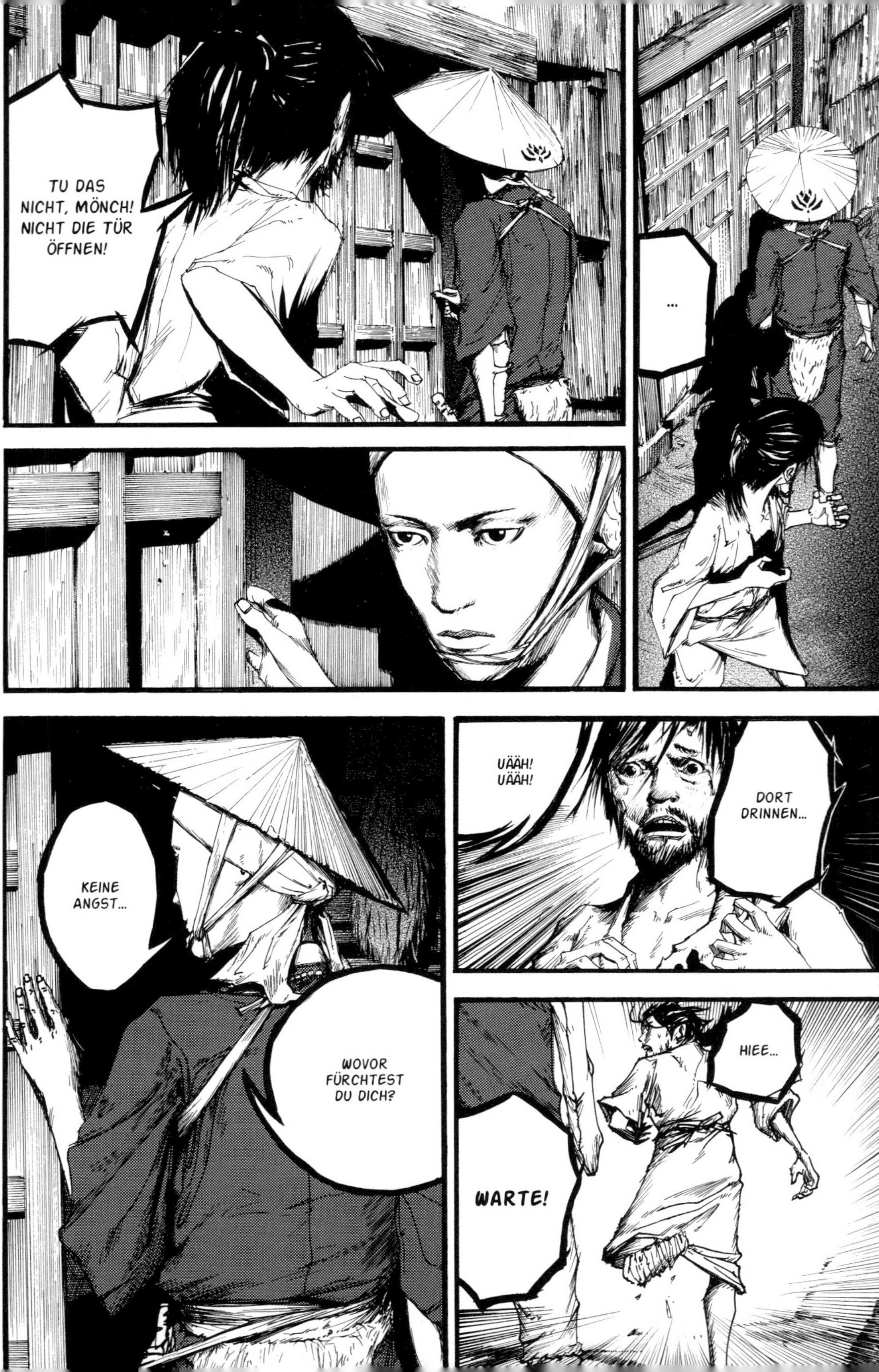

...
TU DAS NICHT, MÖNCH! NICHT DIE TÜR ÖFFNEN!
UÄÄH! UÄÄH!
DORT DRINNEN...
HIEE...
WARTE!
KEINE ANGST...
WOVOR FÜRCHTEST DU DICH?

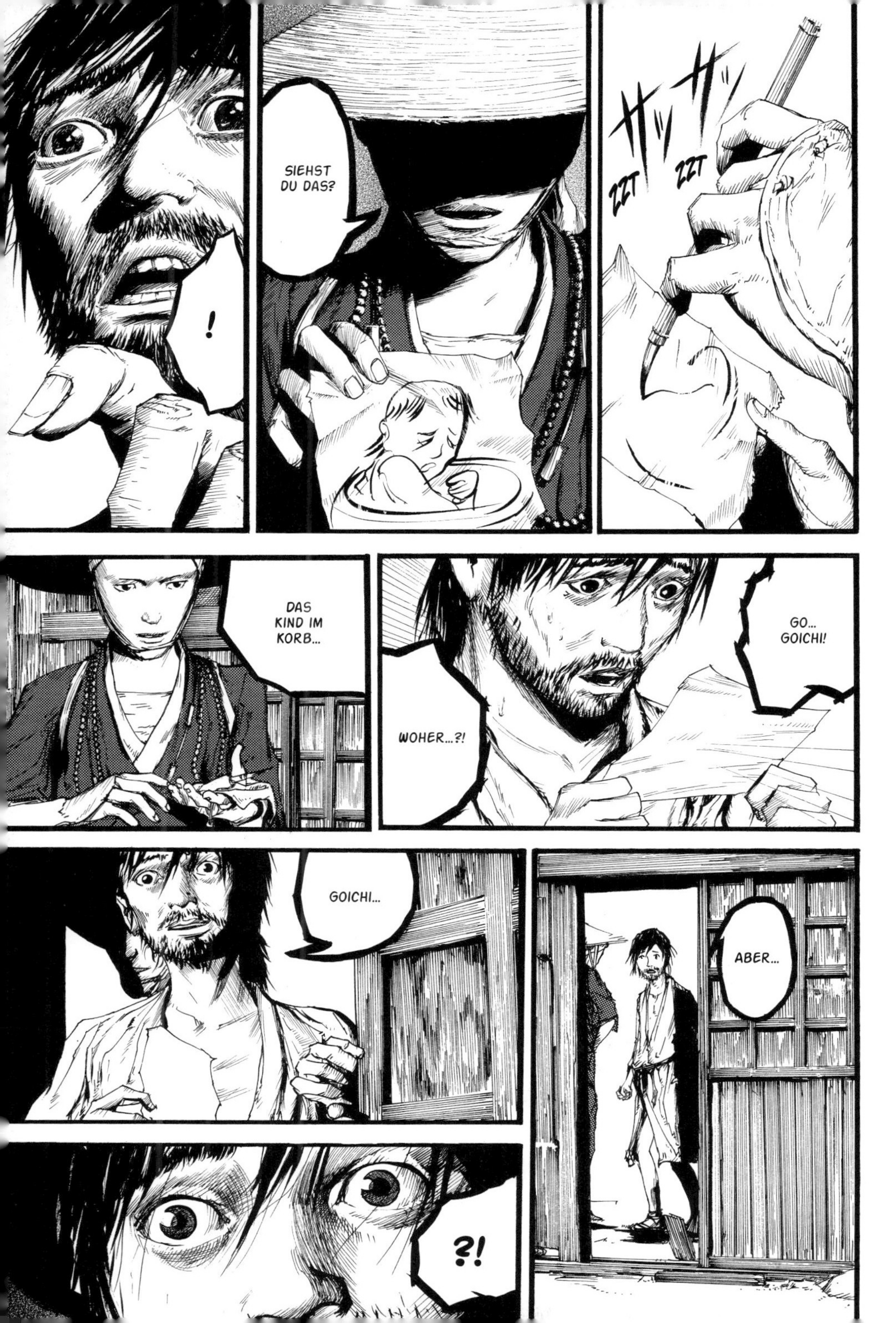
ZZT
ZZT
SIEHST DU DAS?
!
GO... GOICHI!
WOHER...?!
DAS KIND IM KORB...
ABER...
GOICHI...
?!

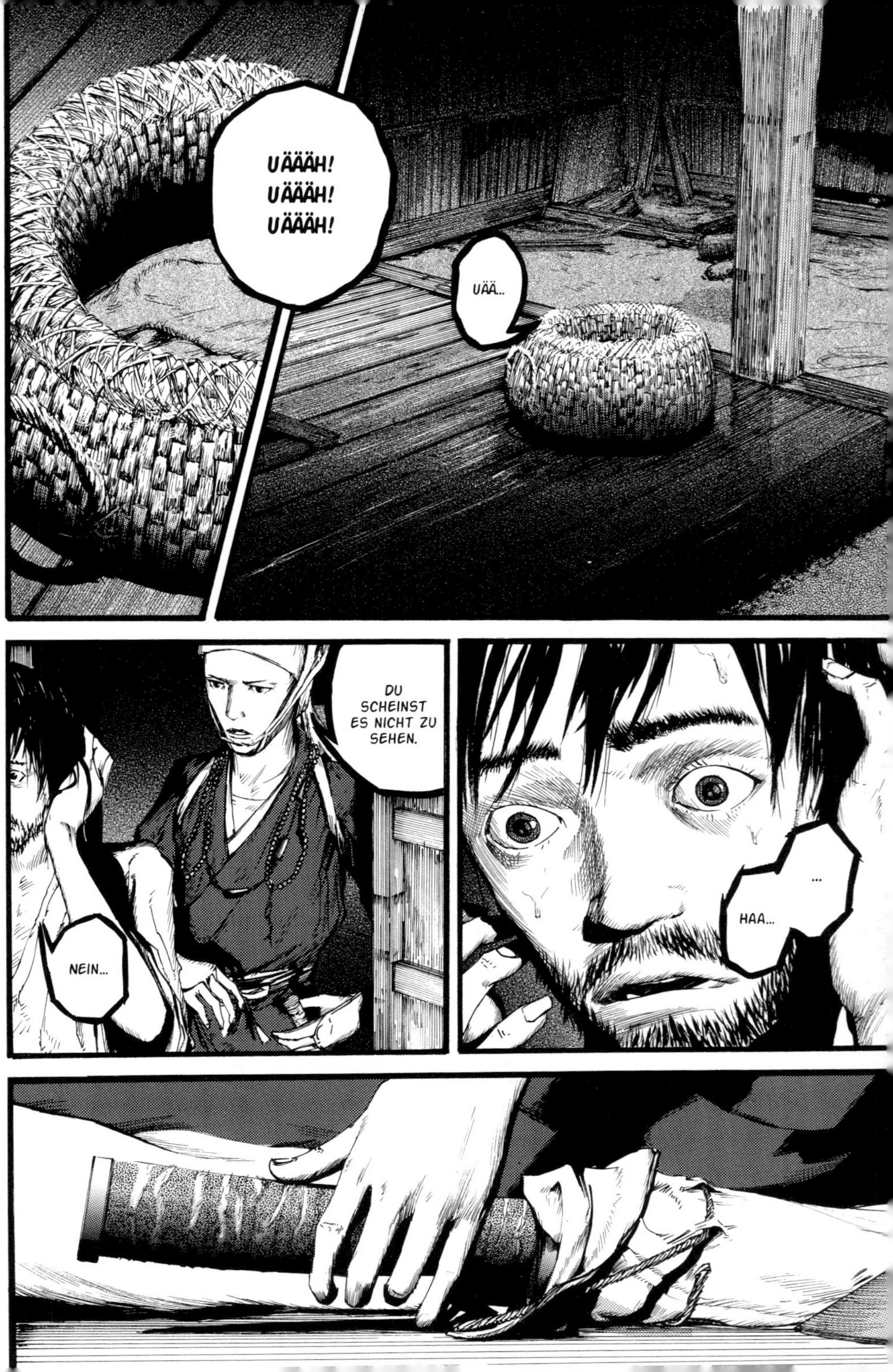
UÄÄ...
UÄÄÄH! UÄÄÄH! UÄÄÄH!
... HAA...
DU SCHEINST ES NICHT ZU SEHEN.
NEIN...

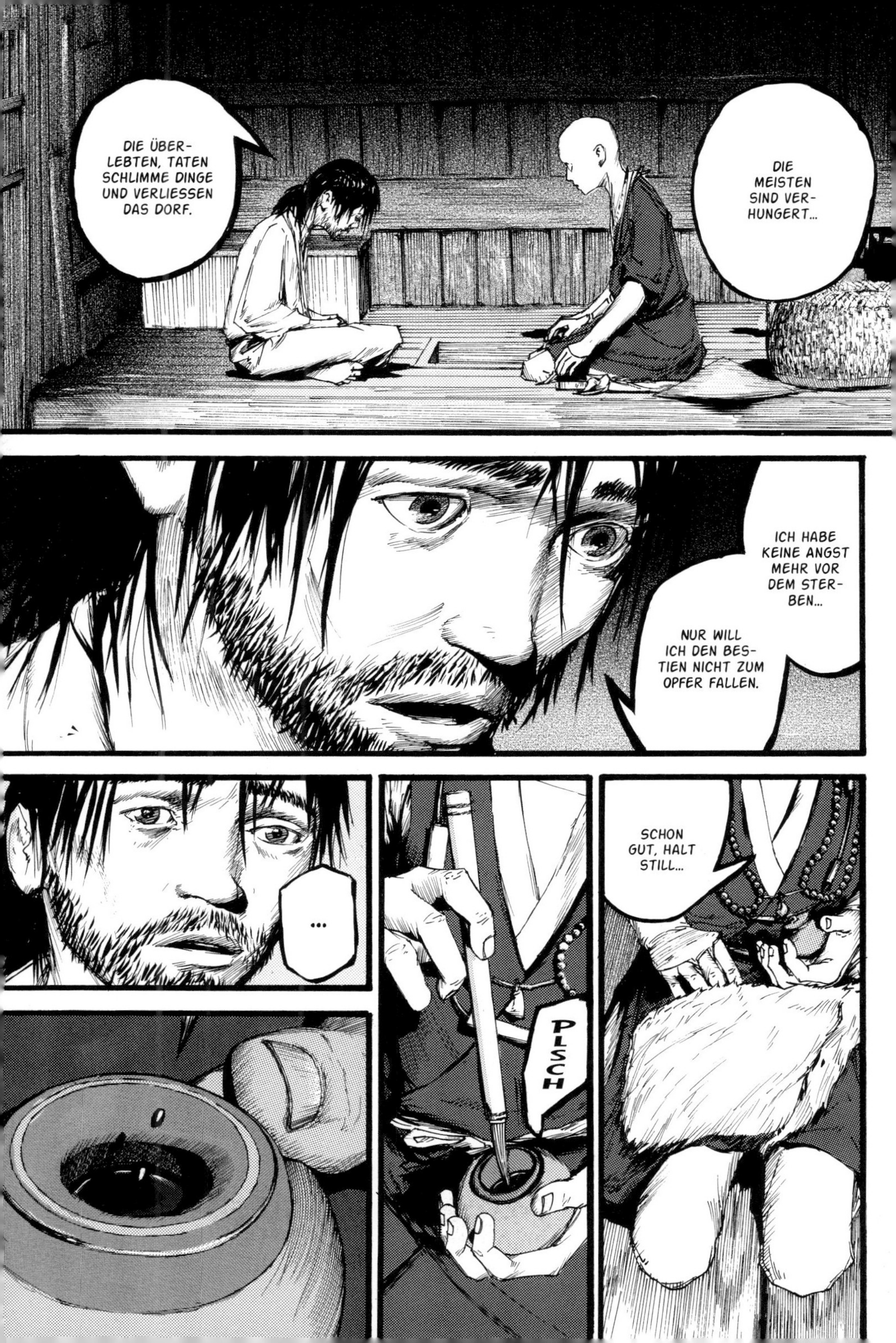
DIE MEISTEN SIND VER-HUNGERT…
DIE ÜBER-LEBTEN, TATEN SCHLIMME DINGE UND VERLIESSEN DAS DORF.
ICH HABE KEINE ANGST MEHR VOR DEM STER-BEN…
NUR WILL ICH DEN BES-TIEN NICHT ZUM OPFER FALLEN.
SCHON GUT, HALT STILL…
PLSCH
…

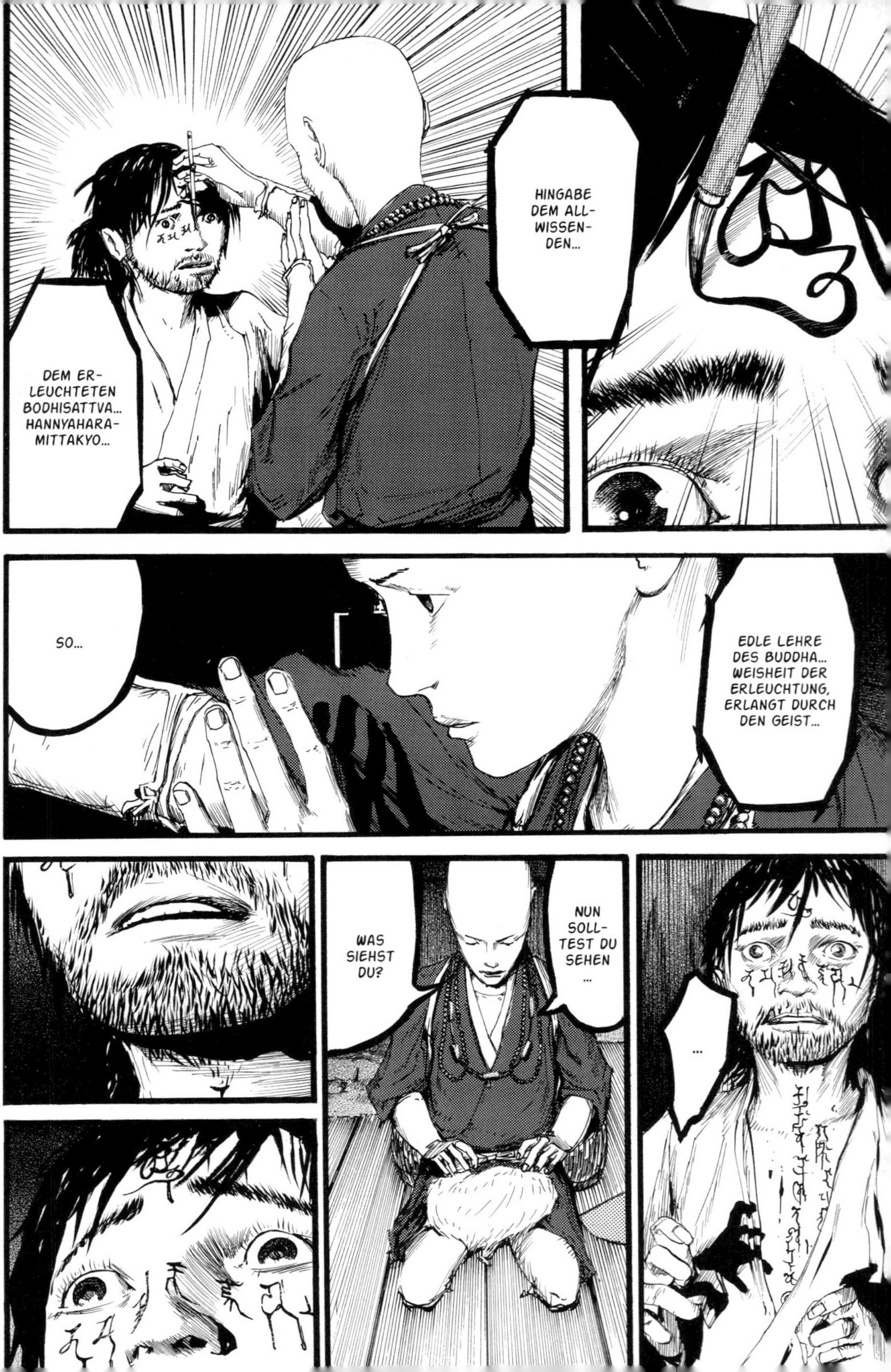
HINGABE DEM ALL-WISSEN-DEN...
DEM ER-LEUCHTETEN BODHISATTVA... HANNYAHARA-MITTAKYO...
EDLE LEHRE DES BUDDHA... WEISHEIT DER ERLEUCHTUNG, ERLANGT DURCH DEN GEIST...
SO...
...
NUN SOLL-TEST DU SEHEN ...
WAS SIEHST DU?

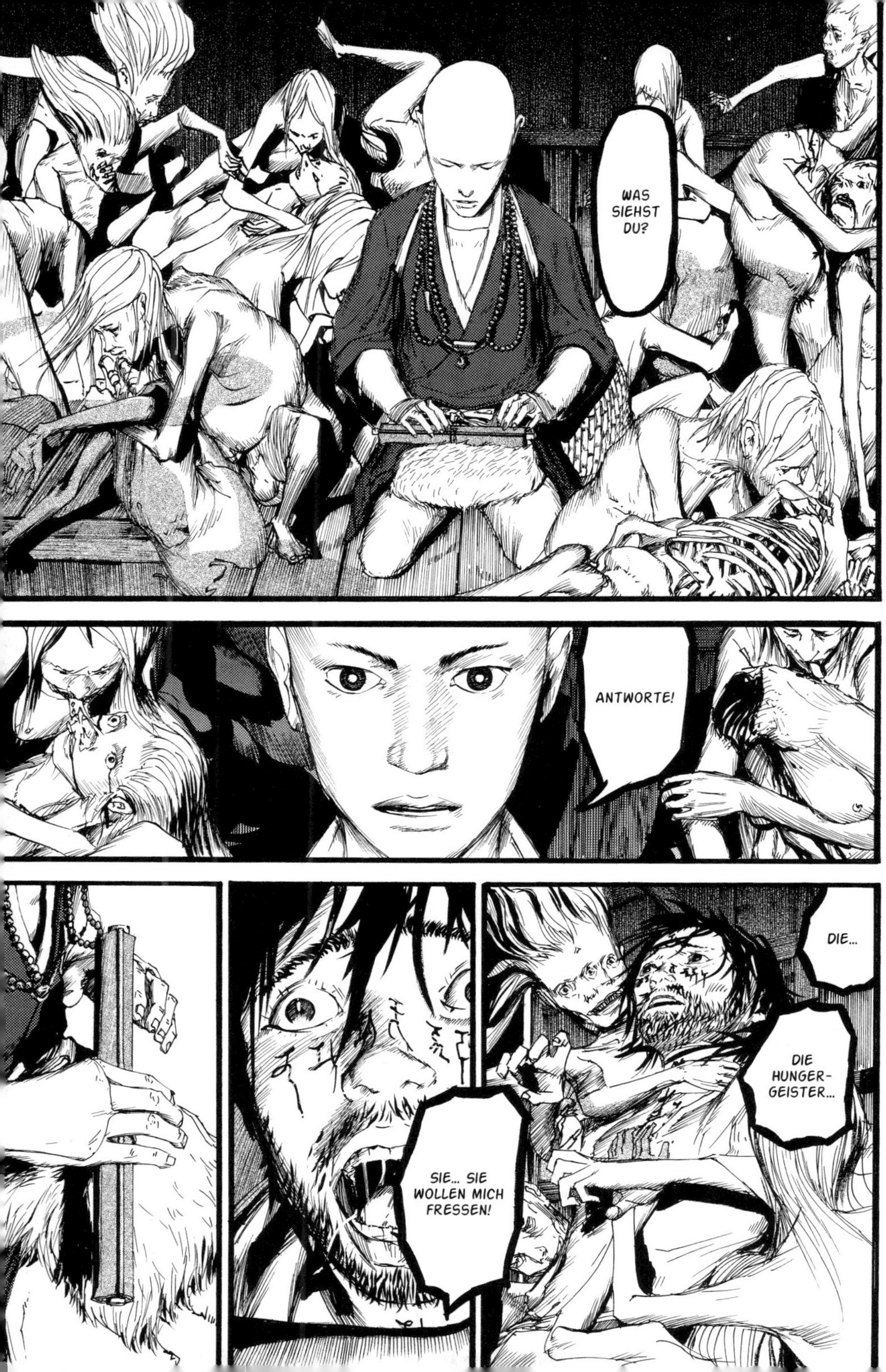
WAS SIEHST DU?
ANTWORTE!
DIE...
DIE HUNGER-GEISTER...
SIE... SIE WOLLEN MICH FRESSEN!

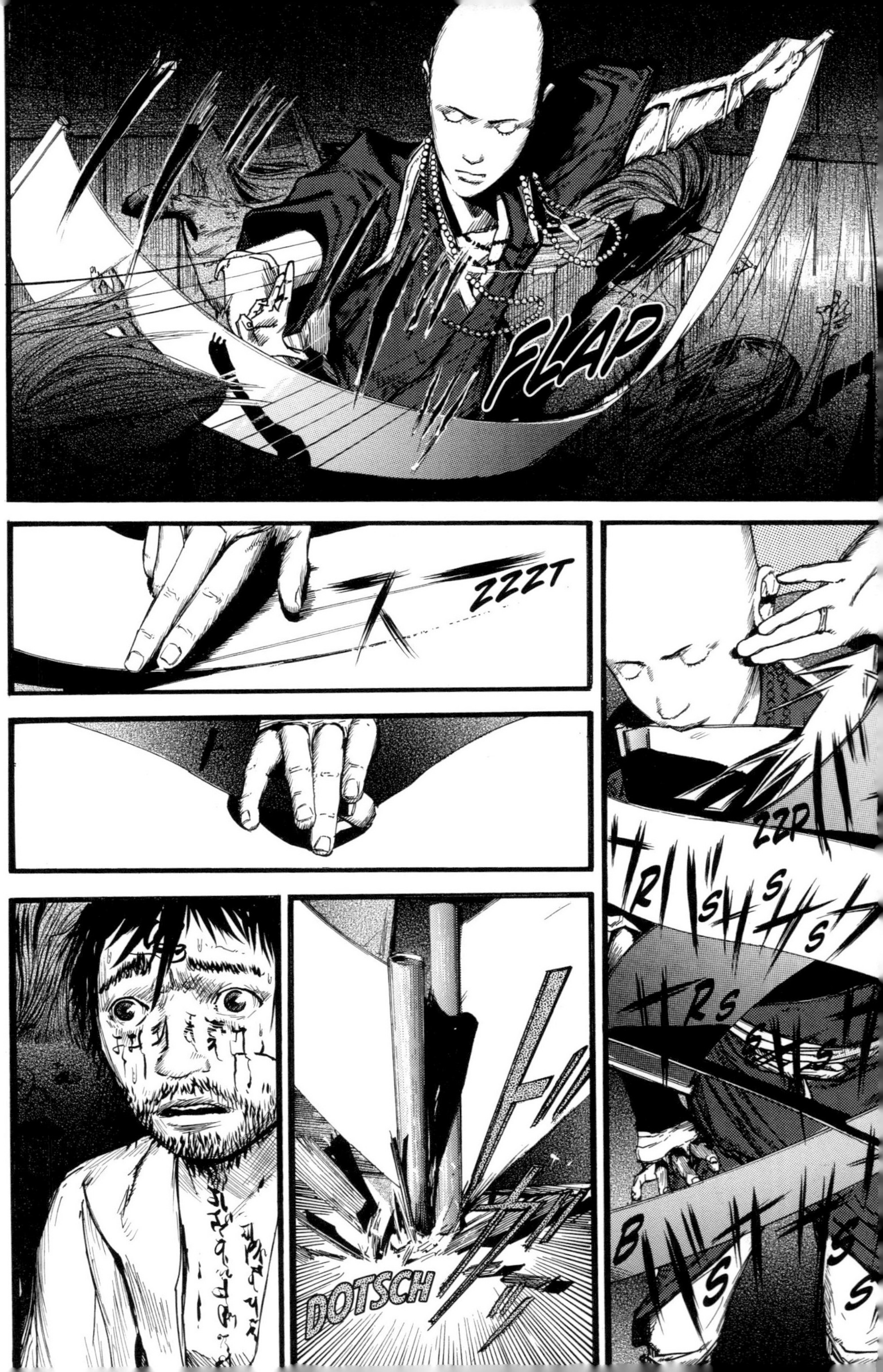
FLAP
ZZZT
ZZR
DOTSCH

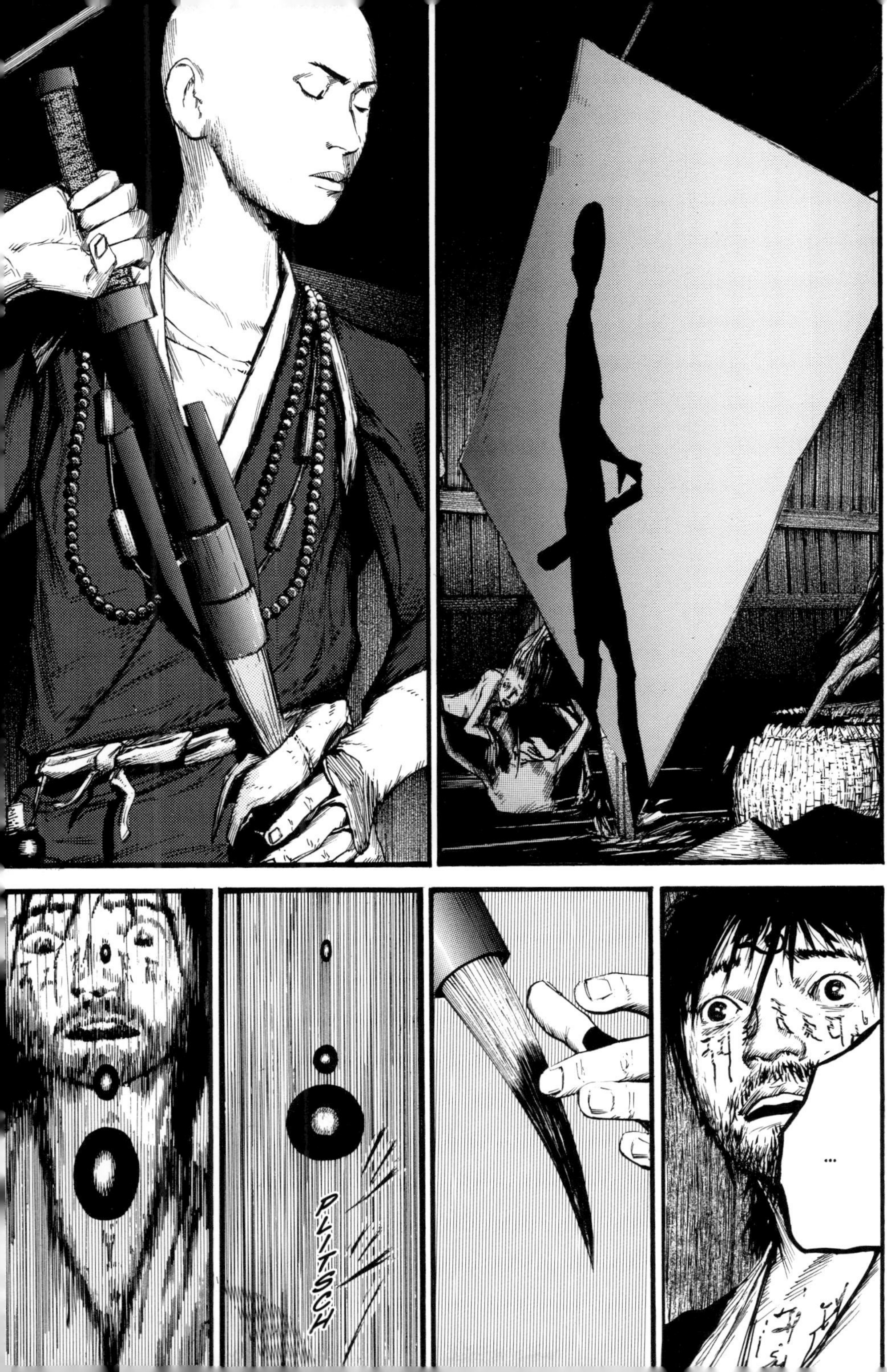
PLITSCH
...

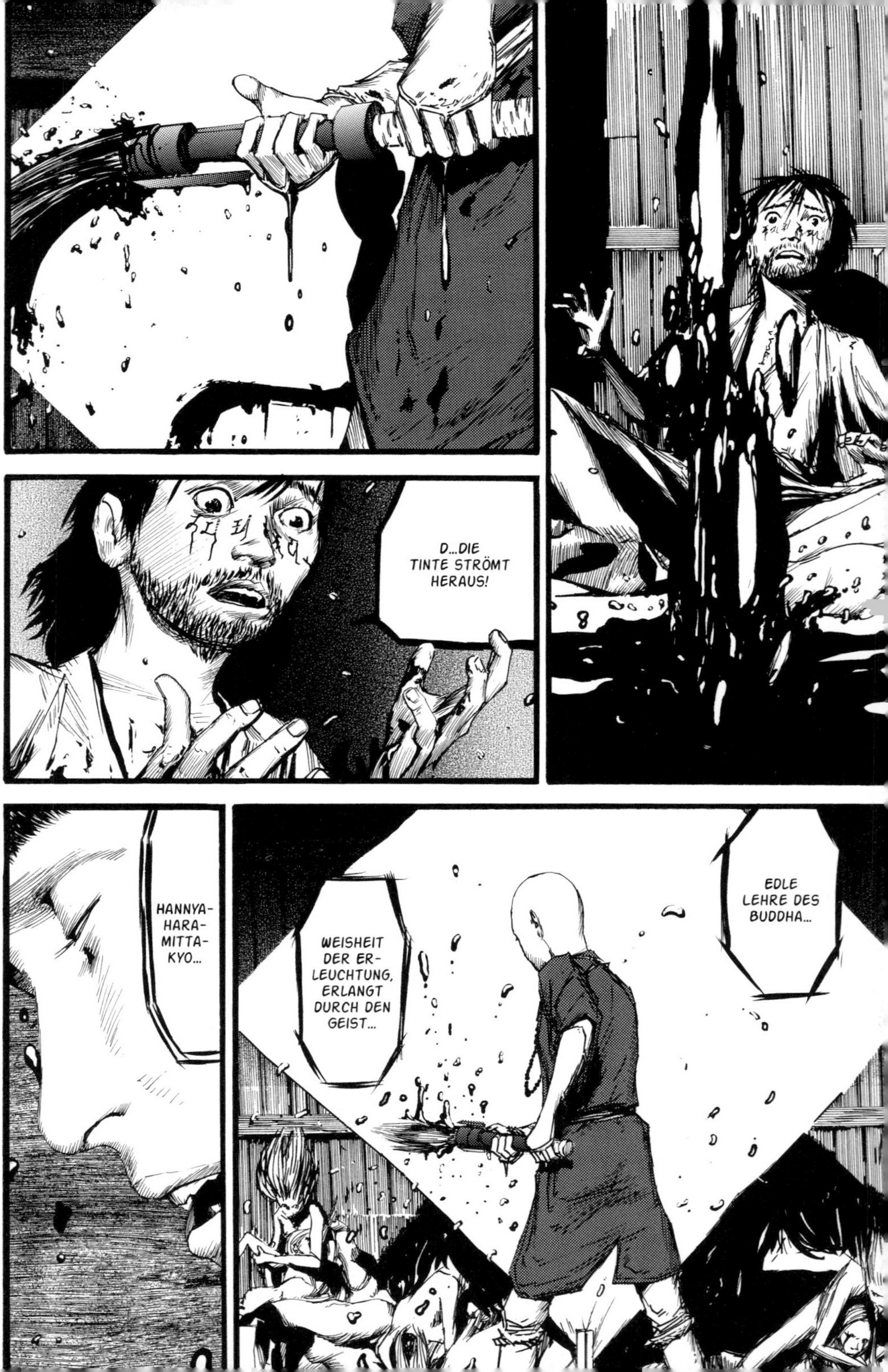
D...DIE TINTE STRÖMT HERAUS!
EDLE LEHRE DES BUDDHA...
WEISHEIT DER ERLEUCHTUNG, ERLANGT DURCH DEN GEIST...
HANNYA-HARA-MITTA-KYO...

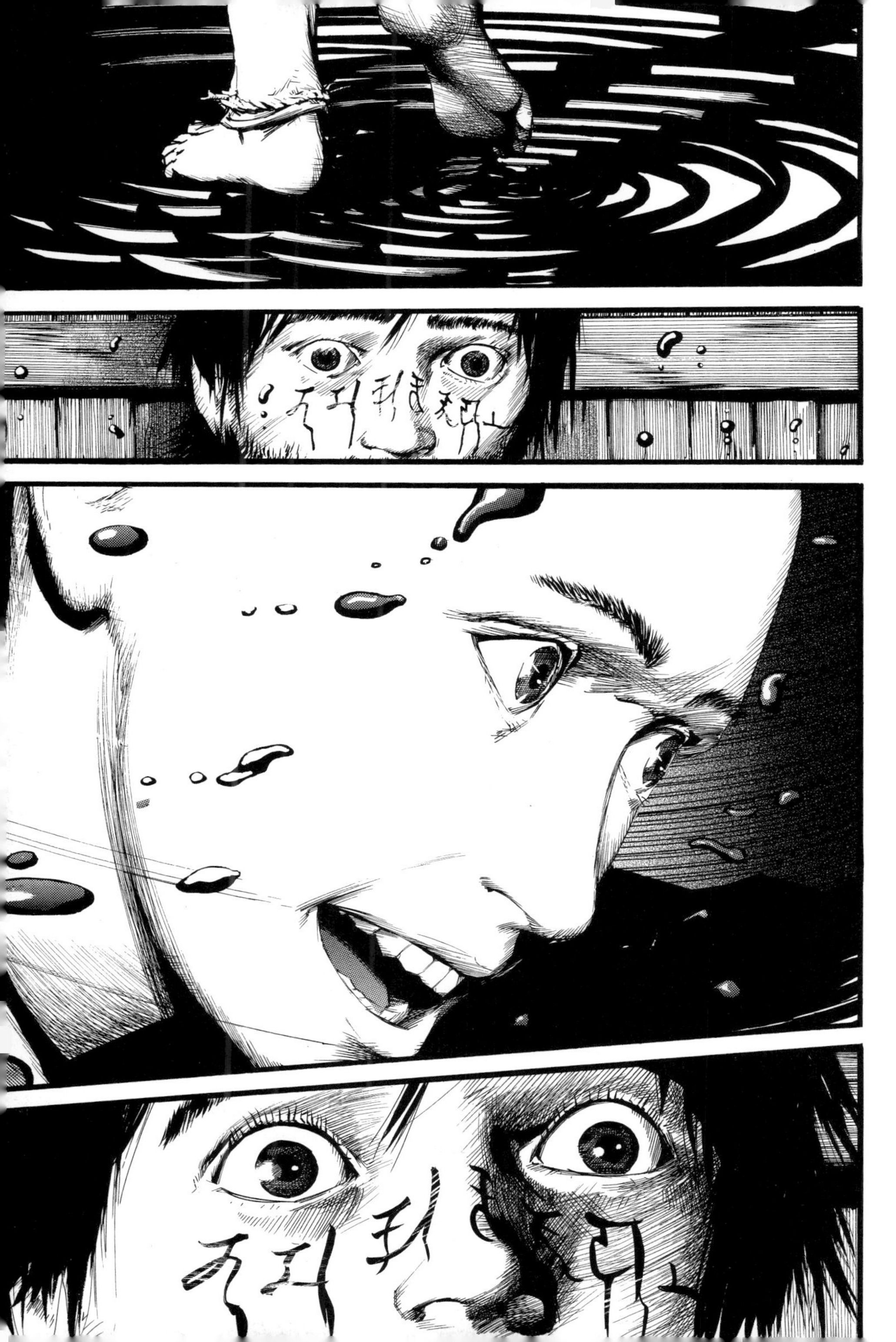

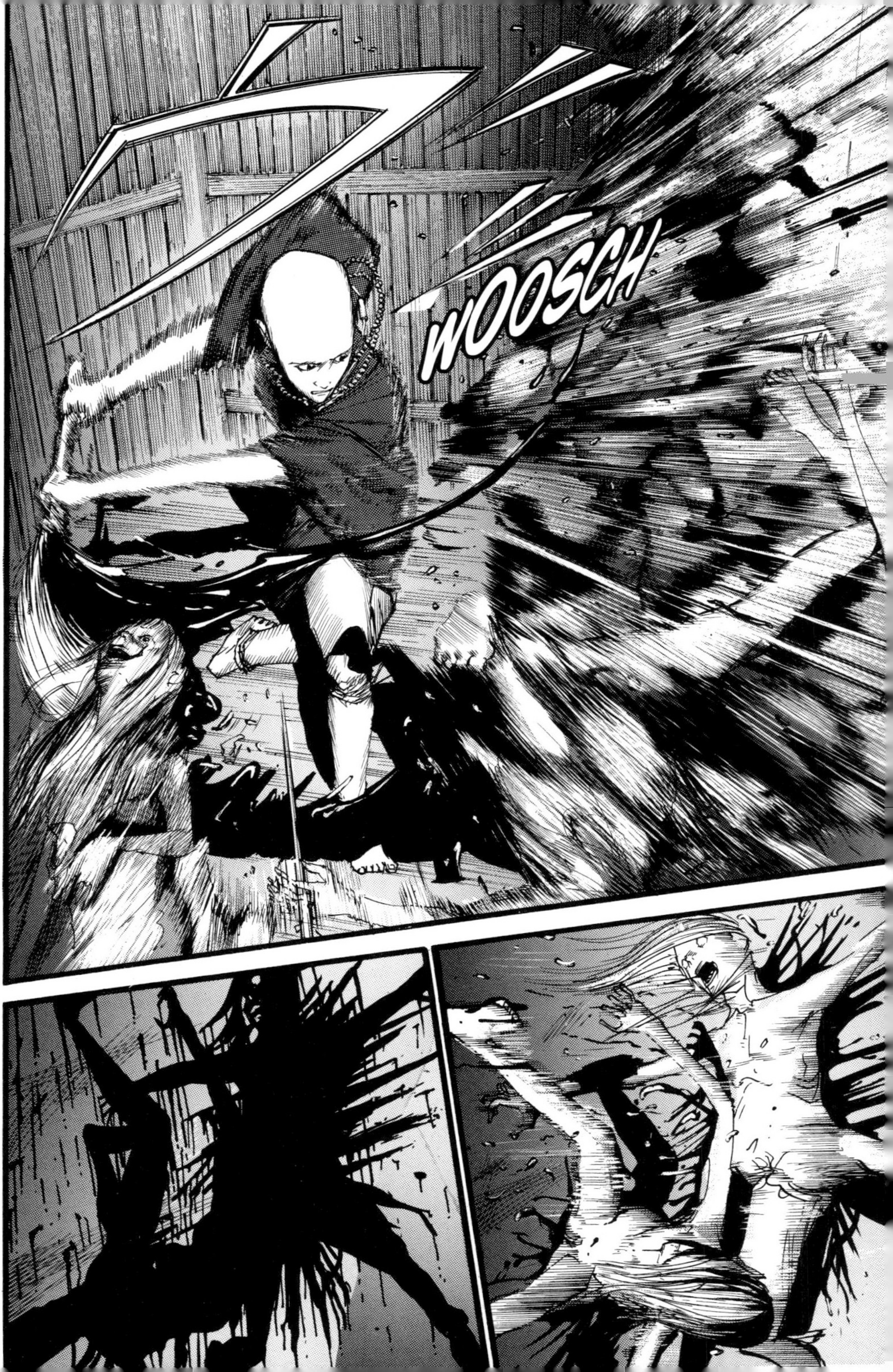
WOOSCH

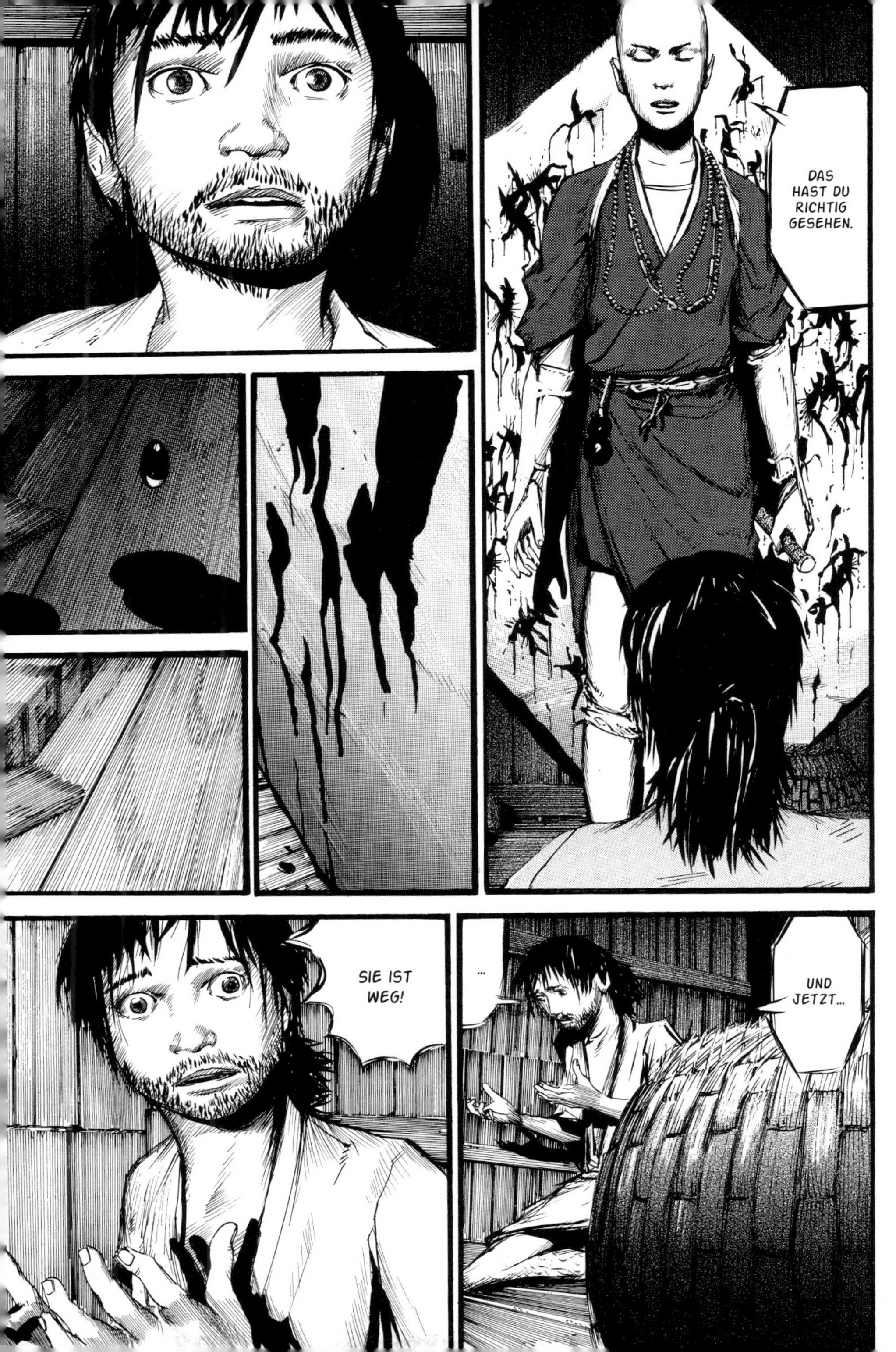
DAS HAST DU RICHTIG GESEHEN.
UND JETZT...
...
SIE IST WEG!

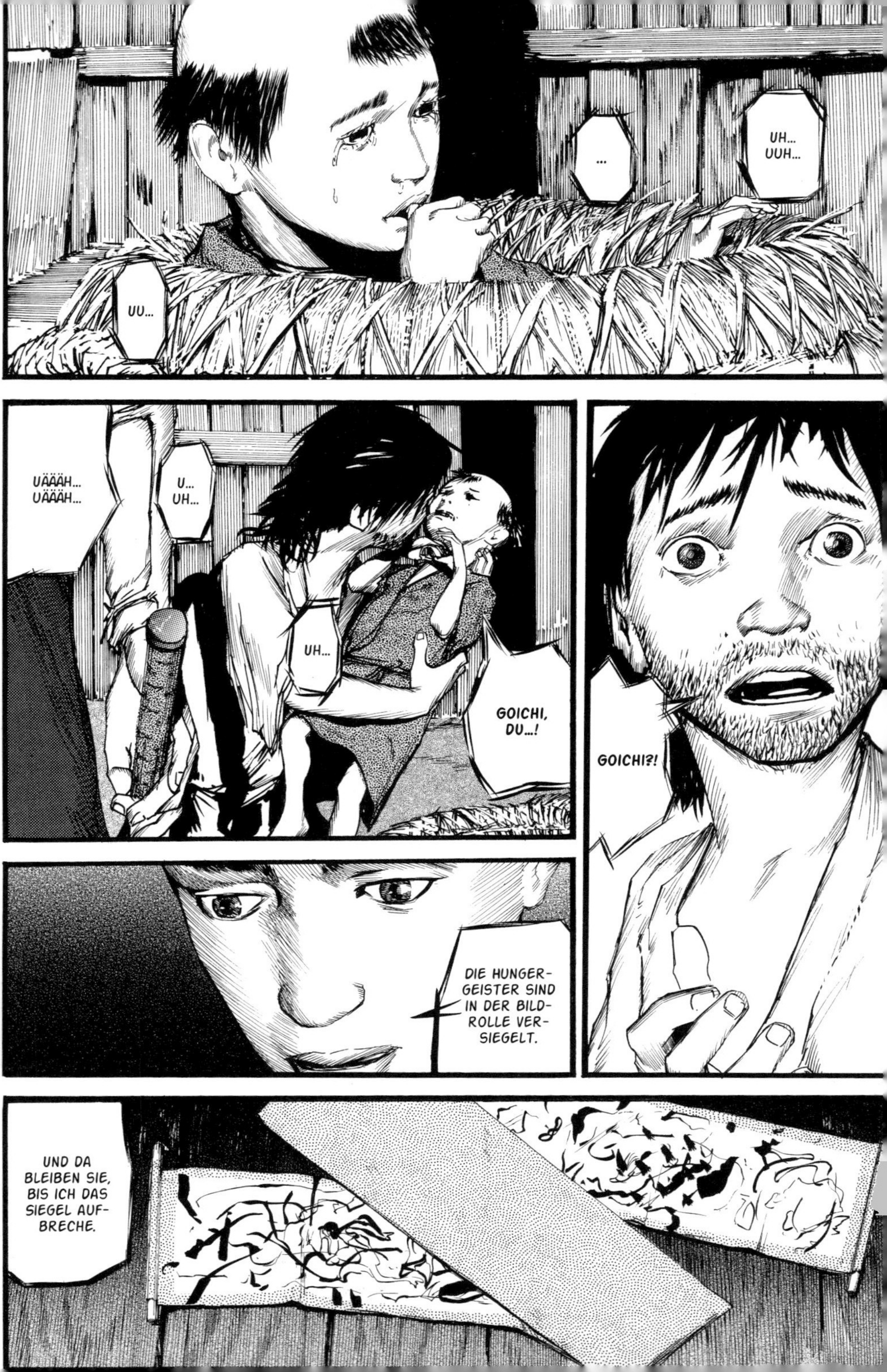
UH... UUH...
...
UU...
GOICHI?!
GOICHI, DU...!
U... UH...
UÄÄÄH... UÄÄÄH...
UH...
DIE HUNGER-GEISTER SIND IN DER BILD-ROLLE VER-SIEGELT.
UND DA BLEIBEN SIE, BIS ICH DAS SIEGEL AUF-BRECHE.

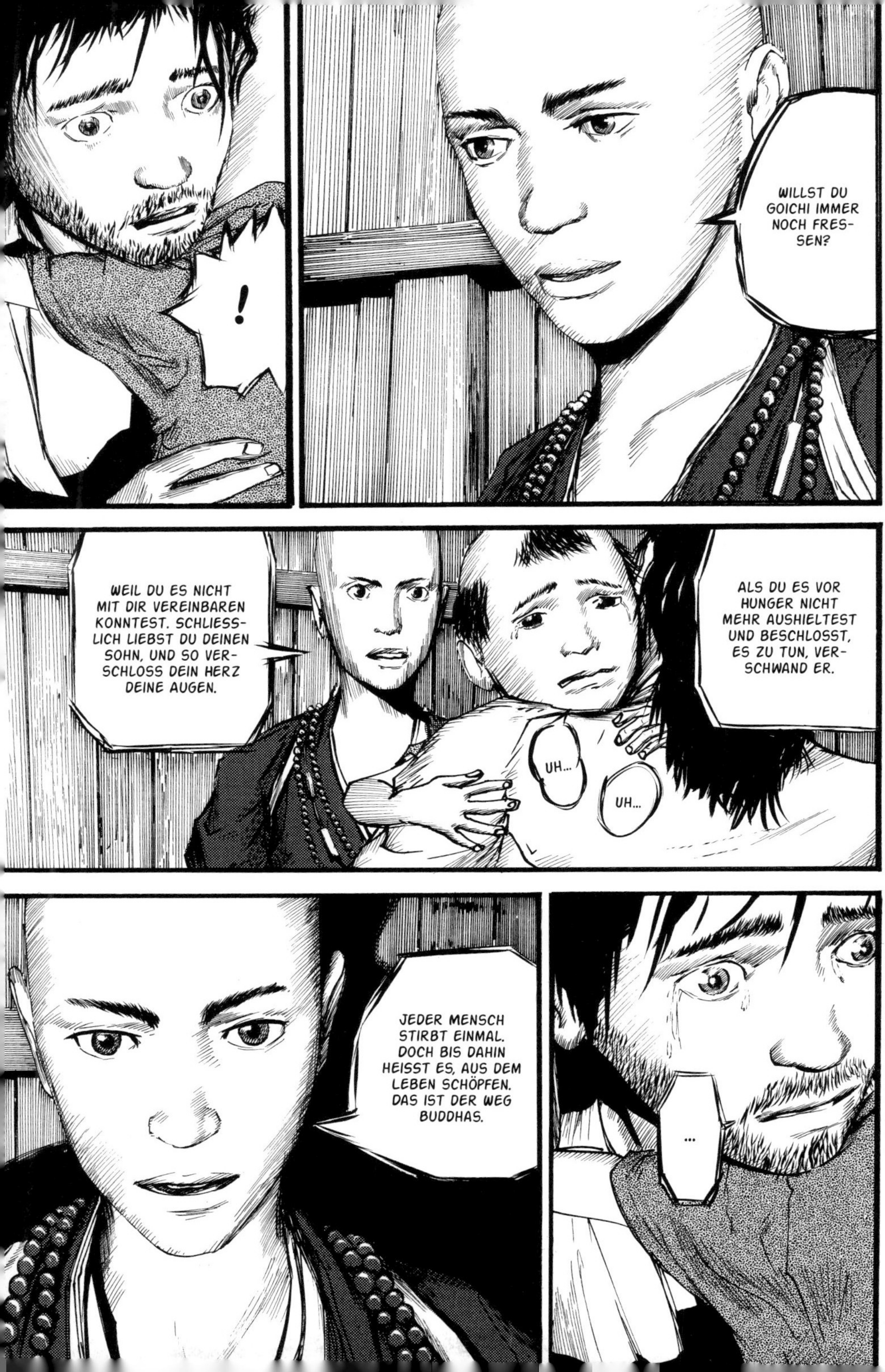
WILLST DU GOICHI IMMER NOCH FRES-SEN?
!
ALS DU ES VOR HUNGER NICHT MEHR AUSHIELTEST UND BESCHLOSST, ES ZU TUN, VER-SCHWAND ER.
UH...
UH...
WEIL DU ES NICHT MIT DIR VEREINBAREN KONNTEST. SCHLIESS-LICH LIEBST DU DEINEN SOHN, UND SO VER-SCHLOSS DEIN HERZ DEINE AUGEN.
...
JEDER MENSCH STIRBT EINMAL. DOCH BIS DAHIN HEISST ES, AUS DEM LEBEN SCHÖPFEN. DAS IST DER WEG BUDDHAS.

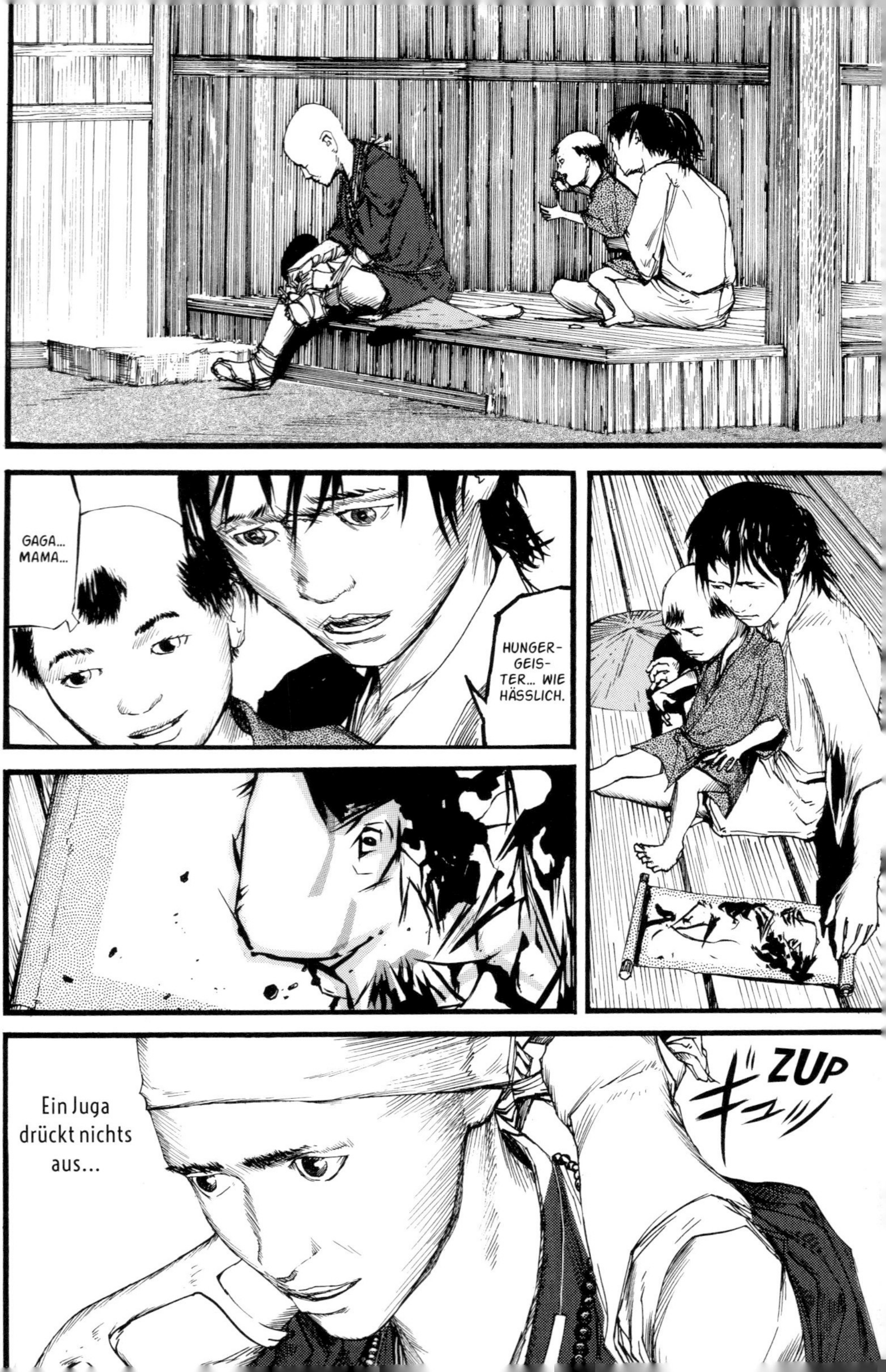
HUNGER-
GEIS-
TER... WIE
HÄSSLICH.
GAGA...
MAMA...
ZUP
ギュッ
Ein Juga
drückt nichts
aus...

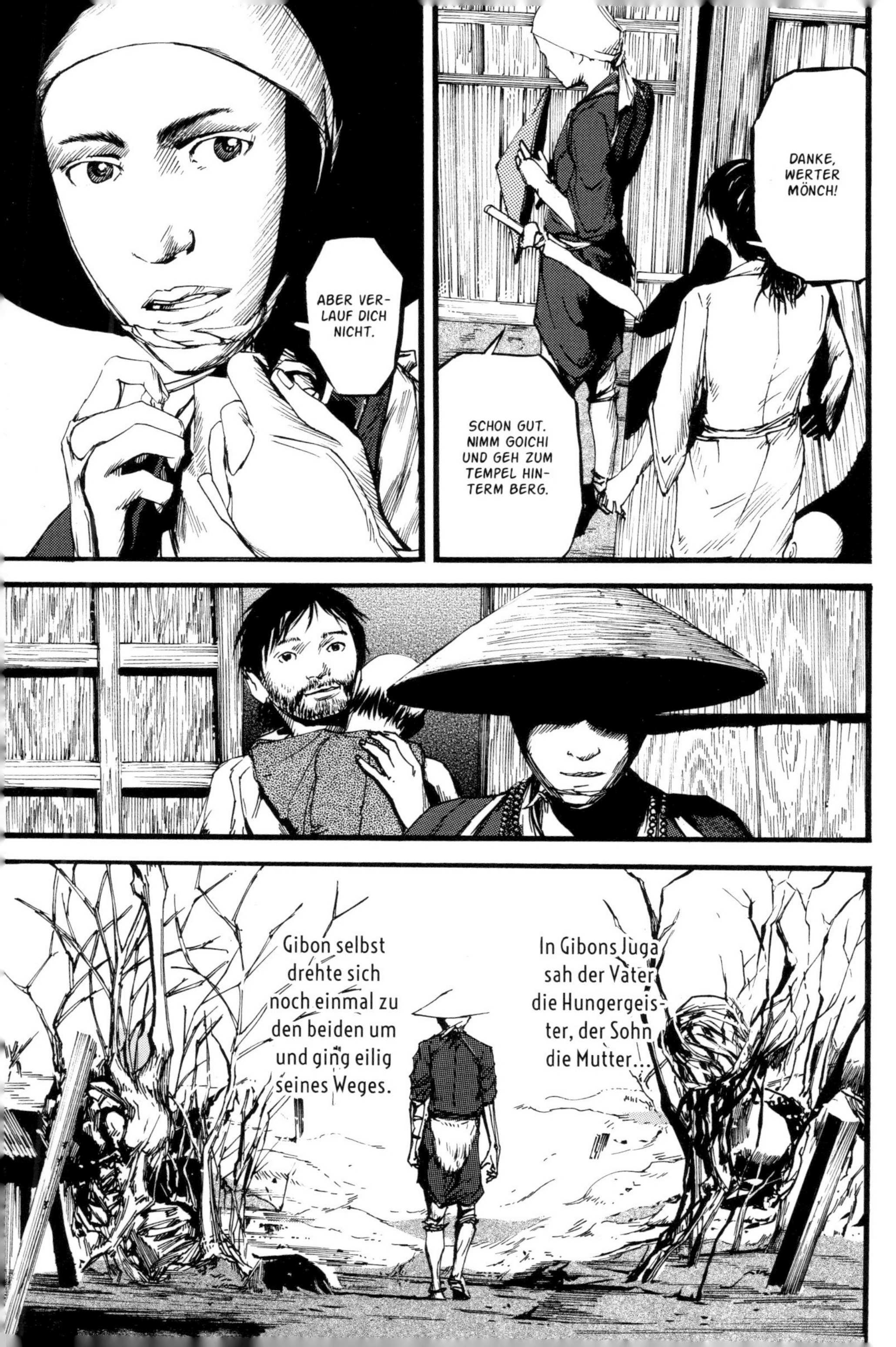
DANKE, WERTER MÖNCH!
SCHON GUT. NIMM GOICHI UND GEH ZUM TEMPEL HINTERM BERG.
ABER VERLAUF DICH NICHT.
In Gibons Juga sah der Vater die Hungergeister, der Sohn die Mutter …
Gibon selbst drehte sich noch einmal zu den beiden um und ging eilig seines Weges.

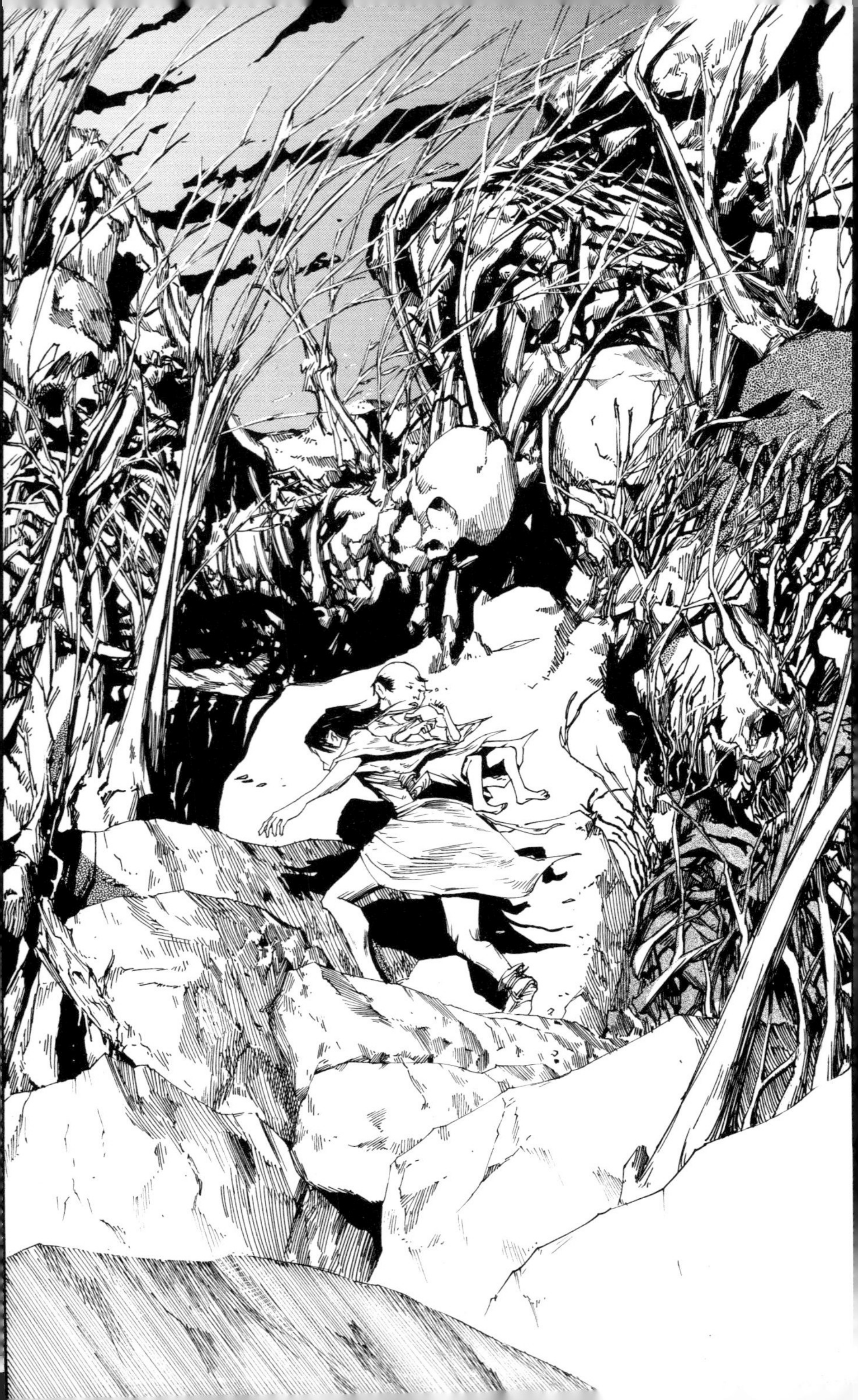

JUGA – MAGISCHE BILDER II

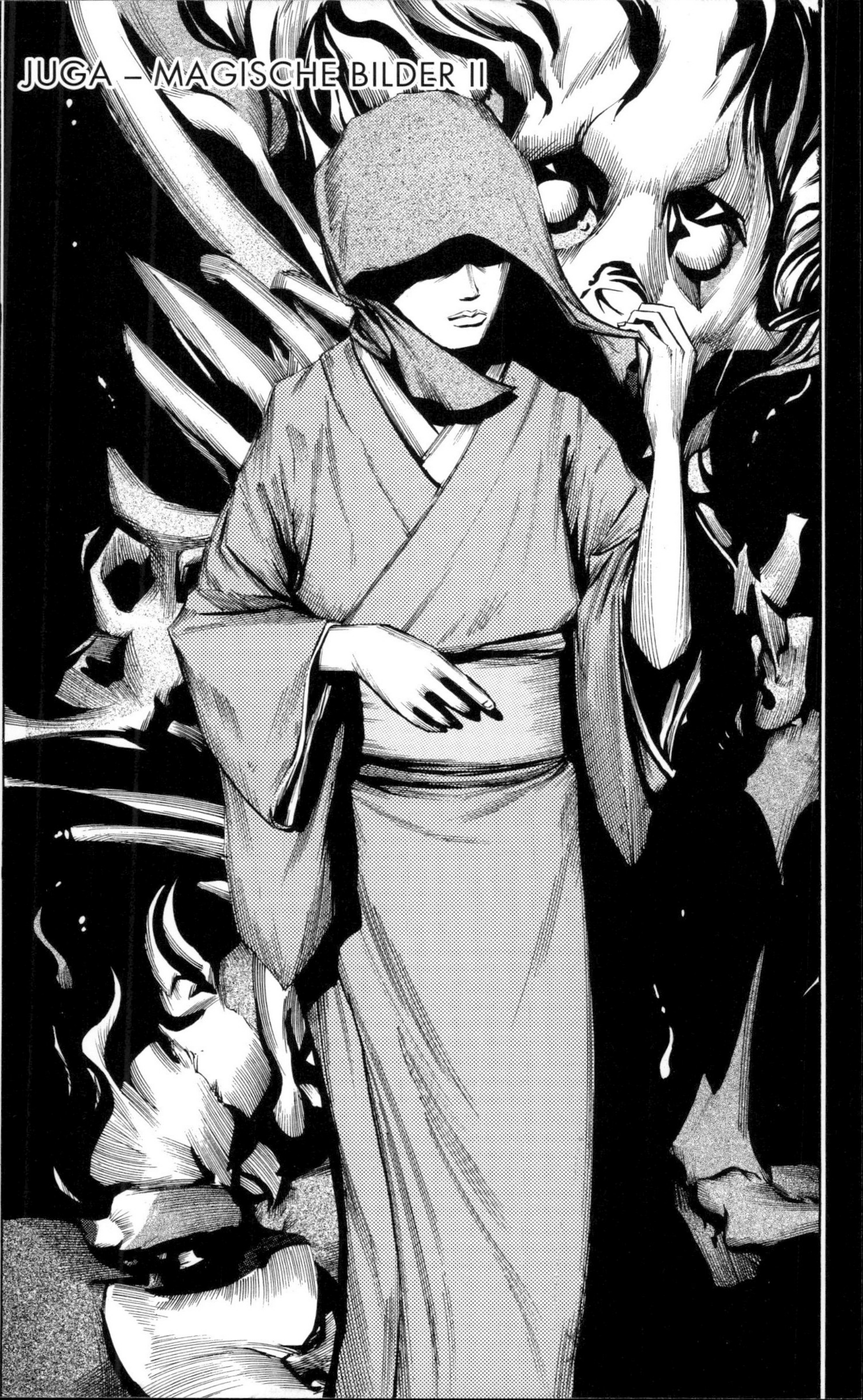

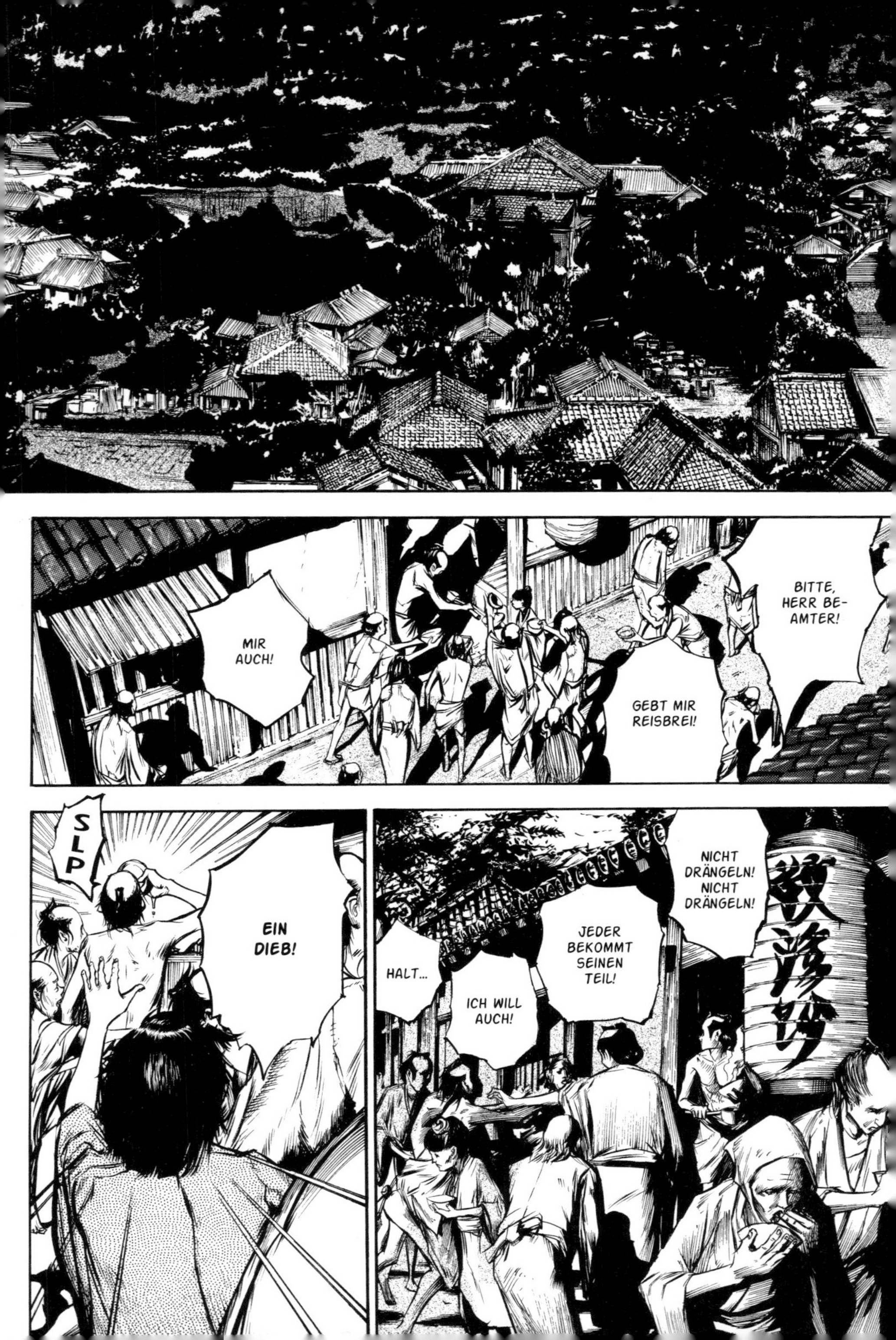
BITTE, HERR BEAMTER!
GEBT MIR REISBREI!
MIR AUCH!
NICHT DRÄNGELN! NICHT DRÄNGELN!
JEDER BEKOMMT SEINEN TEIL!
ICH WILL AUCH!
HALT...
SLP
EIN DIEB!

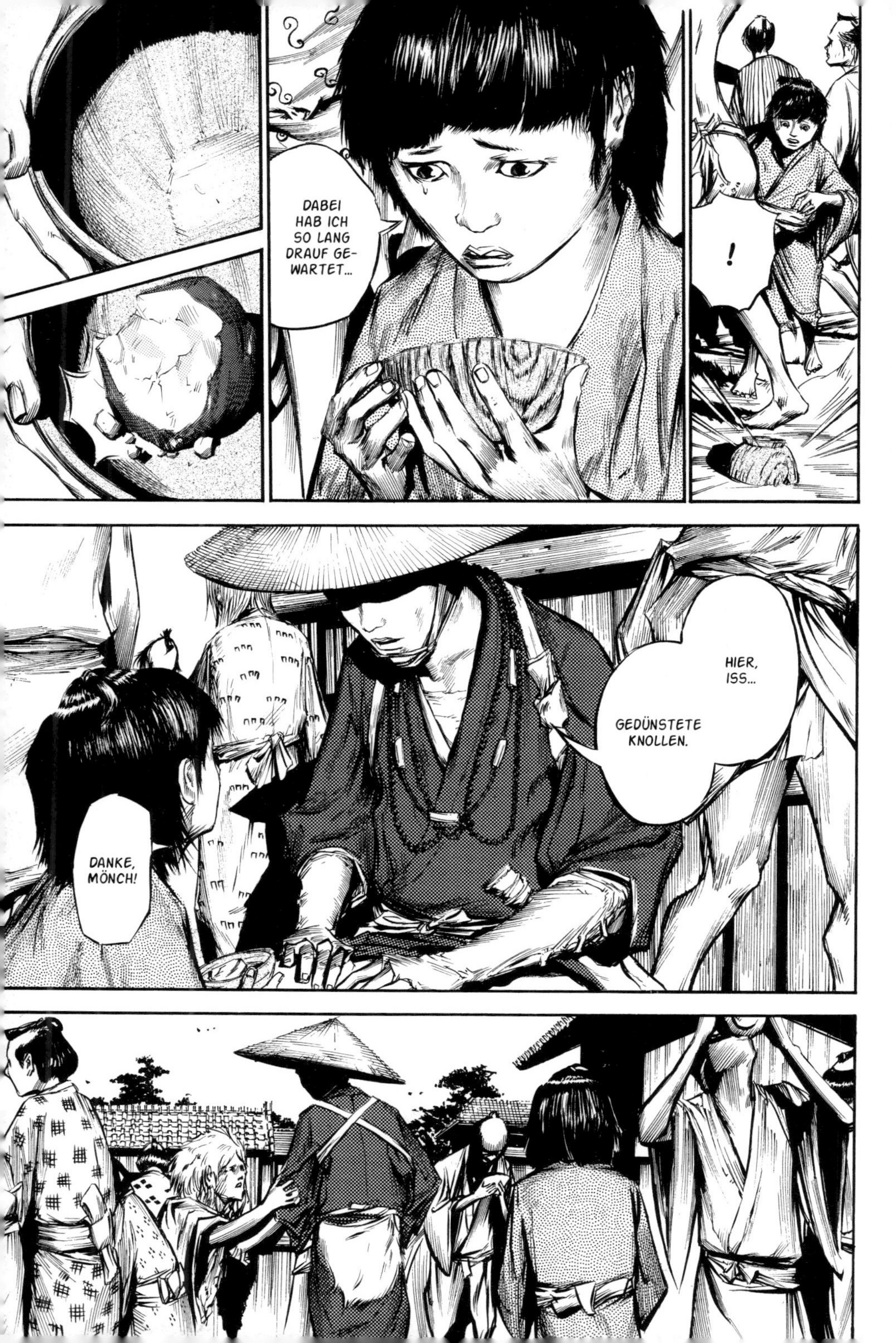

DABEI HAB ICH SO LANG DRAUF GE-WARTET...
!
HIER, ISS...
GEDÜNSTETE KNOLLEN.
DANKE, MÖNCH!

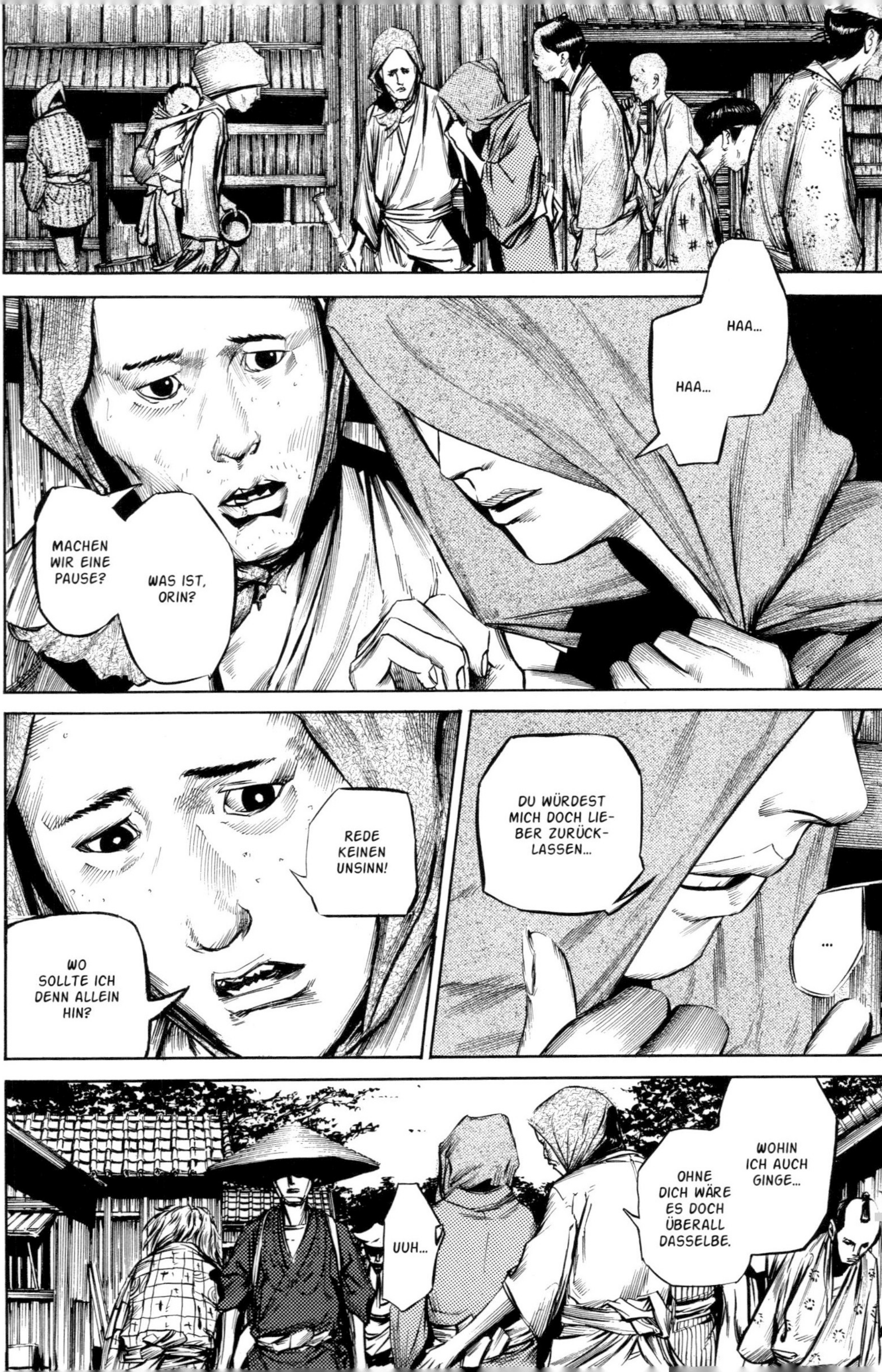
HAA...
HAA...
WAS IST, ORIN?
MACHEN WIR EINE PAUSE?
DU WÜRDEST MICH DOCH LIEBER ZURÜCK-LASSEN...
...
REDE KEINEN UNSINN!
WO SOLLTE ICH DENN ALLEIN HIN?
WOHIN ICH AUCH GINGE...
OHNE DICH WÄRE ES DOCH ÜBERALL DASSELBE.
UUH...

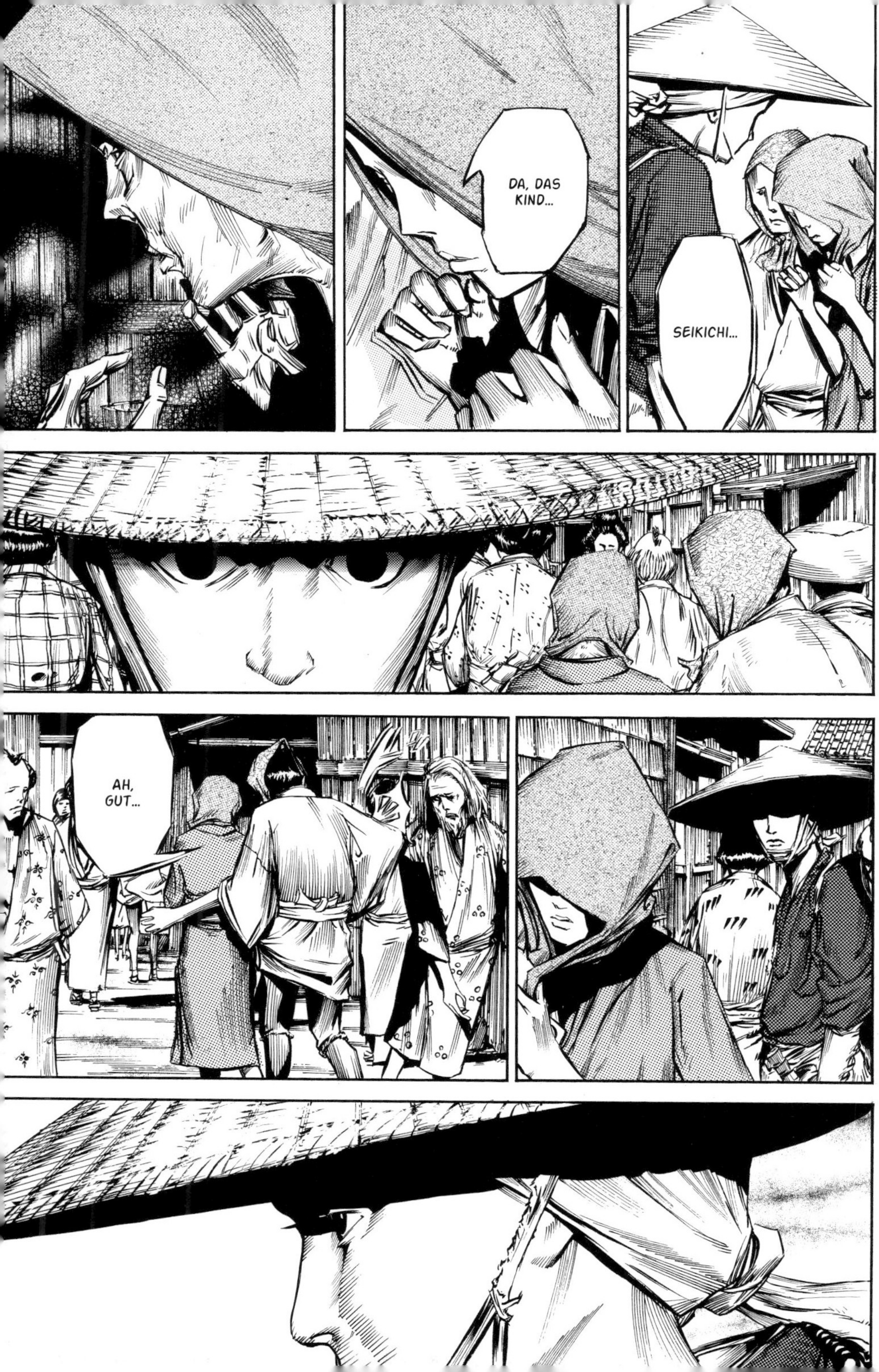
SEIKICHI...
DA, DAS KIND...
AH, GUT...

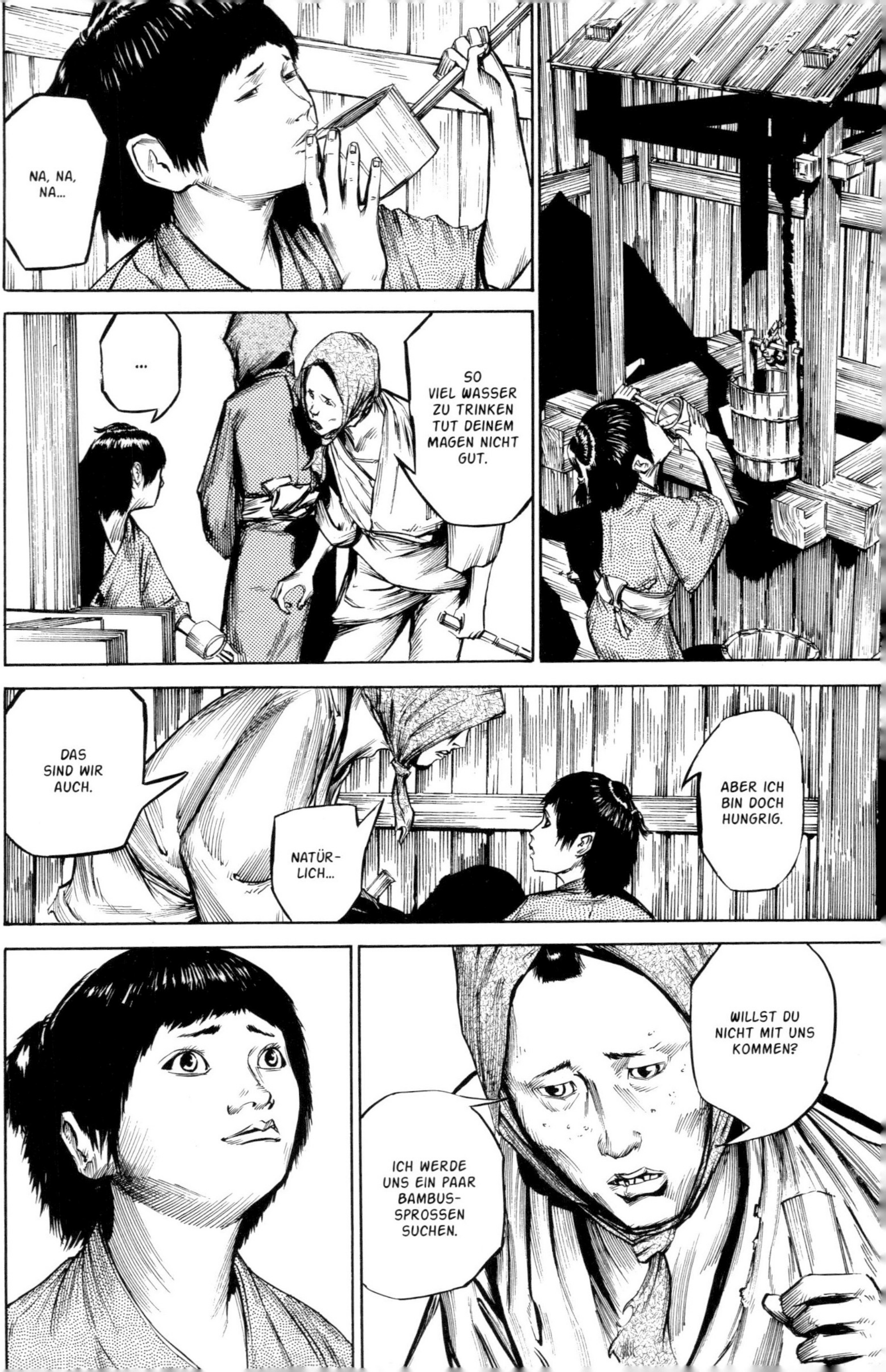
NA, NA, NA...
SO VIEL WASSER ZU TRINKEN TUT DEINEM MAGEN NICHT GUT.
...
ABER ICH BIN DOCH HUNGRIG.
NATÜRLICH...
DAS SIND WIR AUCH.
WILLST DU NICHT MIT UNS KOMMEN?
ICH WERDE UNS EIN PAAR BAMBUSSPROSSEN SUCHEN.

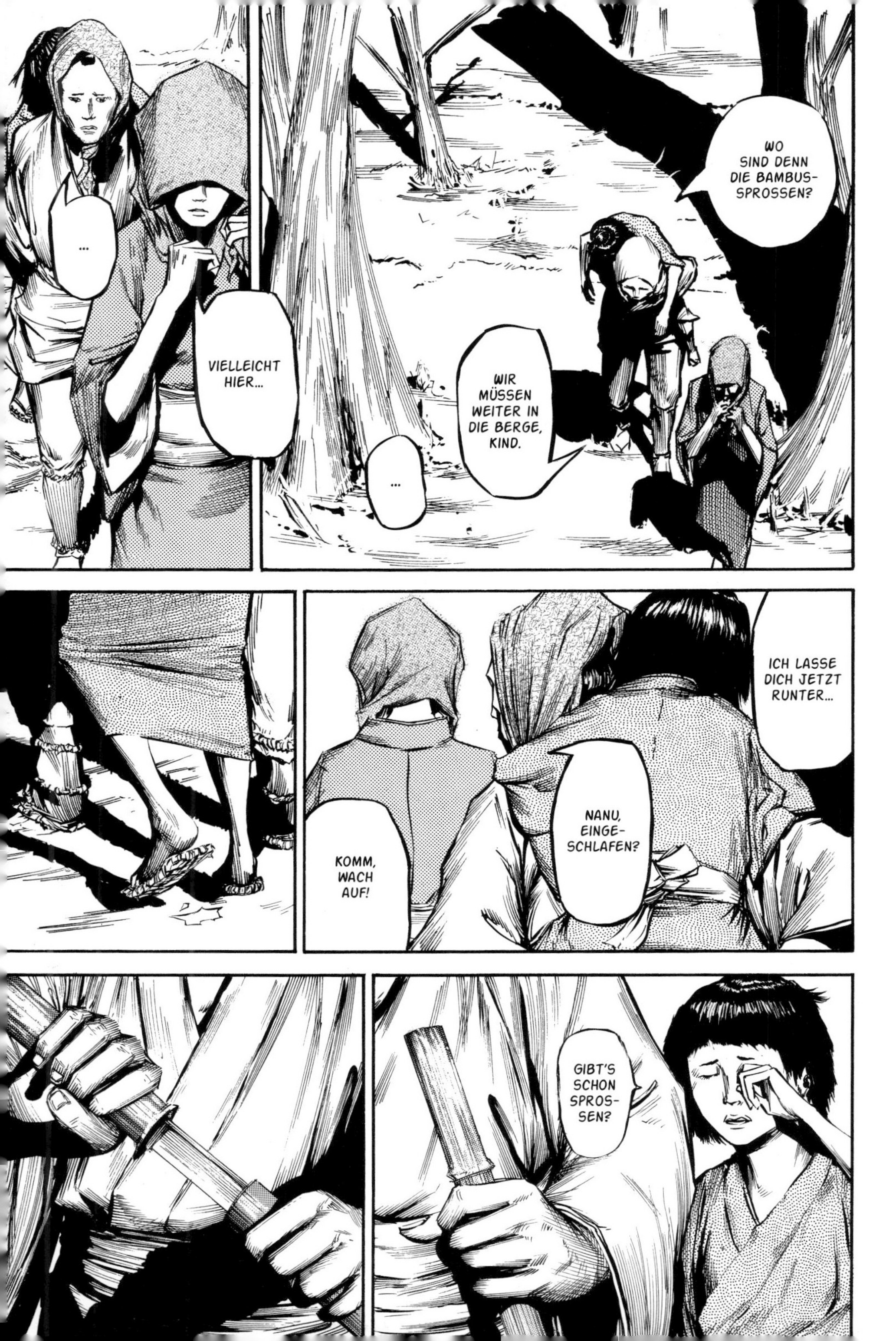
WO SIND DENN DIE BAMBUS-SPROSSEN?
WIR MÜSSEN WEITER IN DIE BERGE, KIND.
...
VIELLEICHT HIER...
...
ICH LASSE DICH JETZT RUNTER...
NANU, EINGE-SCHLAFEN?
KOMM, WACH AUF!
GIBT'S SCHON SPROS-SEN?

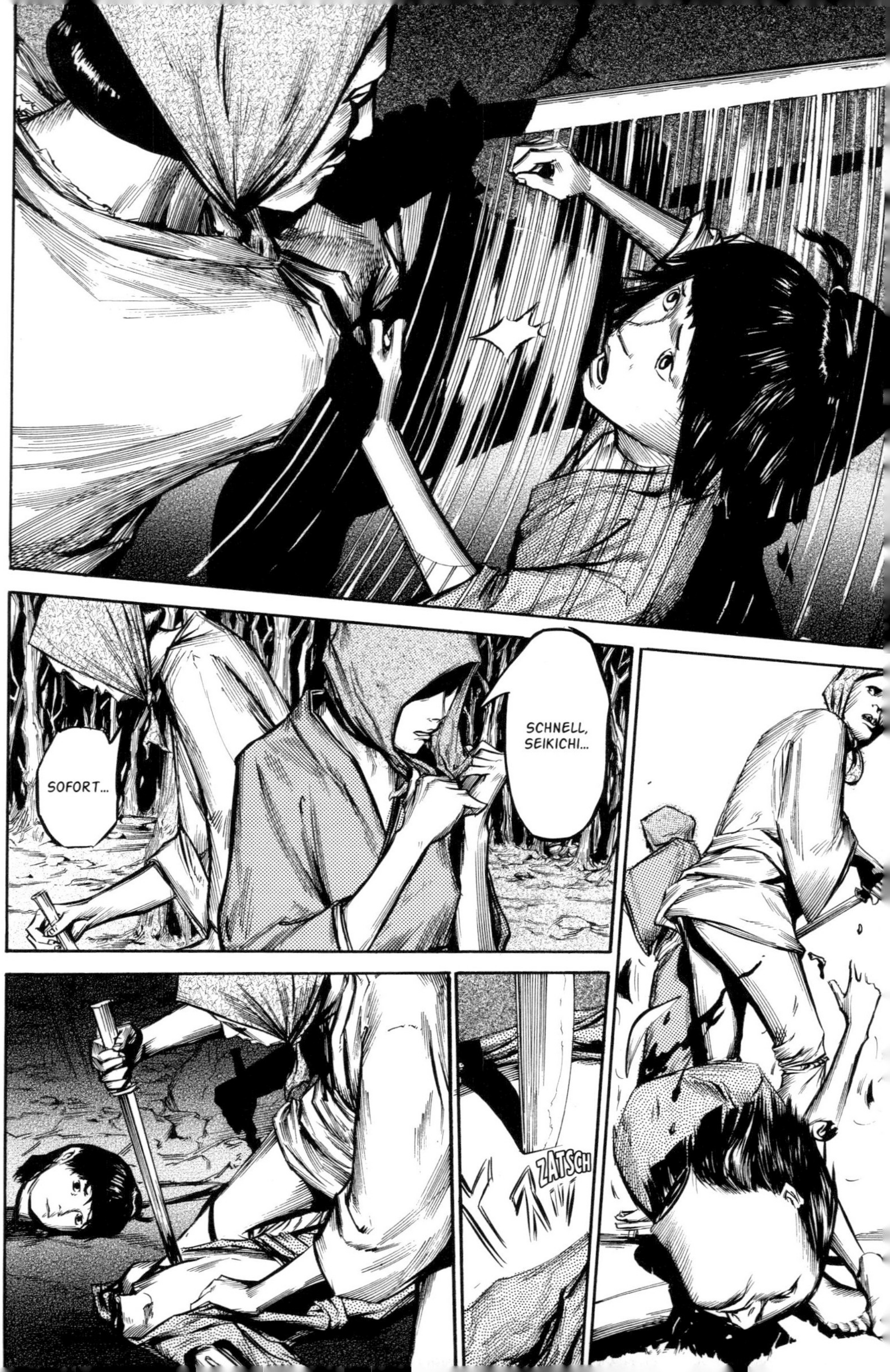
SCHNELL, SEIKICHI...
SOFORT...
ZATSCH

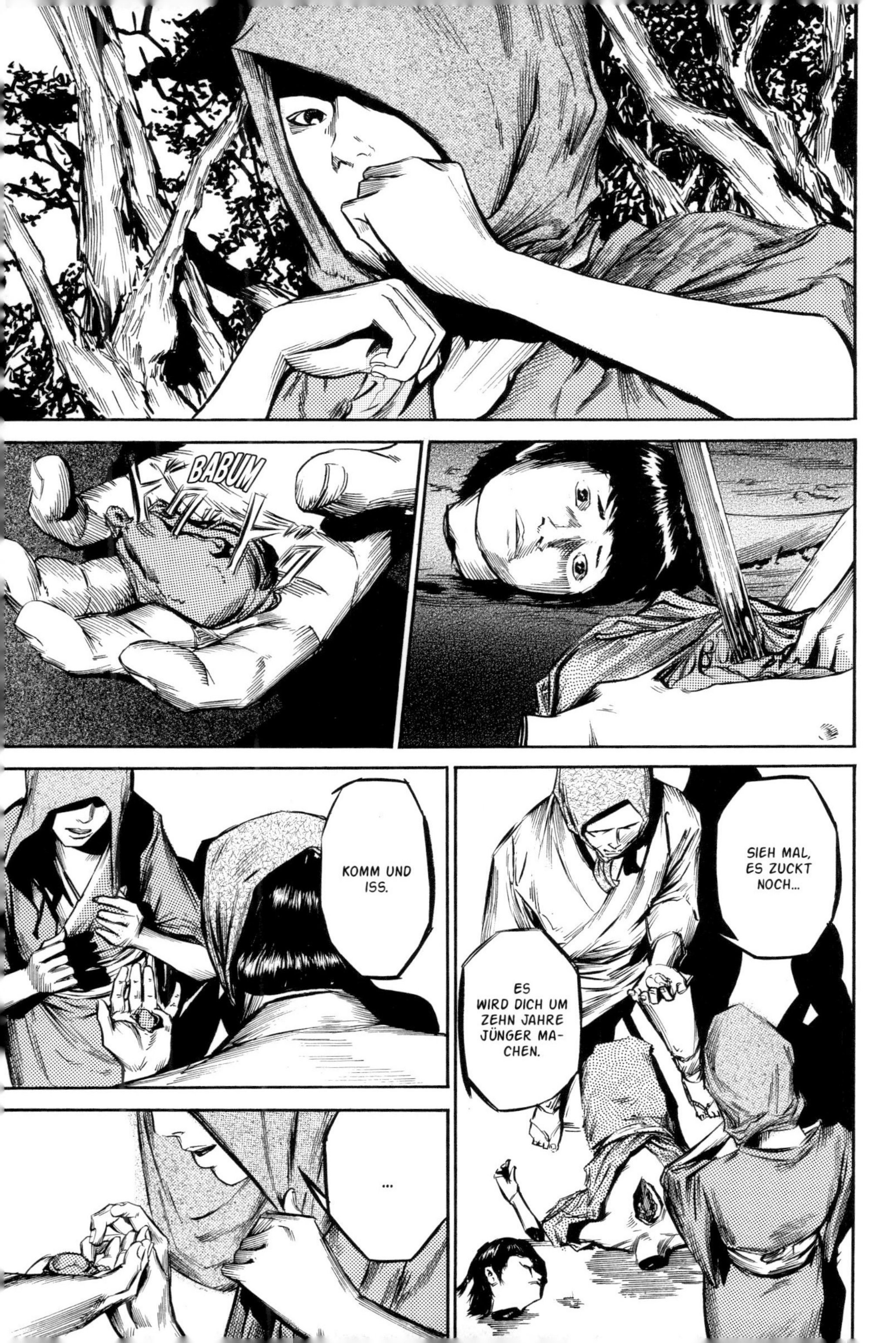
BABUM
SIEH MAL, ES ZUCKT NOCH...
ES WIRD DICH UM ZEHN JAHRE JÜNGER MA-CHEN.
KOMM UND ISS.
...

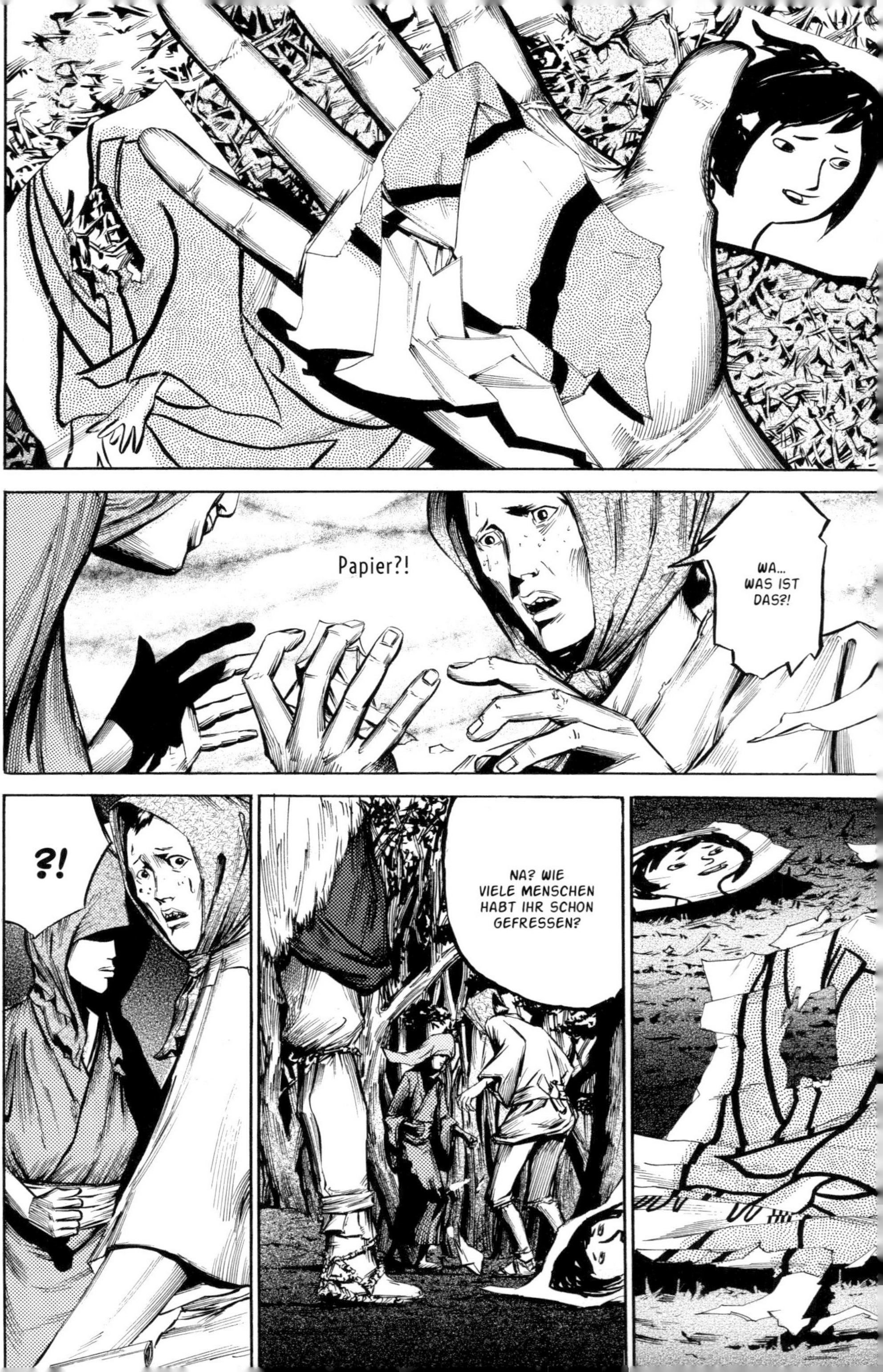
WA... WAS IST DAS?!
Papier?!
NA? WIE VIELE MENSCHEN HABT IHR SCHON GEFRESSEN?
?!

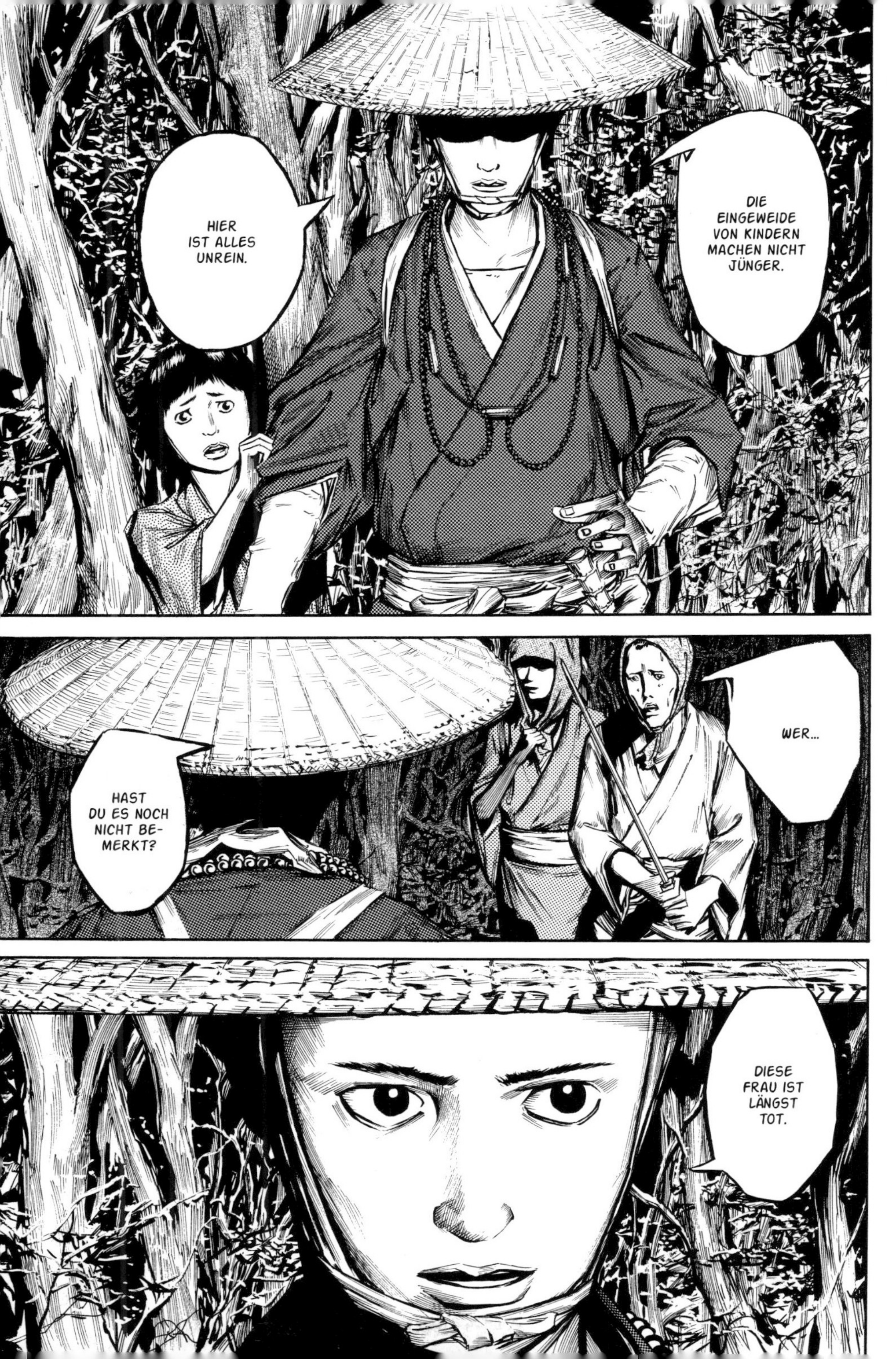
DIE EINGEWEIDE VON KINDERN MACHEN NICHT JÜNGER.
HIER IST ALLES UNREIN.
WER...
HAST DU ES NOCH NICHT BEMERKT?
DIESE FRAU IST LÄNGST TOT.

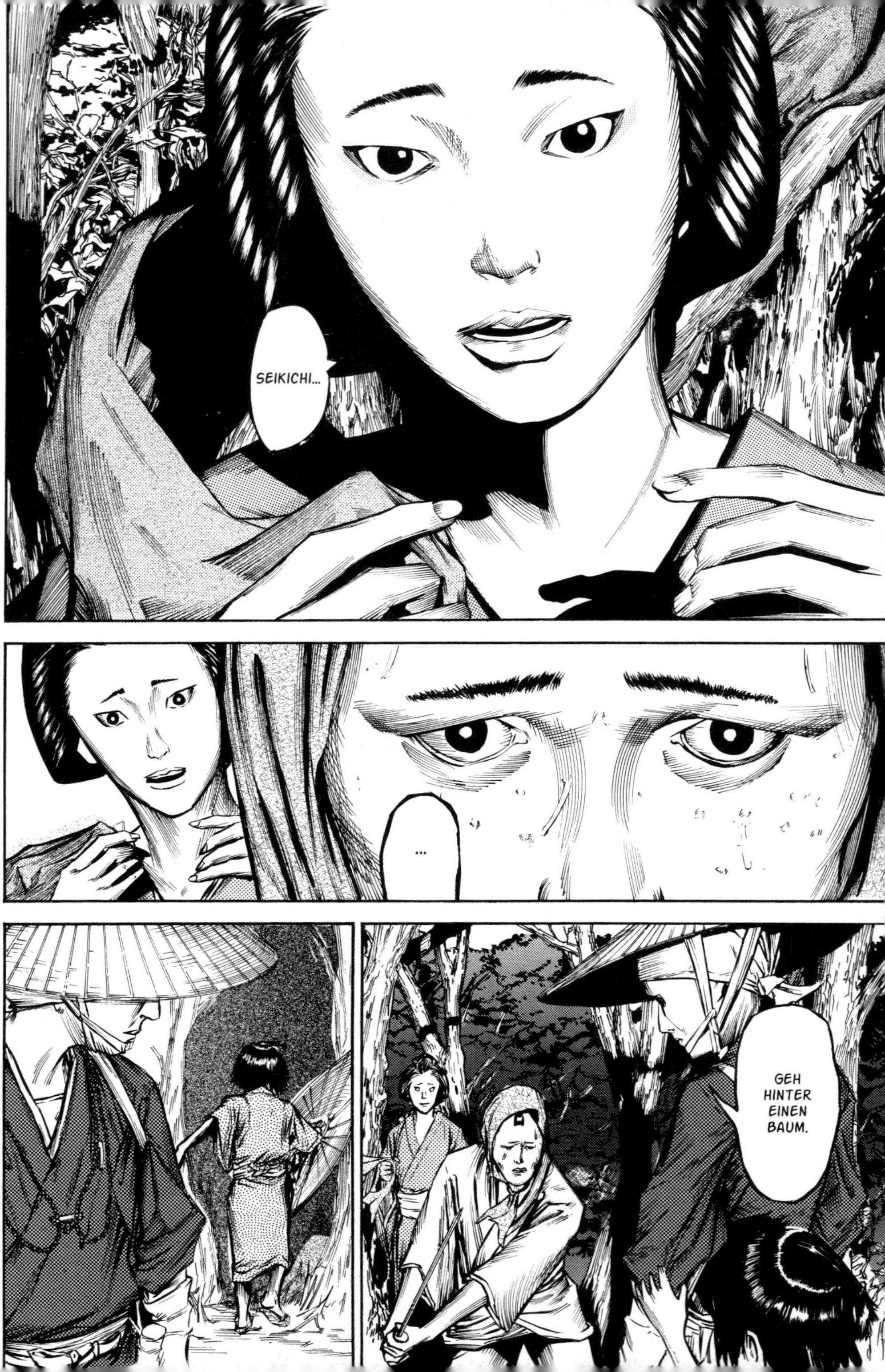
SEIKICHI...
...
GEH HINTER EINEN BAUM.

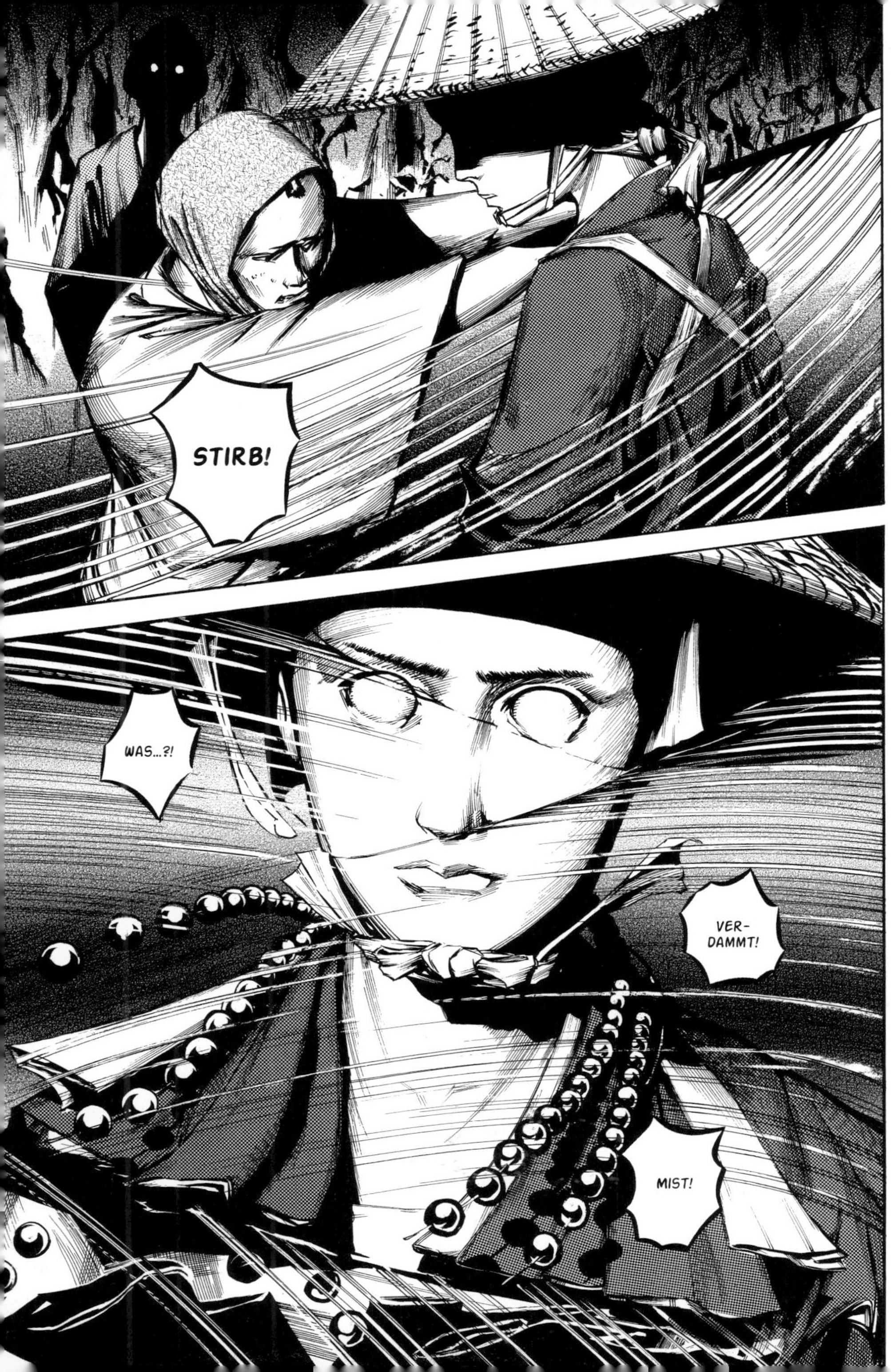
STIRB!
WAS...?!
VER-
DAMMT!
MIST!

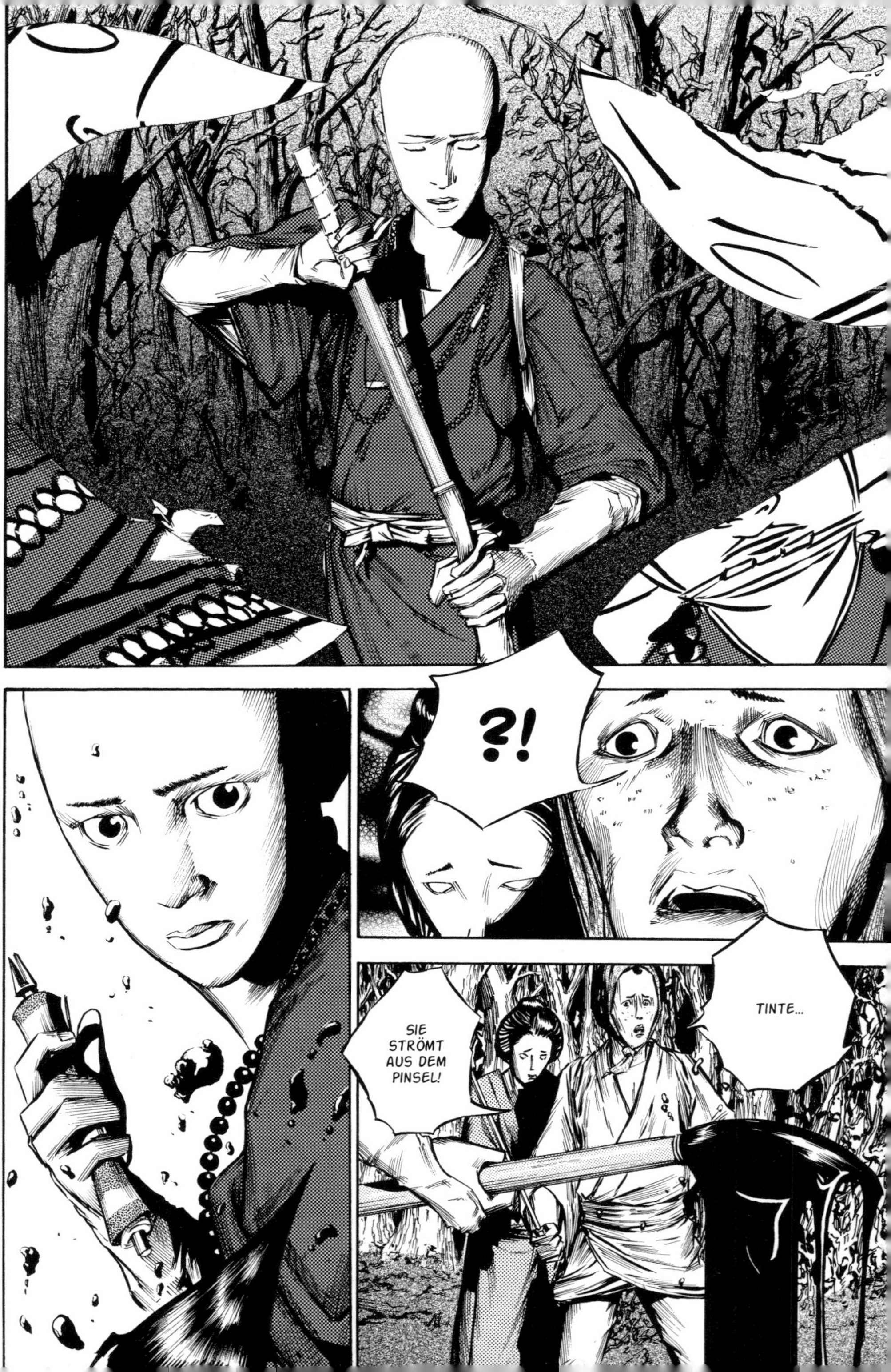
?!
TINTE...
SIE STRÖMT AUS DEM PINSEL!

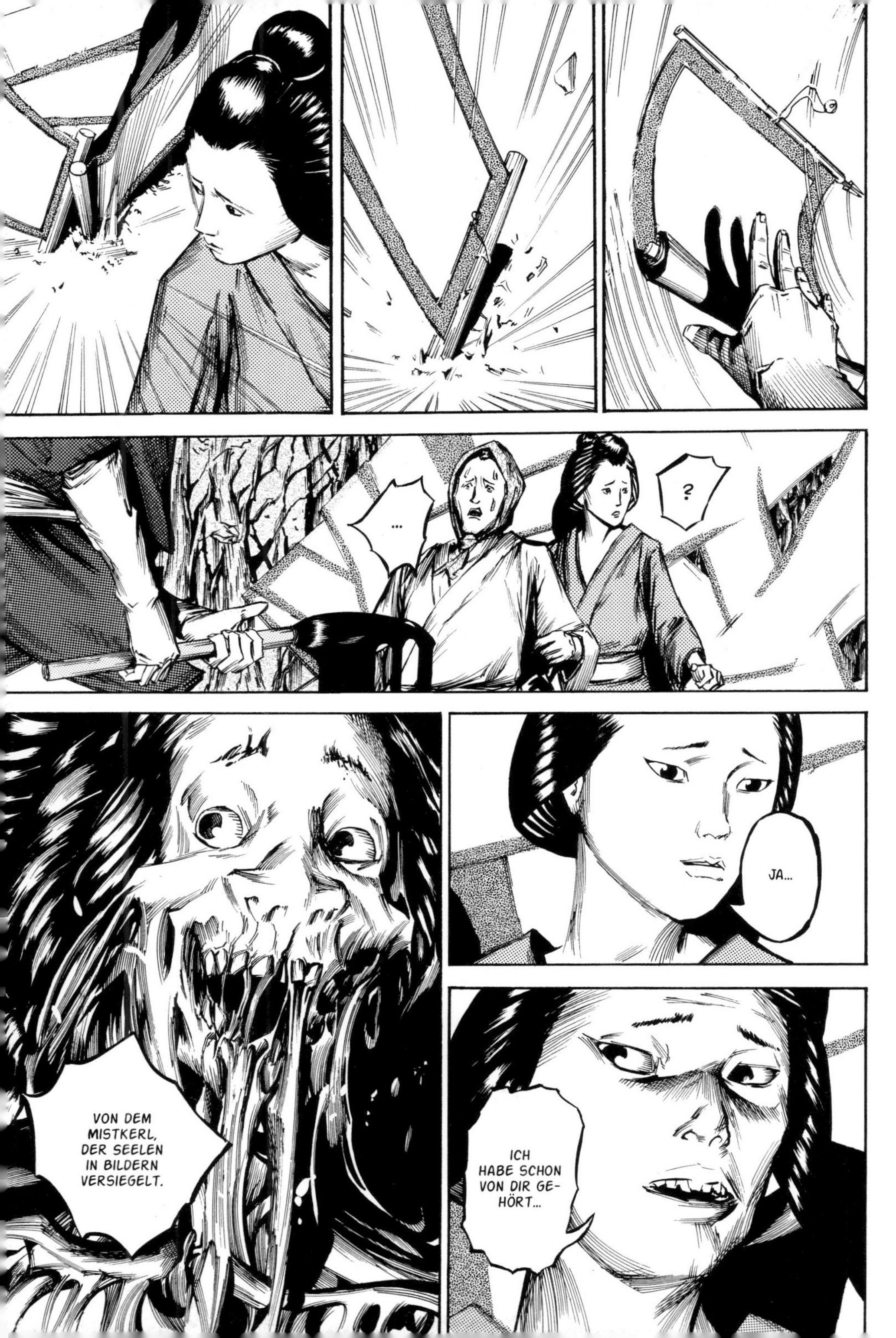
?
...
JA...
ICH HABE SCHON VON DIR GE-HÖRT...
VON DEM MISTKERL, DER SEELEN IN BILDERN VERSIEGELT.

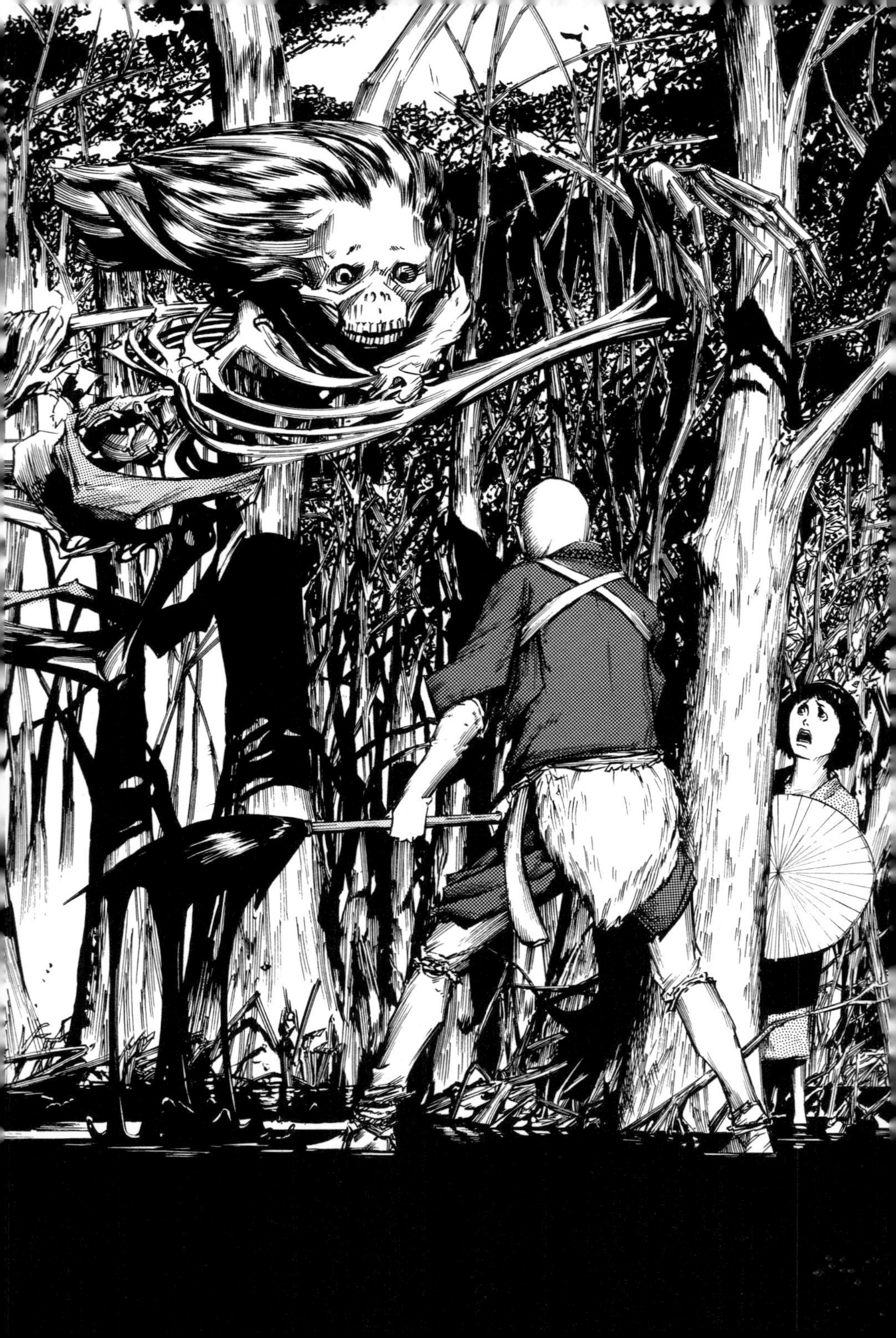

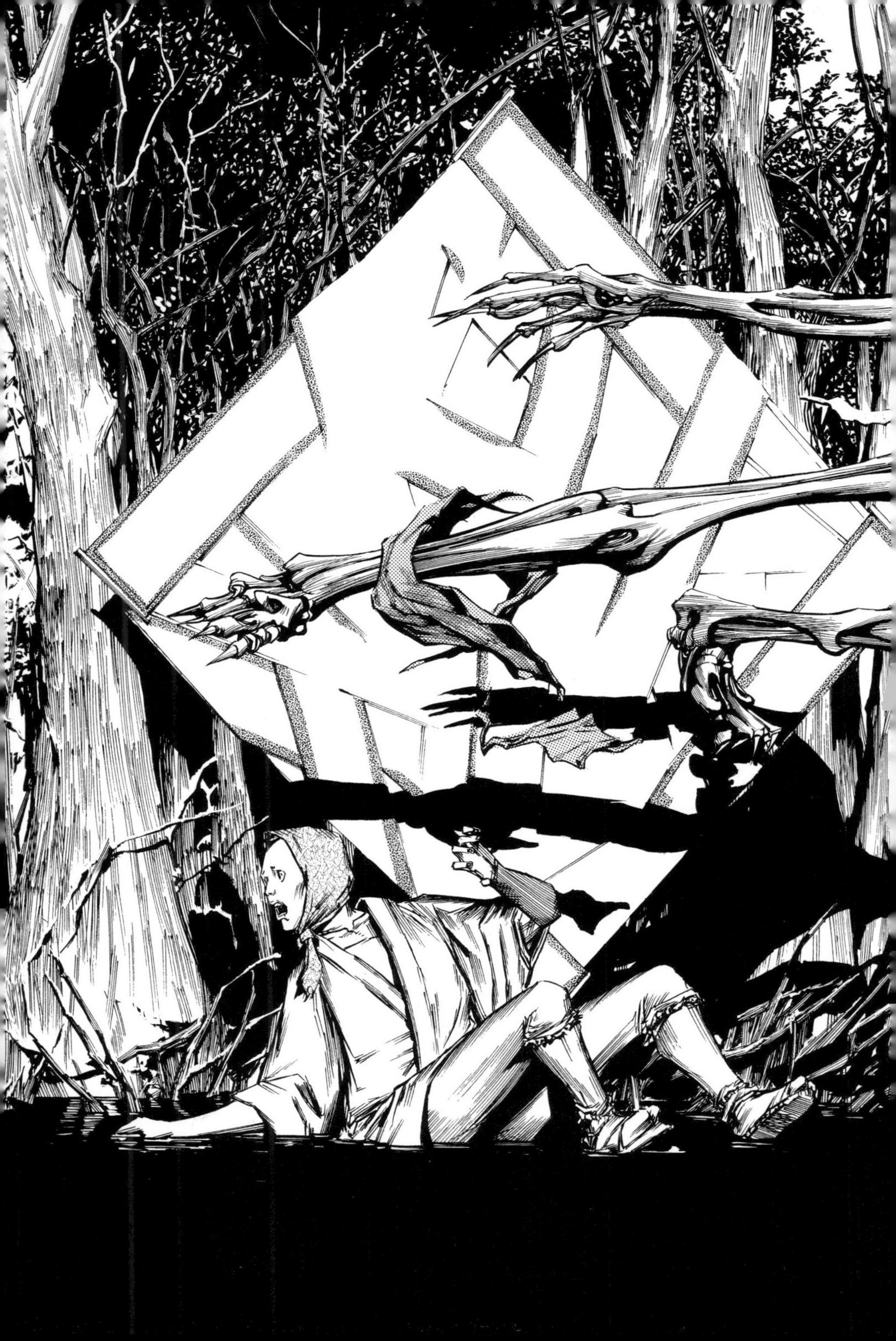

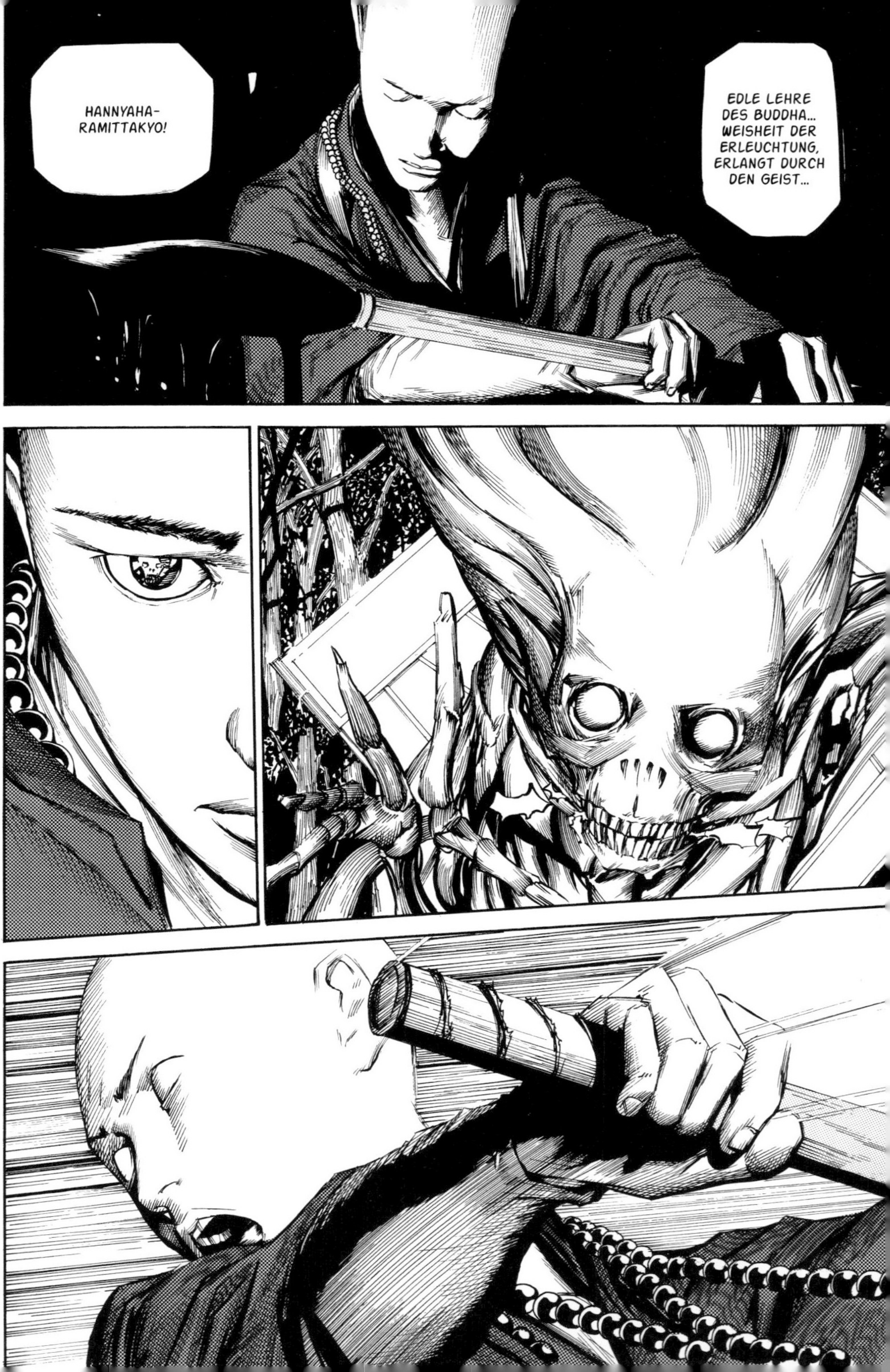
EDLE LEHRE DES BUDDHA… WEISHEIT DER ERLEUCHTUNG, ERLANGT DURCH DEN GEIST…
HANNYAHA-RAMITTAKYO!

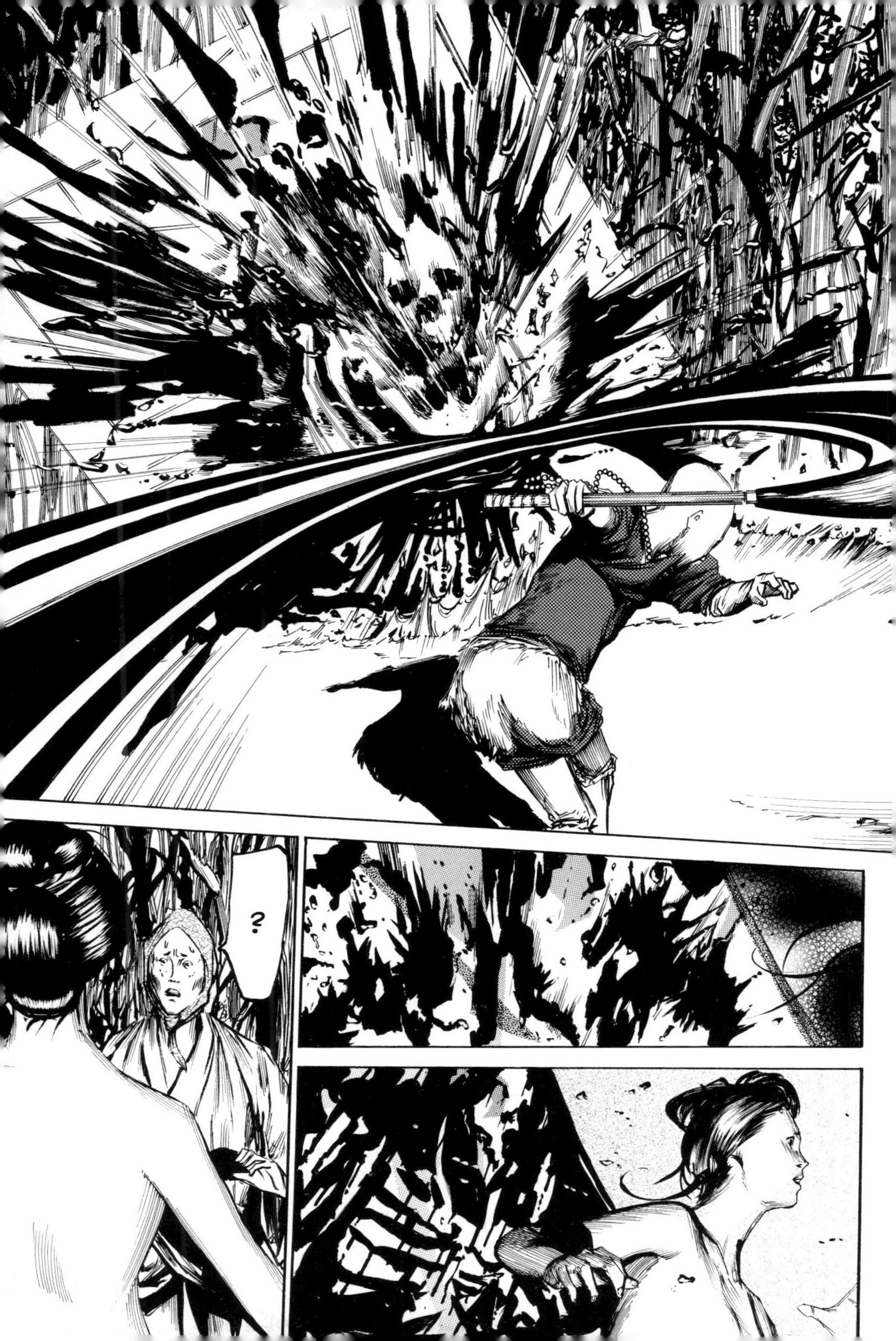

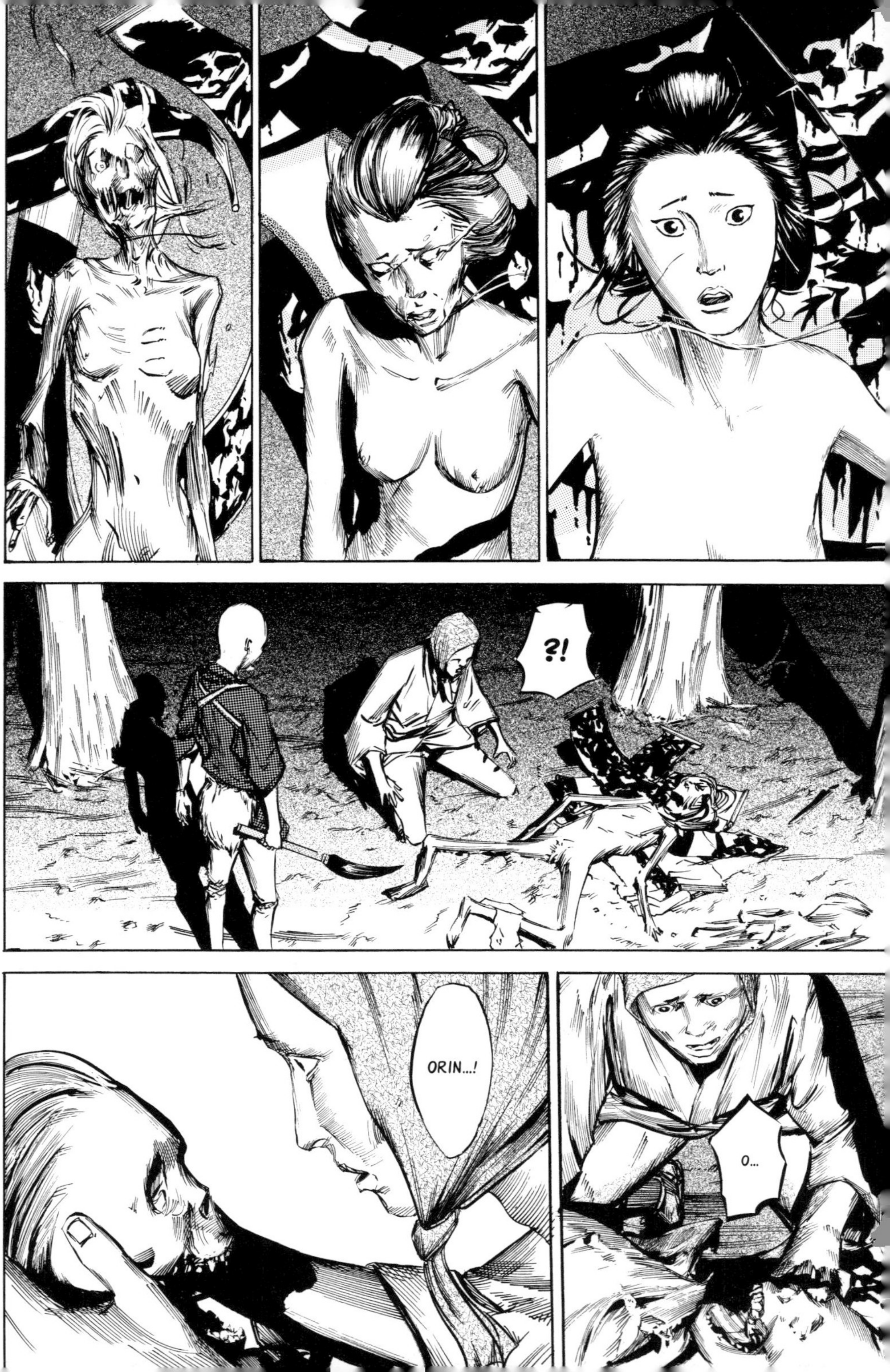
?!
ORIN...!
O...

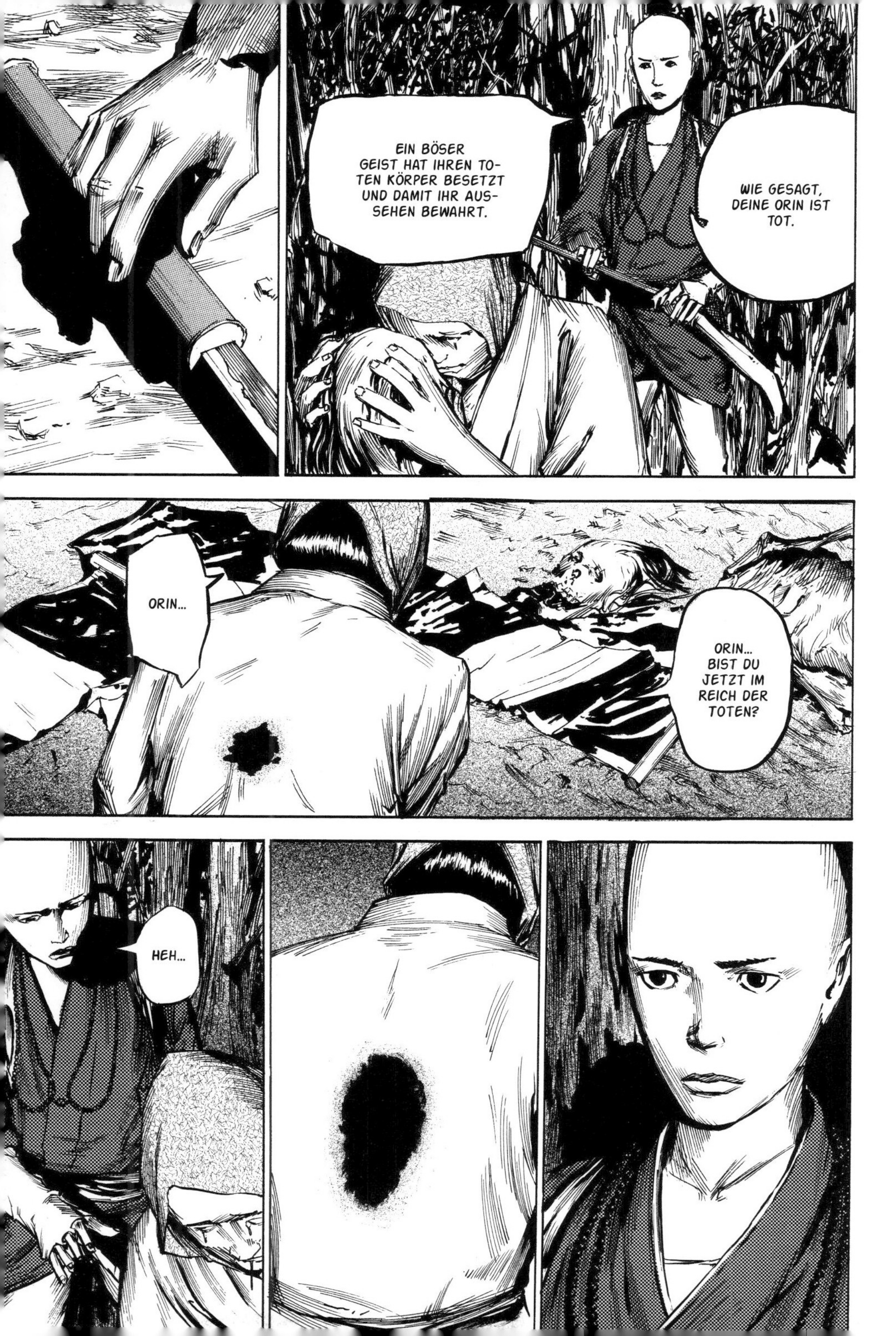
WIE GESAGT, DEINE ORIN IST TOT.
EIN BÖSER GEIST HAT IHREN TOTEN KÖRPER BESETZT UND DAMIT IHR AUSSEHEN BEWAHRT.
ORIN... BIST DU JETZT IM REICH DER TOTEN?
ORIN...
HEH...

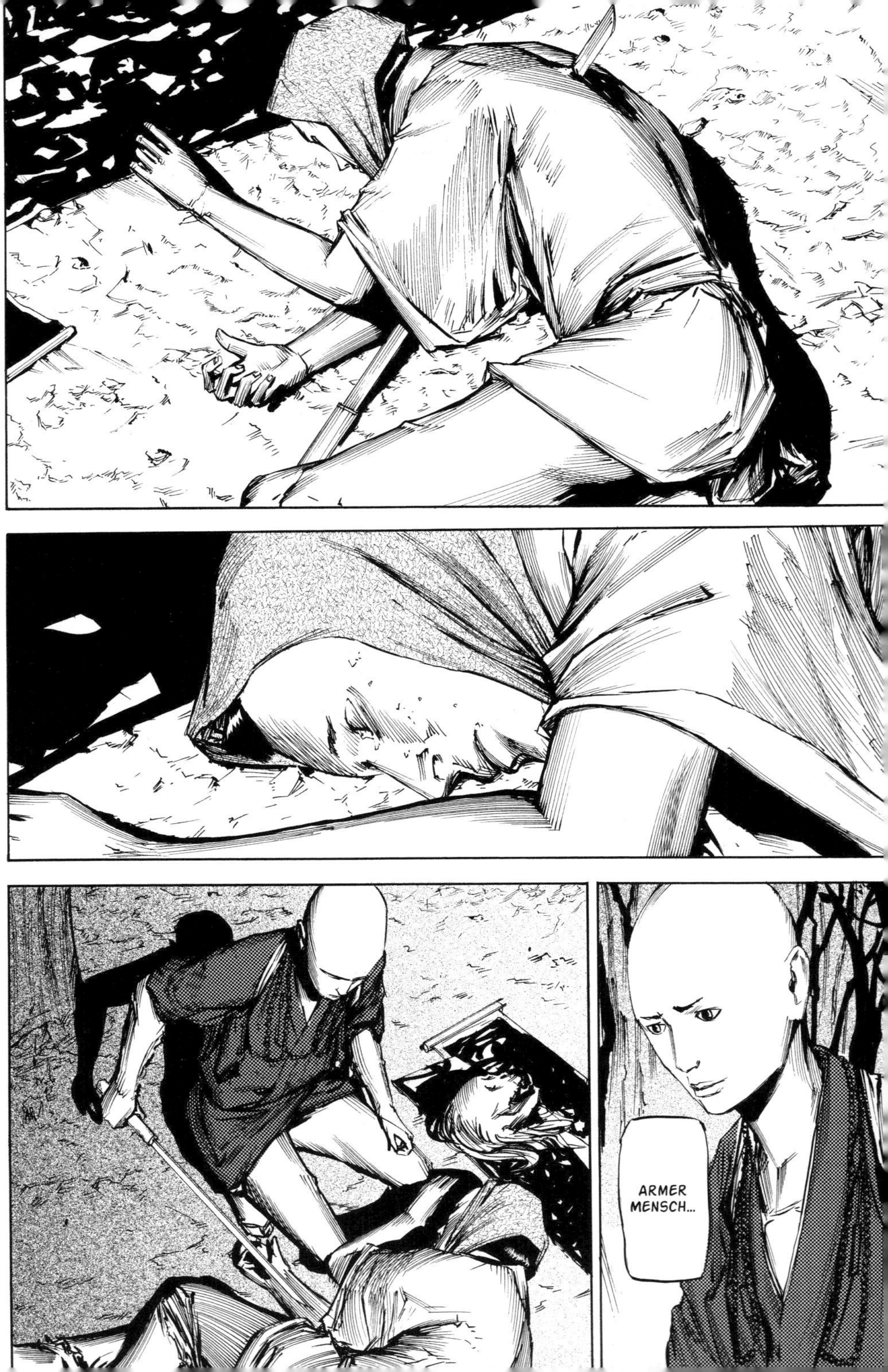
ARMER
MENSCH...

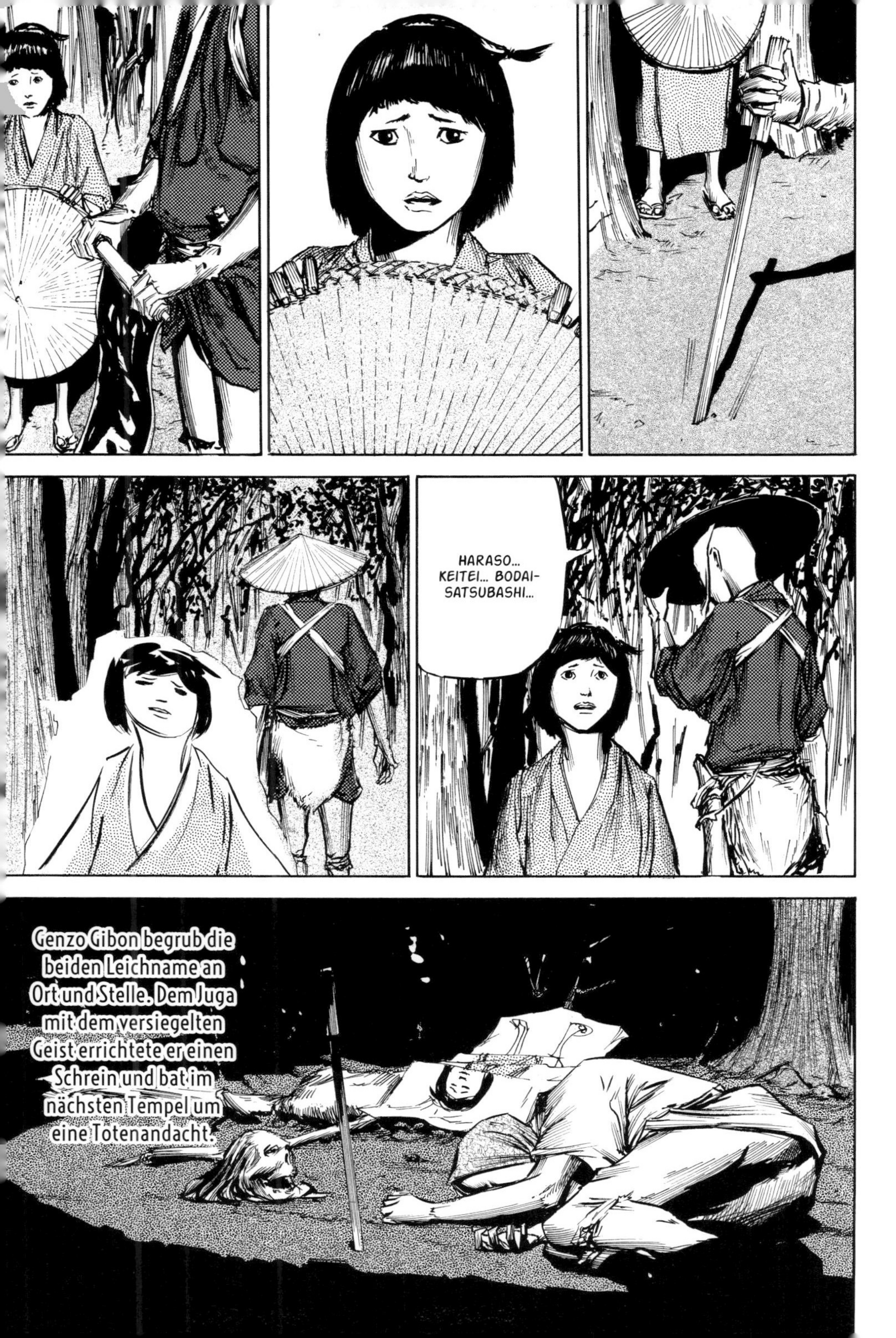
HARASO... KEITEI... BODAI-SATSUBASHI...
Genzo Gibon begrub die beiden Leichname an Ort und Stelle. Dem Juga mit dem versiegelten Geist errichtete er einen Schrein und bat im nächsten Tempel um eine Totenandacht.

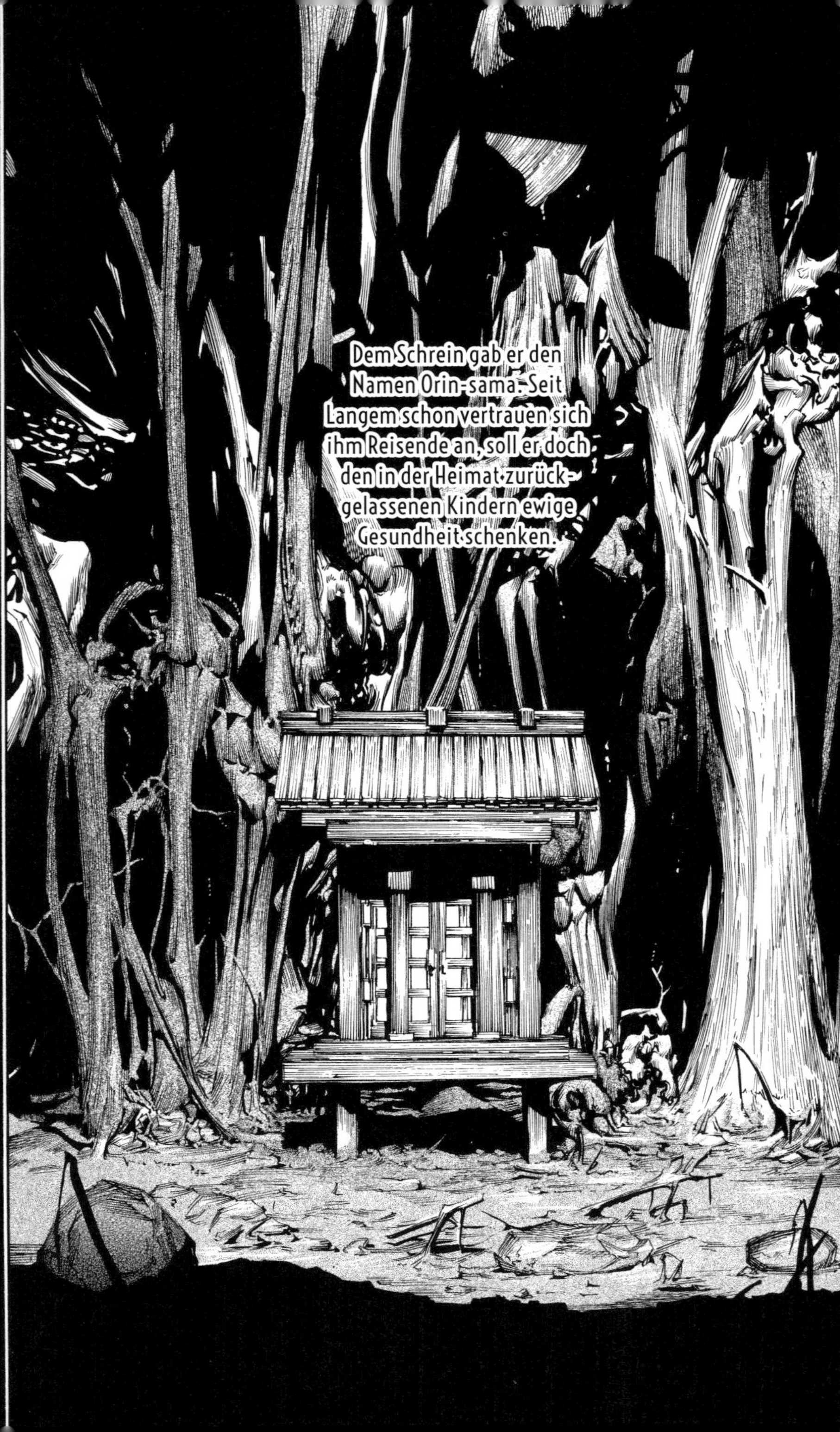
Dem Schrein gab er den Namen Orin-sama. Seit Langem schon vertrauen sich ihm Reisende an, soll er doch den in der Heimat zurückgelassenen Kindern ewige Gesundheit schenken.

Ich liebe Geister-Netsuke (geschnitzte Figürchen) und wollte eine dieser alten japanischen Horrorgeschichten zeichnen. Iwai-san aus der Redaktion empfahl mir Akinari Uedas »Ugetsu Monogatari« (Erzählungen von Regen und Mond), aber das war mir zu schwierig, ich verstand nichts. Also zeichnete ich »Juga«, eine eigene Serie von abgeschlossenen Geschichten im alten Stil. Tatsächlich bekam ich ein paar gute Kritiken, und die Reihe wurde veröffentlicht. Ich hoffe, es wird eines Tages ein umfassendes Werk daraus. (Gou Tanabe, Mai 2007)

Erstveröffentlichungen
Juga: Gekkan Comic Beam, Ausgabe Februar 2004
Juga II: Gekkan Comic Beam, Ausgabe Oktober 2004

ßenseiter

Der O

und andere Geschichten

MIX
Papier aus verantwortungsvollen Quellen
FSC® C100431
FSC www.fsc.org

Wir produzieren nachhaltig
- Klimaneutrales Produkt
- Papiere aus nachhaltigen und kontrollierten Quellen
- Hergestellt in Europa

CARLSEN MANGA

Aus dem Japanischen von Jens Ossa
The Outsider TANABE GOU Extra Works

First published in Japan in 2016 by KADOKAWA CORPORATION, Tokyo.
German translation rights arranged with KADOKAWA CORPORATION, Tokyo through TOHAN CORPORATION, Tokyo.
Redaktion: Petra Lohmann
Produktionsmanagerin: Karen Kollmetz

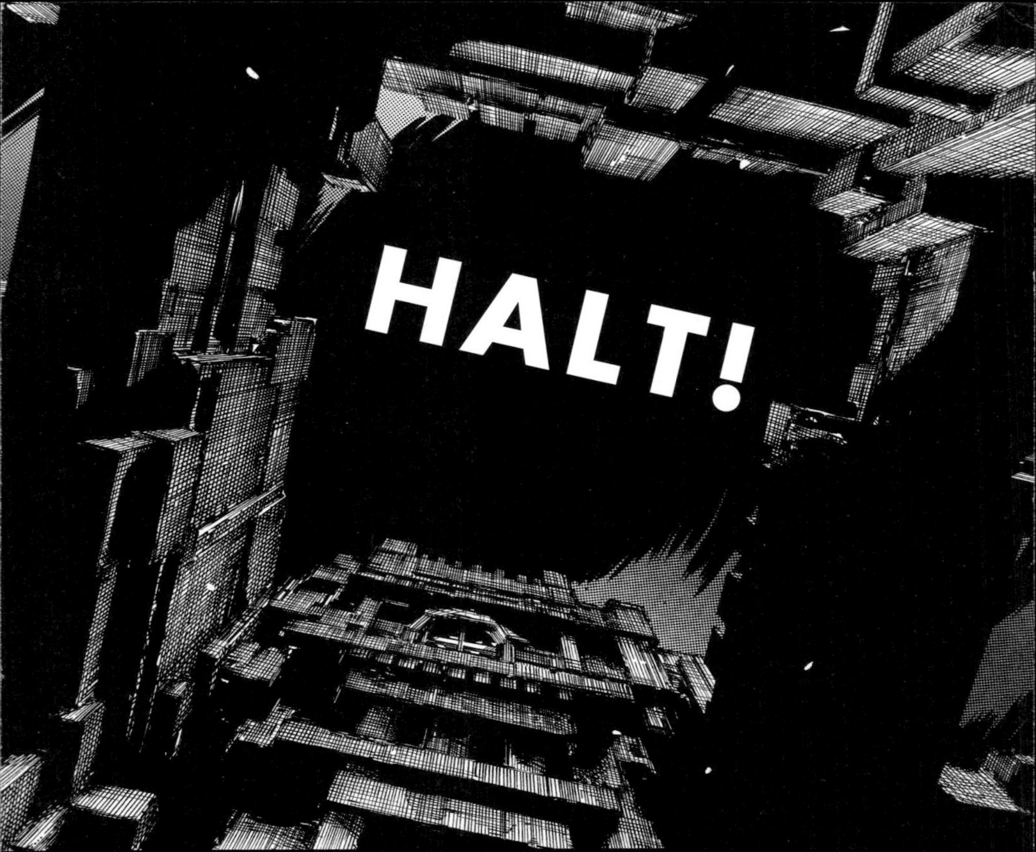

DER AUSSENSEITER

und andere Geschichten ist ein japanisches Werk, und in Japan wird von hinten nach vorn und von rechts nach links gelesen. Man schlägt diesen Manga also hinten auf und blättert ihn nach vorn durch. Auch die Bilderfolgen und der Erzähl- bzw. Lesefluss funktionieren auf den Seiten von rechts oben nach links unten – wie in der kleinen Grafik hier gezeigt.

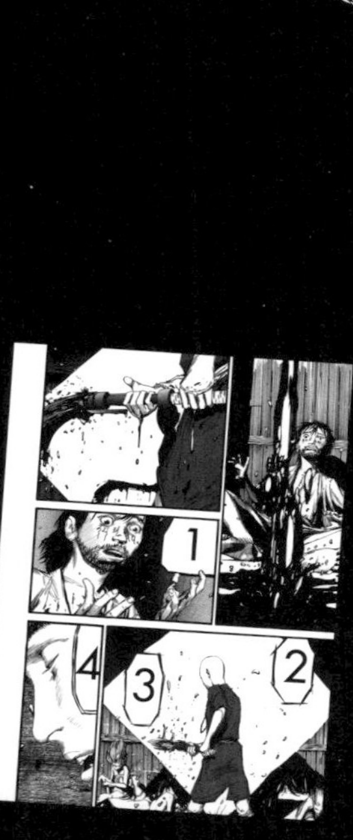

Wir wünschen unheimlich gute Unterhaltung!